权威·前沿·原创

皮书系列为
"十二五""十三五""十四五"时期国家重点出版物出版专项规划项目

B

BLUE BOOK

智库成果出版与传播平台

智能经济蓝皮书
BLUE BOOK OF INTELLIGENT ECONOMY

中国智能经济发展报告

（2024~2025）

DEVELOPMENT REPORT ON CHINA'S INTELLIGENT ECONOMY

(2024-2025)

主　编／彭绪庶

副主编／李雯轩

社会科学文献出版社
SOCIAL SCIENCES ACADEMIC PRESS (CHINA)

图书在版编目（CIP）数据

中国智能经济发展报告.2024~2025/彭绪庶主编；
李雯轩副主编.--北京：社会科学文献出版社，2024.
12.--（智能经济蓝皮书）.--ISBN 978-7-5228-4761
-0

Ⅰ.F124-39

中国国家版本馆 CIP 数据核字第 2024QB0645 号

智能经济蓝皮书
中国智能经济发展报告（2024~2025）

主　　编/彭绪庶
副 主 编/李雯轩

出 版 人/冀祥德
组稿编辑/恽　薇
责任编辑/史晓琳
责任印制/王京美

出　　版/社会科学文献出版社·经济与管理分社（010）59367226
　　　　　地址：北京市北三环中路甲 29 号院华龙大厦　邮编：100029
　　　　　网址：www.ssap.com.cn
发　　行/社会科学文献出版社（010）59367028
印　　装/三河市东方印刷有限公司

规　　格/开 本：787mm×1092mm　1/16
　　　　　印 张：19.75　字 数：298 千字
版　　次/2024 年 12 月第 1 版　2024 年 12 月第 1 次印刷
书　　号/ISBN 978-7-5228-4761-0
定　　价/168.00 元

读者服务电话：4008918866

编　委　会

主编单位简介

中国社会科学院信息化研究中心是中国社会科学院的一个院级中心（以下简称"中心"），于2002年3月经中国社会科学院批准成立，由中国社会科学院数量经济与技术经济研究所（以下简称"研究所"）代管。

中心坚持正确的政治方向，贯彻落实国家信息化与工业化深度融合、数字经济与实体经济深度融合的战略方针，落实研究所"引领学术前沿，聚焦重大问题，促进交叉融合，服务国家战略"的办所理念，不断加强政府、企业和学术界之间的合作，为建设网络强国、数字中国、智慧社会提供智力支持。中心坚持正确的学术导向，跟踪研究中国信息化发展前沿动态，重视信息化领域的前沿业态和技术经济效应研究，研究内容涵盖数字经济、智能经济、共享经济、通证经济、平台经济、大数据经济、直播经济、电子商务、元宇宙经济等多个领域。中心坚持正确的价值取向，对外申请和承接信息化相关研究课题，通过将学术研究与指导实践相结合，建立国内外同行间的广泛联系，努力发展成为跨政府、企业界与学术界，坚持客观中立与非营利性，专业从事中国信息化理论与政策研究和实践交流的权威机构。

近年来，中心多次承担国家发改委、中央网信办、工业和信息化部等国家部委重要课题，先后出版《和谐社会与信息化战略》《信息化与网络经济：基于均衡的效率与效能分析》《分享经济：垄断竞争政治经济学》《信息化对中国产业结构转型升级影响研究》《平台经济理论与实践》等学术专著，多次举办电子商务、数据资产、直播经济、"东数西算"等前沿领域的专家座谈会。

中国社会科学院数量经济与技术经济研究所党委书记李海舰研究员任中心理事长，彭绪庶研究员任中心副理事长兼中心主任，叶秀敏研究员、左鹏飞副研究员任副主任，李雯轩副研究员任副主任兼秘书长，端利涛副研究员任副秘书长。

主要编撰者简介

彭绪庶　管理学博士，中国社会科学院数量经济与技术经济研究所信息化与网络经济研究室主任，研究员，中国社会科学院大学教授、博士生导师，中国社会科学院信息化研究中心主任。主要研究方向为产业技术创新与创新政策、数字经济与数字技术创新。先后主持和完成"十一五"国家科技支撑计划项目、国家社会科学基金重大项目、科技部软科学重大项目，以及国家发改委、世界银行、中日国际合作和中国社会科学院等重大研究项目。先后获中国社会科学院优秀对策信息特等奖、二等奖和三等奖。

李雯轩　经济学博士，中国社会科学院数量经济与技术经济研究所信息化与网络经济研究室副主任，副研究员，中国社会科学院大学硕士生导师，中国社会科学院信息化研究中心秘书长。主要研究方向为数字经济、产业经济、产业政策。在《经济学动态》《经济学家》《经济日报》等报刊上发表数字化转型、产业转移与升级、战略性新兴产业等领域论文和理论文章10余篇，参与撰写多部产业领域著作。

摘　要

智能经济是数字经济的新发展阶段。本书从技术进步目的和信息化历史演进出发，提出智能化是数字化后的信息化新形态，智能经济是以半导体、传感器等物理器件，物联网、互联网等信息网络，数据和算力算法等软件为支撑的新型经济活动，包括智能技术应用催生的新业态、新模式，智能技术赋能传统产业催生的智能化转型升级，以及智能技术应用对整体经济效率的提高等，反映了由弱人工智能向强人工智能演进和智能技术群涌现背景下的数字经济发展新趋势。智能经济发展离不开人工智能的颠覆性创新驱动，离不开数据发挥的关键生产要素作用。未来智能经济将是规模经济基础上的异质性经济，基本发展逻辑是产业智能化带动消费智能化。智能经济发展将推动生产力与生产关系的革命。

人工智能是智能经济发展的关键驱动力。近年来，人工智能大语言模型取得了突破性进展，呈现强大的通用智能特征，成为新质生产力的重要体现。我国通用人工智能发展处于利好政策加码机遇期、技术研发创新加速期、应用场景深度拓展期、产业转型升级调适期"四期叠加"阶段，但也面临诸多问题与挑战，需要强化顶层设计，推进基础赛道与专项赛道差异化发展；强化基础研究，提升通用人工智能原始创新能力；强化教育培训，推进人工智能领域专业人才培养；强化科创与产业融合，推进通用人工智能产业创新生态建设；强化治理体系建设，促进通用人工智能健康有序发展。

产业智能化是智能经济的发展重点。人工智能技术正在迅速向工业、农业、建筑、医疗、教育等行业和领域渗透，通过扩大场景应用，发挥着重构生产方式、推动产业升级、为经济高质量发展注入新动能的重要作用。智能制造是将智能技术运用于制造业领域的制造业新形式，是智能经济与制造业领域深度融合的体现。重视实体经济发展决定了必须将智能制造放在发展智能经济的重要位置。当前智能技术在生产端、市场端和需求端同时发挥作用，形成了多种智能制造新形态，我国智能制造市场呈现市场规模稳步增长、创新成果突出、智能程度不断深化的发展态势，但总体上也呈现整体水平不高、区域和行业发展差异大、人才储备不足等问题，未来应发挥工业场景丰富等优势，加快构建完善产业创新生态，以智能制造为重点，打造实体经济和数字经济深度融合典范。金融业是服务业智能化转型的典型，智能技术应用有效推动了金融服务的个性化、智能化和全球化发展，但实现智能金融的健康发展，也需要加强政策引导和支持，促进智能金融普惠发展，强化监管和风险防控，保障数据安全，推动智能金融健康发展。与此同时，人工智能技术也在驱动传统互联网企业和产业加速智能化转型。

人工智能等智能技术发展既是机遇也是挑战。发展智能经济需要实现包括人工智能等技术的自立自强。在与少数发达国家部分领域存在较大技术差距的情况下，既要充分利用 AI 开源技术，也要避免形成开源技术依赖，避免安全风险，需要加强基础研究和技术创新，完善开源社区建设，加强产学研合作。一方面，有必要借鉴美国国家人工智能战略，构建完善形成"宏观战略—中观架构—微观举措"的战略政策框架，加快推进我国人工智能技术创新和应用发展；另一方面，在人工智能可能影响就业加剧失业、影响经济安全国家安全等情况下，有必要推动国内外合作，研究构建人工智能技术伦理规则。同时，要借鉴欧盟和美国相关立法经验，加快推进我国人工智能立法。

发展不平衡是影响智能经济发展的突出问题。从区域来看，人工智能技术和产业分布呈现"东强西弱、南多北少、高度集中、梯度分布"的特征，空间极化现象较为严重。从产业来看，区域制造业人工智能技术应用差距呈现进一步拉大态势。因此，在构建新发展格局背景下，有必要采取综合性措施，加快缩小区域"技术鸿沟"。鉴于人工智能的最大效用在于与产业结合形成应用优势，针对智能技术应用人才短板更为突出的问题，有必要从技术和需求"双侧"发力，加快智能制造人才培养。

关键词： 智能经济 数字经济 人工智能 智能 数字化

目 录 ▷▷

I 总报告

II 技术篇

III 产业篇

皮书数据库阅读**使用指南**

总报告

B.1

中国智能经济发展报告（2024~2025）：
智能化发展逻辑与演进趋势

彭绪庶*

摘　要： 智能化可以解放和替代人类，提高生产效率，培育新型业态。智能化是信息化演进的新形态。智能经济是符合人性和技术进步终极目的的技术经济。人工智能等新一代信息通信技术是模拟和解释人类智能、实现智能化的最佳途径，人工智能创新的突破性进展正在催生和驱动智能经济发展。作为数字经济发展的新形态，未来智能经济将由通用人工智能技术的颠覆性创新所驱动，数据要素的关键作用将得到进一步体现。在规模经济基础上的人工智能应用将有利于发展异质性经济，产业智能化带动消费智能化是智能经济的基本发展逻辑。发展智能经济需要在释放革命性生产力的同时主动适应和调整生产关系的革命性变化。

---

* 彭绪庶，管理学博士，中国社会科学院数量经济与技术经济研究所信息化与网络经济研究室主任，研究员，中国社会科学院大学教授、博士生导师，主要研究方向为产业技术创新与创新政策、数字经济与数字技术创新。

关键词: 智能经济 数字经济 人工智能 智能化 数字化

一 智能经济:符合人性和技术进步本质目的的技术经济

(一)智能化是人类的永恒追求

"智能"或"智能化"一词何时出现已不可考,但人类对智能的向往和追求则古已有之。三千多年前的古典文献《列子·汤问》记载,工匠偃师为周穆王建造的木偶艺人不仅能歌善舞,还能对周穆王的妃嫔"暗送秋波"。除此之外,还有文献记载了近百种智能人或智能工具的发明,如春秋名匠鲁班制造了能飞行三日的机关鸟木鸢,三国诸葛亮发明了用于运送粮草的"木牛流马",马钧发明了用于演奏的"水上百戏"木偶,隋朝黄衮发明了用于斟酒的木制机器人,唐玄宗时发明的指南车和王琚发明的木獭水下抓鱼,元代郭守敬制作的计时灯漏,明代司天监制作的水晶刻漏等,都具备一定的自动功能。

这种现象并非中国古代所独有。古希腊神话中赫菲斯托斯用黏土创造了女性潘多拉,用青铜制造了可以杀死普罗米修斯的考卡斯雄鹰,还发明了类似于中国古人发明的"自动斟酒车",其中的潘多拉由于能"释放邪恶",也被认为是古希腊人对智能技术带来的伦理和道德警示。据《荷马史诗》记载,塔洛斯是宙斯指派保护克里特岛的青铜巨人。在犹太传说中,巫师拉比创造的人造生物魔像可以听从人类命令来保护人类或完成繁重工作。与魔像不会思考不同,20世纪初,捷克作家恰佩克的《罗素姆的万能机器人》描述了一个外表与人类似、具有思考能力且能反抗人类的机器人。我们今天熟知的"机器人"(Robot)一词即由此产生。更早一些的文学作品《钟楼》(Melville,1855)和《莫桑的主人》(Bierce,1909)中的智能人则都能杀死制造者或主人。

用今天的技术来考证,上述中外记载也许是真实发明,也许是科学幻想，但毫无例外都反映了古人对自动化和智能的追求与向往。从能歌善舞的木偶艺人、可以反抗人类的机器人，到现代的机器人和数字人，智能技术在不断升级，智能技术的形式和载体在变，但人类以智能技术帮助人和替代人的永恒追求始终没有变。

（二）智能化体现技术进步的终极目的

人类历史就是一部技术进步史。石器和棍棒等工具可能是人类最早的技术创新，目的是替代人力，降低人在猎捕动物和部落冲突中的劳动损耗和生命危险。随着人作为生产原动力的作用日渐衰微，马等动物力的利用开始成为人类进入始生代技术时期的重要标志，石器和棍棒也相应地进化为各种真正的生产生活工具。多数历史学家和传统经济学教科书都认为，18世纪中期瓦特发明蒸汽机和纺织机械自动化把人类从工具时代带入机器时代。这就是历史学家汤因比所说的"工业革命"。19世纪中期，化学和电磁学方面的进步进一步把人类从机械力学主导的机器时代带入电化学驱动的机器时代，即第二次工业革命。与工具依靠手工操作不同，机器则是依靠复杂的自动工作，自动化成为机器与工具的首要区别（芒福德，2009）。自动化大大提高了生产的组织规模和生产效率，降低了人直接从事生产活动的危险程度，同时极大地丰富了物质文明，因此工业革命是人类技术进步史上的重要里程碑。无论是第一次工业革命还是第二次工业革命，其本质都是技术革命。从石器和棍棒到蒸汽机、发电机，乃至电子计算机，机器或者技术的形态和载体在不断变化，但技术本质始终没有变，都是满足人类直接适应、改造和利用自然的生产力工具。电子计算机和互联网与石器和棍棒并没有本质的不同，首先都是为了替代人力，将人类从繁重、危险的劳动中解放出来；其次是提高生产效率和劳动生产率，促进产出更多满足人类发展需要的产品与服务。

任何技术都会表现为不同的技术进步偏向（bias）。从要素的角度来看，根据对不同生产要素生产效率的影响，学界通常将技术进步分为资本增强型、劳动增强型和劳动与资本同时增强型三类。简单理解，就是在不同技术进步倾向中，新技术应用可以带来资本生产率、劳动生产率和资本与劳动生产率的同时增长，也可以认为在产出规模不变的情况下，新技术应用可以带来资本节约、劳动节约或者资本与劳动的同时节约。显然，自动化可以预先设定规则和程序，控制机器或系统执行任务，能最大化减少人力的直接参与和干预，具有高可靠性和可扩展性，无疑具有更加鲜明和显著的技术进步倾向。从工具进化到机器和形成机器体系，自动化程度越来越高，不仅以技术提高生产效率的作用越来越强，也逐渐从早期解放人类身体和替代体力劳动，越来越多地转向解放人类大脑和替代脑力劳动。

智能化是通过工具（设备）、机器和系统来模拟人类学习、理解、推理、预测和决策等智能能力，进而执行或完成特定任务。与自动化主要执行重复性任务相比，智能系统具有自主学习能力，能根据环境和需求变化动态调整优化应对，智能化可以由工具、机器或系统自主执行复杂和具有不确定性的任务，具有更高的自主性、更强的自适应能力和更好的交互性。以当今占主导智能化的人工智能（AI）为例，在制造业中，人工智能可以通过机器学习和物联网技术实现智能制造，优化生产计划和生产流程，实现设备自动控制，使生产过程更加可控可预测。在制造业和服务业中，可以利用人工智能分析历史与运营数据，预测市场环境和需求变化，优化调配、组织和配置资源，安排生产计划，降低生产成本，或者是辅助制订投资决策、营销策略和销售计划等。人工智能不仅能帮助人提高效率，替代人完成许多简单或复杂的任务，甚至可能替代人就业，这已成为时代不得不思考的紧迫话题。因此，智能化是自动化的更高级形式，不仅能在更广泛的应用场景中发挥作用，还代表着技术进步从赋力、赋能到赋智的根本性转变，真正体现了人类追求技术进步的本质目的。

二 智能化是数字化后的信息化新形态

美国未来学家托夫勒（2006）提出，一万年前，动植物驯化推动的农业革命是人类文明的第一次浪潮，它使人类告别渔猎生活进入农业时代。17世纪末期，机械化和动力推动的工业革命是人类文明的第二次浪潮，它使人类告别农业生活进入工业时代。20世纪50年代，计算机等驱动的信息革命是人类文明的第三次浪潮，它使人类开始进入信息化时代（托夫勒，2006）。学界和媒体认为，在工业时代至少已经历三到四次工业革命。如同工业时代一样，信息化时代的重大技术创新也是"一浪接一浪"。无论是数字经济还是智能经济，都是信息化发展的结果。从20世纪40年代开始，信息化至少已经历四次跃进，可以分为以下五个阶段，智能化正是数字化后的信息化新形态。

（一）计算机化

虽然语言的使用和文字的创造也被认为是人类最早的信息利用或者信息技术发明，但当今讨论信息技术的历史则主要起源于计算机的发明。1946年，美国发明了用于计算火炮弹道的可编程通用计算机 ENIAC，虽然在此之前的1943年英国已经发明了用于破译德军密码的可编程计算机 Colossus Computer，但 ENIAC 通常被认为是开启了信息化时代。由于这一时代的主要技术创新是计算机，因此信息化的第一个阶段是计算机化。

最早的计算机是电子管计算机，体积巨大，除了应用于国防等一些科学计算，并不实用。20世纪50年代第二代计算机即晶体管计算机发明后，虽然体积大幅缩小，可靠性和运算速度大幅提高，但实际上用途仍然有限，主要是一些数据处理和简单的事务管理。因此，计算机化虽然实现了高效快速计算的"从无到有"，但计算机在生产领域的应用非常狭窄，计算机主要是用作计算工具，与其他生产工具相比尚未体现更高的通用性。

（二）电子化

集成电路的发明不仅带来了计算机的小型化，更是大幅提升了计算机的计算性能。正是从第三代计算机即集成电路计算机开始，正如尼古拉斯·尼葛洛庞帝（Nicholas Negroponte）所言，"计算机不再只是与计算有关"，中小规模集成电路的发展不仅推动计算机在工业和制造领域开始广泛应用，也使计算机开始进入商业企业，推动办公处理、企业管理等实现电子化处理。电子计算机开始由单一的计算工具走向真正的通用性生产工具。这虽然是计算机或者信息技术发展的第一次真正跃升，但也主要是将传统的操作和业务转化为电子化的方式，诸如"电子控制"、"电子银行"和"无纸办公"等成为这一时期电子化的典型代表和形象表述。

随着集成电路的发展，尤其是大规模和超大规模集成电路的出现，信息技术的发展不再是计算机一枝独秀，而是成为处理信息数据的新技术群。计算机仍然是驱动信息技术发展的主要"发动机"，第四代计算机即微型计算机的发展不仅在工业企业和商业企业广泛应用，PC机也随之出现并开始进入家庭，推动形成信息技术发展的又一次跃升。计算机从企业进入家庭，标志着信息技术产业开始由纵向垂直结构转向横向水平结构渗透，而信息技术应用中的横向和纵向融合也推动重新改写生产模式、商业模式和生活模式，信息技术的颠覆性影响由此开始初露峥嵘。

（三）网络化

电子化虽然实现了以信息系统替代人工操作，通过系统集成提升信息数据分析处理能力而实现了有限自动化，但主要是单体系统，实现的是单点业务的效率提升。互联网络虽然早在1969年即已产生，互联网（Internet）的概念早在1974年已经产生，但很长时间仅由美国军方限定主要用于国防和相关科学研究领域。20世纪90年代初，万维网向社会免费开放后，迅速普及，推动信息化再次实现新的跃升，网络化开始成为信息化的主导形态。

网络化标志着信息技术（IT）与通信技术开始走向融合，信息通信技术（ICT）成为信息化的驱动力，互联网实际上是二者融合的结晶。尤其是互联网经历窄带网、宽带网和移动互联网的发展，ICT不仅帮助人类开始突破时间、空间对生产生活的制约，也逐步突破速度的限制，网络真正成为新的虚拟空间，成为生产生活中不可缺少的基础设施，并由此催生资讯门户、互联网搜索、电子邮件、电子商务、社交等新业态、新模式。计算机不仅

"不再只是与计算有关"，它甚至开始"决定我们的生存"。互联网开始成为继计算机后之后新的通用目的技术。

（四）数字化

万维网发明之后的信息通信技术创新虽然一直在进行，但缺乏类似计算机和互联网一样的重大发明（李国杰，2016），创新主要是渐进式创新、集成应用和商业模式创新，即着力推动信息通信技术与实体经济、与社会发展和治理能力提升深度融合。因此，虽然计算机的发明从一开始就是服务于数据计算，信息技术也被认为是信息数据处理技术，但在万维网真正商业化之前，数据主要是作为被加工的生产资料，是被动的既存物，数据规模相对较小，而 ICT 与实体经济等的融合，直接推动在应用中产生大量数据。"大数据定律"经验估计认为，全球数据量每两年翻一番。数据以指数级增长，开始成为新的关键生产要素。一方面，数据利用依托互联网虚拟空间创造了大量新业态、新模式，形成了新的数字产业集群，甚至开始成为新的主导产业；另一方面，数据利用则在推动传统产业、社会发展、城市治理、公共服务等全面加快数字化转型。因此，数字化成为网络化演进到一定发展阶段后的信息化新形态。

传统的数字化主要是指将传统模态的信息和内容处理转化为计算机系统可以识别、访问、存储、传输、处理和共享的二进制代码数字或数据。作为信息化新形态的数字化，不仅是指利用互联网、云计算、大数据等数字技术处理，利用传统模态信息，还包括收集、分析和利用在应用中产生的数据，对管理、业务、运营、操作等进行再造，实现流程的不断优化和自动化，提高效率和质量。因此，如同工业化引入新的资本要素，数字化引入新的数据关键要素，数字化实现了信息化演进过程中的"质"的跃升。相应地，数字经济取代工业经济开始数字化时代的主导经济形态。

（五）智能化

数字化推动数据成为关键生产要素，但数字化关注的是将物理世界的信息和过程转化为可计算机化的存储、传输、处理的数字形式，数据收集、分析加工处理和利用过程中尚无法离开劳动者的积极参与。因此，从自动化的角度来看，数字化并不必然带来自动化水平的提高，并未能真正解放和升级劳动力。近年来，新一代人工智能实现了突破性进展。如果说智能化是人类技术进步的终极目标，计算智能早已经在计算机领域实现超过人类的计算能力，在一些特定领域，信息系统已显现超过了人类的能力。新一代人工智能的本质是在大量数据基础上，结合一定的算法，让计算机系统学习数据，并进一步提升系统感知、推理、决策和执行能力。ChatGPT 和 Sora 等大语言模型代表的生成式人工智能发展表明，诞生于 20 世纪 50 年代的人工智能经历半个多世纪的发展后正在或即将迎来"技术奇点"。这意味着人工智能正在实现机器系统从感知和判断到内容创造的巨大跨越，智能化正在成为信息化的主导新形态。

数字化和智能化虽然都是以分析利用数据为基础，目的都是提高效率、创造新价值，但智能化更加强调通过使用先进的人工智能、机器学习等智能技术，对数据进行学习、分析、解释和利用，使机器设备或信息系统能感知环境甚至感知人类，能学习并适应新环境和预测新变化，进而自主做出决策和执行复杂任务。因而，数字化是智能化的基础，而智能化是数字化的延伸，或者也可以认为智能化是相比数字化更高级的信息化形态。相对应地，智能经济也将成为继数字经济之后的更高水平的新经济形态。

传统的自动化主要是通过使用预先设定的程序和操作规则的控制系统来执行重复性的任务，通过减少人类直接操作、人为错误和提高生产操作连贯性来提高效率和生产力。但与自动化通常不具备学习能力且交互能力弱相比，智能化系统能通过学习不断改进提升性能，能与人类或其他系统进行信息交换甚至动态交互，进而适应复杂环境，做出复杂决策，执行复杂任务。传统技术都不具有生命和自主能力，而未来"强人工智能可能代表了地球生命史上的深刻变化"。因此，智能化时代人与技术的关系在发生变化，智能经济代表了具有更大发展潜力，但同时也具有更大破坏性的新经济形态。

三 智能经济：人工智能驱动的新经济

（一）智能的概念、类型与基本内涵

不同学科和不同学者对智能有不同理解。例如，柯林斯英语词典认为，智能不同于自动或本能地做事，而是一种思考、推理和理解的能力。大英百科全书网络版认为，人类智能是一种心理素质，是从经验中学习、适应新情况，理解和处理抽象概念，以及利用学习的知识控制环境的能力。提出适应智能理论（Theory of Adaptive Intelligence）的 Stemberg 认为，智能就是广义上对环境的适应能力，也是给定文化背景下，设定和实现有意义目标的能力，包括创造（creative）智能、分析（analytical）智能、实践（practical）智能、智慧（wisdom-based）智能四种类型（Sternberg，2019）。研究智能问题颇有影响的加德纳（Gardner）认为，智能是在特定环境中处理信息的一种生物心理学潜力，这种潜力能帮助解决问题或者创造新的有价值的产品。智能并非单一且通用的，多元智能理论（Multiple Intelligences Theory）提出，人类智能可分为逻辑数学智能、语言智能和空间智能等十二种类型，具体见表1。

表 1 多元智能的类型

序号	智能类型	主要含义
1	逻辑 - 数学智能（Logical-Mathematical intelligence）	以计算、量化、假设、归纳演绎、执行复杂逻辑运算等方式，理性分析问题，执行数学运算、开展科学调查等问题的能力
2	语言智能（Linguistic Intelligence）	学习并有效利用口语或书面语，分析、理解和表达口头和非口头信息，实现特定目标的能力
3	空间智能（Spatial Intelligence）	通过三维思考识别和操纵详细和广阔空间的能力
4	肢体 - 动觉智能（Bodiey-kinesthetic Intelligence）	通过深层身心联系，利用身体全部或部分，控制自动或自主运动，解决问题或创造产品的能力

序号	智能类型	主要含义
5	音乐智能（Musical Intelligence）	识别、解释、创作、欣赏音乐的能力，包括学习歌曲和节奏，以及作曲和演奏不同乐器
6	人际智能（Interpersonal Intelligence）	通过言语或非言语交流，理解他人意图、动机和欲望，及与他人互动的能力
7	内省智能（Intrapersonal Intelligence）	理解自己愿望、感受、情绪和情绪，并利用它们管理自己，做出更好决策和有效解决问题的能力
8	自然观察智能（Naturalistic Intelligence）	识别自然界多样性，感知物种和人类之间关系的能力
9	情感智能（Emotional Intelligence）	识别和管理自己与他人情绪的能力，如自我意识、控制、激励，同理心和社交技能等
10	存在主义智能（Existential Intelligence）	对自我和环境观察并深刻思考与质疑自我、人类乃至宇宙生存特征、生命意义和定位自己的能力
11	创造智能（Creative Intelligence）	创造出原创性想法或产品的能力
12	合作智能（Collaborative Intelligence）	通过与他人共享信息知识，合作做出决策或实施行动，实现共同目标的能力

资料来源：https：//psychology-spot.com/types-of-intelligence/。

还有其他各种关于智能的理解与分类。但综合来看，虽然许多心理学和哲学研究都认为智能是人类特有的心理机制，是被赋予人类的超自然力，但生物学研究发现，尽管智能有不同类型，但其背后的生物学逻辑是相似的，即人类并非生来就拥有各种智能，智能可以通过后天学习训练而获得。智能主要来源于人的大脑，可以通过刺激神经元以释放和传递电信号与化学信号而产生不同类型智能。

人类是自然界的最高等生物，具有最高的智慧层次。智能与人类的智力和智慧既有关联，也有区别。从智能技术的角度，我们可以将智能定义为人类将其智慧转移到工具、机器或技术等其他事物并使其具备相应智力的能力，因此如同人类的学习和训练，智能不仅可以被解释，还可以通过借鉴或模拟神经元的活动模式被复制、创造和传递。

（二）人工智能催生形成智能经济

1. 只有人工智能才能实现技术进步的智能化目标

从人类智能类型及其内涵的简单概述可以看出，尽管中外很早都有实现智能的梦想，但只有人工智能技术才能实现人类技术进步、追求智能化以解放甚至替代人类的终极目的。用今天的技术来观察，古人所谓的各种智能工具和智能人多数是幻想或具备一定自动化功能的机械装置，其理论基础是力学。在人工智能之前，最接近实现智能化目标的技术进步可能是机器人。现在投入使用的机器人配置有众多传感器，可以重复编程，实现自动控制，能根据复杂环境变化进行感知、逻辑推理、做决策和采取行动。但目前的机器人与人工智能仍然有较大差异，其理论基础是光学、机械电子、仿生学和计算机科学，而人工智能的理论基础是计算机科学、数学、物理学、电子学和心理学等。机器人具有较强执行能力、协同工作能力和一定的决策能力与感知能力，对数据基础要求较低，自主学习能力和适应环境能力相对较弱，适合执行重复性的具体动作、危险繁重工作。因此，现在的机器人还是机械化基础上的高度自动化工具，而不是数字化基础上的智能工具。

2. 人工智能奠定了智能经济发展科学和技术的基础

在技术表现形式上，人工智能技术既离不开物理的芯片、存储和计算、网络、通信等设备，也离不开数据、算法等软件系统。在科学层面，虽然人工智能被认为是计算机科学的分支，但从人工智发展历史来看，现代人工智能发展与数学、物理学和生物学发展密切相关，甚至离不开心理学和哲学等综合性应用学科和社会科学。因此，人工智能本质上是新一代信息通信技术与自然科学和社会科学等多学科结合的综合集成创新，这也是人工智能能模拟甚至在某些领域超越人类智能行为的科学基础。

图灵早在 20 世纪 40 年代末就已提出人工智能。在 1956 年达特茅斯会议上，麦卡锡等正式提出人工智能的概念并得到学界认可。人工智能被提出之初就确立了一些基本原则和研究思路，如根据逻辑规则和概率推理模拟智能，利用自然语言创建机器识别的程序并与机器对话等。随着人类对神经系统的研究和认识的深入，构建电子"神经网络"模拟人类生物脑神经元活动自然成为最初的选择。受存储和计算能力等方面的限制，人工智能在20世纪60~80年代陷入曲折甚至低谷，但自然语言处理程序、神经网络和机器学习等初期的探索已奠定了今日人工智能发展的技术基础。

进入21世纪后，随着数据挖掘、机器翻译和自然语言处理技术的发展，基于卷积神经网络（CNN）和多层神经元自编码神经网络等的深度学习模型快速发展。深度学习的基本思想是，建立类似人脑的神经网络结构，其中的多层非线性处理单元类似于大脑的神经元，对数据特征进行多层次提取和变化。因此，深度学习可以让机器系统学习文字、图像和声音等样本数据，进而像人一样可以自主学习，并识别、解释和处理复杂的数据，完成复杂的任务。近年来，随着生成对抗网络（GAN）发展可通过多个神经网络对抗生成与物理世界更加近似的图像、视频等真实数据，以及 Transformer 模型促进了自然语言处理的突破式发展，计算机系统计算能力和数据处理规模的快速提升，模拟人类生成内容的生成式人工智能取得突破，最终迎来人工智能发展的"iphone 时刻"，人工智能产业化由此拉开序幕，智能经济发展开始水到渠成。

3. 智能经济时代正在到来

华为（2024）预计，从2020年到2030年，全球数字经济规模将从16.8万亿美元增长到30.4万亿美元，年均复合增长6.1%。全球非数字经济规模将从64.4万亿美元增长到80.6万亿美元，年均复合增长仅为2.3%。同期，全球智能经济规模将从3.6万亿美元增长到18.8万亿美元，占全球经济比重约为16.9%。尽管智能经济规模仍然与数字经济和非数字经济有较大差距，但智能经济发展显然更加迅速。智能经济增速差不多是数字经济增速的3倍（Greenstein et al.，2024）。

普华永道2022年针对亚太地区企业的调查发现，过去12个月，已有33%的企业采用通用人工智能，另有25%的企业准备基于通用人工智能发展而改变科技战略。62%的企业认为通用人工智能将提升公司的产品或服务质量，未来3年76%的企业认为公司的大部分员工必须掌握使用通用人工智能的新技能，77%的企业预计将因通用人工智能而改变创造、交付和获取交织的方式，76%的企业认为通用人工智能发展会加剧行业竞争。波士顿咨询调查发现，分别有75%和84%的人认为人工智能将帮助企业拓展新业务并成为未来竞争优势的关键（Ransbotham et al.，2017）。显然，从智慧农业到智能制造，从无人矿山、无人工厂到越来越多的无人驾驶，经济社会发展的"智能化"巨变已经开始发生，智能经济时代正在到来。

（三）人工智能驱动形成智能经济的内在机理

1. 人工智能等通用目的技术具有普遍适用性

Bresnahan和Trajtenberg（1995）认为，如果某项技术具备能够与社会各个行业、生产生活各个环节相互融合并改变经济运行方式的重要特性，则这项技术就是通用目的技术。如同电力、汽车、电脑和互联网，人工智能也是典型的通用目的技术，不仅可以应用于生产，还可以集成到产品和服务中，更可以应用于组织再造中。这意味着人工智能用途广泛，几乎可以应用到各行各业的各种场景中，形成普遍适用性。因此，人工智能可以被广泛应用于制造业、金融业、零售业等行业的生产、交换分销等环节，推动经济社会的全面智能化转型，从而提高全要素生产率（Trajtenberg，2018）。与其他通用目的技术一样，人工智能也将成为"增长的引擎"，虽然目前人工智能所产生的影响仅仅是局部性的，但普遍适用性也意味着人工智能具有影响全局的潜力（蔡跃洲、陈楠，2019）。

2. 人工智能应用有利于节约和替代生产要素

替代性指的是信息技术对非信息技术进行不断替代。作为一种独特的信息技术，人工智能技术应用的重要目的是要提高效率，降低成本，即同等产出下，用更少的劳动和资本投入。但人工智能的替代性与其他信息技术的替代性存在细微区别：一方面，人工智能以数据作为新的生产要素，通过对数据的处理、分析，能够最大限度地实现智能化，甚至完成论文、代码、文案的撰写工作，相比一般技术的节约特征更为明显（王水兴、刘勇，2024）；另一方面，人工智能应用将同时体现为劳动节约型技术进步和资本节约型技术进步。人工智能提供了一种名为"智能自动化"的虚拟劳动力，能更加有效地利用现有劳动力和资本促进经济增长。可以说，人工智能既可以作为提升生产率的工具，又可以作为一种全新的生产要素（珀迪等，2017）。

3. 人工智能应用有利于促进要素融合形成要素赋能作用

人工智能的要素替代性并不意味着对其他生产要素的简单替代。相反，由于人工智能是一种通用目的技术，其广泛渗透和应用能产生明显的技术互补性，从而实现人工智能对其他要素的赋能。人工智能的普遍赋能性体现在其能够作用于劳动、资本和技术等生产要素，促使不同要素之间优化协调，降低各要素生产过程中的摩擦成本，提高资源配置效率。人工智能赋能要素对传统要素市场形成了巨大的外生冲击，改变了传统的要素禀赋结构。具体体现为，人工智能技术的应用对劳动力、资本、技术等要素领域产生了深刻影响（谢伟丽等，2023），例如，人工智能通过提升机器自动化程度，减少劳动力使用，进而提高了资本回报率，减缓了老龄化对经济的不利影响（郭艳冰、胡立君，2022）。人工智能如同黏合剂一般，使劳动、资本和技术相互配合，形成合力作用，这实际上是人工智能赋能要素形成的乘数效应。

4. 人工智能的广泛应用将形成庞大长尾效应

在微观上，长尾效应指的是销量小但种类多的产品或服务由于总量巨大，累积起来的总收益超过主流产品的现象。宏观上，长尾效应可以被认为是一种技术直接产业化的经济规模较小，但其广泛应用产生的经济效益巨大。以人工智能为例，虽然人工智能产业本身经济规模小，但是得益于能够实现个性化的需求预测和推荐，人工智能技术能够满足长尾市场中个性化的需求。通过分析大数据和用户行为，人工智能可以帮助企业更好地理解市场需求，提供更加个性化的服务和产品，不断催生新产业、新业态、新模式，重塑整个产业形态，培育新动能。除此之外，人工智能核心产业具备扩张增长效应。作为一项系统性较强的数字技术，人工智能应用的实现离不开技术研发、软硬件开发、算法模型训练、具体场景应用等一系列环节，从而催生了一系列产业，有着完备的产业链条，其产品和服务涵盖了从上游研发到下游应用的各个环节。

四 智能经济的内涵特征与发展趋势

（一）智能经济与数字经济

各国和学界不同人对数字经济有不同理解。最早提出数字经济概念并被誉为"数字经济之父"的Tapscott（1997）认为，数字经济就是以信息数字化和以知识为基础的经济活动，数字经济是指产品和服务数字化的经济活动。在数字经济发展早期，甚至有人认为数字经济就是信息技术和电子商务（Moulton，2000），或者计算机计算和通信技术在互联网上的融合（Lane，1999）。G20杭州峰会发表的《二十国集团数字经济发展与合作倡议》认为，数字经济是指以使用数字化的知识和信息作为关键生产要素、以现代信息网络作为重要载体、以信息通信技术的有效使用作为效率提升和经济结构优化的重要推动力的一系列经济活动。根据国家统计局颁布的《数字经济及其核心产业统计分类（2021）》，数字经济是指以数据资源作为关键生产要素、以现代信息网络作为重要载体、以信息通信技术的有效使用作为效率提升和经济结构优化的重要推动力的一系列经济活动。

智能经济的概念产生较晚，但也存在不同理解。例如，早在机器人等智能工具主导时代，穆良平和姬振天（2017）认为，相对于依靠劳动力和体力的体能经济，智能经济主要依靠人类智力，借助机器人等人工智能设备，通过体力与知识的结合，生产提供高知识附加值和高知识密集度的产品与服务。波士顿咨询公司与阿里研究院、百度发展研究中心发布的报告认为，智能经济是以机器学习算法为核心，以人工智能通用技术为工具，通过数据流动自动化实现生产、分配、交换、消费活动中不同应用场景的自主或辅助描述、诊断、预测和决策的新型经济形态（波士顿咨询公司等，2019）。借鉴对数字经济的理解，林莉和纪玉山（2022）认为，智能经济是以人工智能技术为战略资源和关键生产要素，以大数据、云计算和人工智能等产业为先导，以人工智能技术与产业融合为特征，具有智能化、数字化、网络化特征的经济运行系统，其本质是"人工智能技术＋产业"。类似的理解还包括，智能经济是以人工智能为核心驱动力，通过传统产业智能化和智能技术产业化，推动生产生活方式和社会治理方式智能化转型的新兴经济形态。

对于智能经济与数字经济的关系，由于近年来人工智能等智能技术的快速发展，学界多认为智能经济是不同于数字经济的一种更高级经济形态。例如，黄悦（1999）提出，人类经济首先是从劳动密集型的自然经济发展到资本密集型的机器经济，然后是知识密集型的信息经济，此后是智能密集型的智能经济。在自然经济时代，人类生产主要是依靠体力、畜力和自然力。在机器经济时代，生产主要是机器扩展人类体力。进入信息经济时代，生产逐步开始越来越多地转向委托技术系统。进入智能经济时代，人工智能的发展表明，人类不仅把一般的技术操作，甚至开始越来越多地把思维活动转向委托给技术系统（黄觉雏等，1990，1991）。杨述明（2020）认为，数字经济描述的 21 世纪初 20 年数据时代的经济形态，智能经济反映的整体后工业社会转型的经济形态，体现了工业社会向智能社会的历史演进趋势。与工业社会生产资料主要局限于厂房、机器、土地等传统要素不同，智能社会更加依赖数据，以及计算、智能化和网络化能力。相应地，对物质资料的所有将逐步让位于对数据、信息、智力的所有，传统上资本、劳动、技术和制度等生产要素主导的分配关系也将逐步让位于数据、知识、智力和创新等生产要素主导的分配关系。智能经济形态下，从劳动资料到劳动工具，从生产力到生产关系，都将发生根本性变化（蒙格斯智库，2018）。

从这些概念的讨论可以看出，智能经济与数字经济既有联系，也有区别。首先，从驱动技术来看，驱动智能经济的是人工智能等智能技术，驱动数字经济的是物联网、移动互联网、大数据、云计算、区块链等数字技术，两类技术本质上都是信息通信技术，都属于同一类技术群，且智能技术的发展和应用离不开大数据、云计算、移动互联网和物联网等数字技术。其次，从关键要素来看，数字经济发展离不开信息数字化和数据利用，生成式人工智能发展表明，智能经济发展更离不开数据利用。数据都是数字经济和智能经济的关键支撑，数据规模、质量还直接影响了智能技术应用的效能。最后，从经济机理来看，一方面，数字技术和智能技术产业化都可以培育新业态、新模式；另一方面，都可以长尾效应赋能提高要素生产率，创造更大经济价值。华为认为，智能经济是通过创新型的智能技术和智能解决方案提高生产率，提升社会福利效应和改善环境效益，推动虚拟经济和实体经济融合发展，是数字经济发展的新阶段。

基于上述讨论，本报告认为，与智能社会、智慧城市等概念相比，智能经济的概念主要是侧重从产业（经济）的视角去理解，反映的是智能技术主导下的一种新型产业经济形态，是以半导体、传感器等物理器件，物联网、互联网等信息网络，以及数据和算力算法等软件为支撑的新型经济活动，包括智能技术应用催生的新业态、新模式，智能技术赋能对农业、工业和服务业生产组织方式、经营服务方式等的智能化转型升级，以及智能技术应用对整体经济效率的提高等。因此，智能经济反映了由弱人工智能向强人工智能演进和智能技术群涌现背景下的数字经济发展新趋势。

（二）智能经济的内涵特征和发展趋势

1. 智能经济由通用人工智能技术的颠覆性创新驱动

虽然工业社会向智能社会演变和工业经济转向智能经济是人类社会发展的自然规律和必然结果，但如果没有 21 世纪以来，尤其是近年来人工智能取得的突破性进展，智能经济可能仍然处于梦想阶段，至少暂时还不会推动数字经济发展进入新阶段。因此，智能经济既是以新一代信息技术为核心的新科技革命和产业变革的产物，更是人工智能等智能技术发展成为新一代信息通信技术的主导技术的产物。智能化意味着越来越多的任务可以通过自动化的方式实现生产（Aghion et al.，2017）。人工智能发展就是将原来依靠劳动而无法自动化完成的任务越来越多地用智能系统替代劳动实现自动化，人工智能水平的提高就意味着自动化程度的提高（Mittelstadt et al.，2016），也将直接推动智能经济的形成与发展。

智能经济由通用人工智能技术的颠覆性创新驱动有两方面含义。其一，人工智能并非新鲜事物，驱动力来源于人工智能作为颠覆性技术跨越了技术发展成熟度曲线的拐点，有可能广泛渗透到各行各业形成长尾效应，释放作为新一代通用目的技术的颠覆性创新影响。其二，人工智能技术不断成熟的同时，使用成本快速下降，将使得消费者有可能迅速采用新技术，加速人工智能技术采用率。例如，统计发现，随着人工智能的快速发展，2012 年以来，数据算力呈加速度增长，由过去的平均 12~18 个月翻一番增长到平均每 6 个月翻一番。新摩尔定律反映了技术应用成本下降推动的技术采用率迅速提高。

2. 数据是发展智能经济的关键生产要素

农业经济时代的关键生产要素是土地和劳动力，在工业经济时代则变成了资本和人力资源，在数字经济时代数据要素成为新的关键生产要素。智能经济是数字经济的新趋势和高级形态，数据要素的关键作用更为显著。与数字经济发展早期不同，数据要素的关键作用在智能技术开发阶段已经开始充分体现。例如，百度文心一言训练数据包括超过 10 亿张的图片、超过 100 亿条的语音、超过 1000 亿条的中英文双语文本和超过 1 万亿个的网页。ChatGPT 3 训练数据主要是文本数据，规模超过 45TB。大规模参数已成为人工智能大模型的基本要求，需要对多种来源的大规模数据集进行训练。数据质量直接关系到人工智能大模型的解释能力，高质量的数据有利于加快寻求最优解，减少训练时间。在某种意义上，数据规模和数据质量直接制约了生成式人工智能模型的应用适应能力和准确性。除此之外，在人工智能应用环节，人工智能具有基于数据自我产生新知识的能力，既可以利用数据来产生新的模式和知识，并生成可以用于对数据进行有效预测的模型，还可以修改甚至自己设定相关规则（Mittelstadt et al.，2016）。智能技术可通过应用数据实现自主学习和迭代创新，数据不仅是人工智能企业的核心竞争力，而且是适应未来 AI 大模型时代竞争的关键要素。

3. 智能经济是规模经济基础上的异质性经济

在技术研发环节，智能技术发展需要大规模数据进行训练学习。生成式人工智能模型参数规模、训练数据量、训练量直接影响模型效果。在技术应用环节，需要大规模应用降低应用成本，在应用中高频次迭代创新，提升技术性能。此外，在研发和应用环节都需要大规模算力和高宽带支撑，规模经济成为智能经济发展的重要基础。与此同时，智能经济是高度自动化的经济，是人工智能支撑的经济。这意味着个性化、人性化成为智能经济的天然属性，微观经济的运行有望真正实现差异化，实现"以人为本"和"以人为中心"。例如，自动驾驶根据乘客自动采用个性化的驾驶模式，智能制造可以实现真正的"按需生产"和"柔性生产"。

4. 智能经济的发展逻辑是产业智能化带动消费智能化

互联网和 PC 普及推动的数字经济发展首先是在消费领域，即消费互联网，包括以门户和搜索等代表的网络信息服务，面向消费者的电子商务和旅行服务、第三方支付等。移动互联网普及催生的是电子商务、移动支付、在线社交和本地生活服务等，以及共享交通等平台经济、共享经济新模式，此后才是产业链供应链数字化转型为代表的生产领域数字化，即工业互联网或产业互联网。企业、政府等主体而非消费者个人是智能化技术的主要采用者，智能经济发展顺序则相反。无论是早期工业机器人带动的产业智能化，还是近期生成式人工智能带动的产业智能化，抑或是未来通用人工智能技术的应用，企业单位而非消费者个人都将是智能技术的应用主体。例如，包括 ChatGPT 等在内，虽然被称为"聊天"应用，但就消费者而言，并非刚需和高频应用，企业仍然是应用主体。业界预计，从 2021 年开始，企业物联网支出年均增速将达到 20% 以上。IBM 调查发现，2022 年全球 35% 的公司已采用不同形式的人工智能，42% 的公司正准备采用。[①] 产业智能化进行到一定程度，将会有越来越多的产品和服务消费者，带动消费智能发展。华为预测，到 2025 年，未来智能家居设备将快速上升，预计 14% 的家庭拥有智能家用机器人。[②]

---

① IBM：《2022 年全球 AI 采用指数》，2022，https：//www.ibm.com/downloads/cas/GVAGA3JP。
② 华为：《数字经济的未来：以云为基础，以数据为燃料，以人工智能为驱动》，2021，https：//e.huawei.com/tr/eblog/industries/insights/2021/digital-economy-built-cloud-fueled-data-driven-ai。

5. 智能经济是生产力与生产关系革命的有机结合

人工智能是催生新质生产力的典型革命性技术创新。以生成式人工智能为代表的通用人工智能的发展表明，人类可能正在经历一个不同于任何历史上的革命性技术创新和产业革命，创造财富和分配财富的方式正在发生变化。例如，大国之间因为拥有规模经济优势，可能形成智能技术的垄断，并掌控创新链产业链价值链上游创造更大财富。不同种族、民族、人群之间可能形成"智能鸿沟"，并导致从发展机会到收入差距的不平等。与此同时，人与技术、人与人的关系也在发生变化。人工智能不仅更容易导致科技异化，其"创造性破坏"更具威胁性，具有自主意识和行动能力的人工智能甚至还可能与人类竞争和替代人类，导致技术性失业，甚至还可能攻击人类，"对社会和人类构成深远的风险"。智能经济时代的希望与挑战并存，需要更加致力于促进公平和效率的统一。

参考文献

波士顿咨询公司、阿里研究院、百度发展研究中心，2019，《解读中国互联网新篇章：迈向产业融合 中国互联网经济白皮书2.0》。

珀迪，马克、邱静、陈笑冰，2017，《人工智能助力中国经济增长》，《机器人产业》第4期，第80~91页。

蔡跃洲、陈楠，2019，《新技术革命下人工智能与高质量增长、高质量就业》，《数量经济技术经济研究》第5期，第3~22页。

陈彦斌、林晨、陈小亮，2019，《人工智能、老龄化与经济增长》，《经济研究》第7期，第47~63页。

郭艳冰、胡立君，2022，《人工智能、人力资本对产业结构升级的影响研究——来自中国30个省份的经验证据》，《软科学》第5期，第15~20页。

华为，2024，《智能世界2030：构建万物互联的智能世界》，https：//www-file.huawei.com/-/media/corp2020/pdf/giv/2024/intelligent_ world_ 2030_ 2024_ cn.pdf？la=zh。

黄觉雏、穆家海、黄悦，1990，《二十一世纪经济学创言——论智能经济》，《社会科学探索》第3期，第18~25页。

黄觉雏、穆家海、黄悦，1991，《人类经济总体发展的模型与规律》，《社会科学探索》第 2 期，第 52~56 页。

黄悦，1999，《二十一世纪的角逐：谁将进入智能经济时代——再论智能经济》，《改革与战略》第 2 期，第 10~14 页。

林莉、纪玉山，2022，《中国智能经济发展条件、现状和对策研究》，《工业技术经济》第 7 期，第 3~12 页。

〔美〕芒福德，刘易斯，2009，《技术与文明》，陈允明等译，中国建筑工业出版社。

蒙格斯智库，2018，《蒙格斯报告之二：智能社会的经济学困境》，https：//www.mongoose-report.com/mongoose/title_ detail？title_ id=28。

穆良平、姬振天，2017，《中国抢占智能经济发展先机的战略要素及重点领域》，《理论探讨》第 4 期，第 97~101 页。

〔美〕托夫勒，阿尔文，2006，《第三次浪潮》，黄明坚译，中信出版社。

王水兴、刘勇，2024，《智能生产力：一种新质生产力》，《当代经济研究》第 1 期，第 36~45 页。

谢伟丽、石军伟、张起帆，2023，《人工智能、要素禀赋与制造业高质量发展——来自中国 208 个城市的经验证据》，《经济与管理研究》第 4 期，第 21~38 页。

杨述明，2020，《智能经济形态的理性认知》，《理论与现代化》第 5 期，第 56~69 页。

张阳，2016，《人工智能之父马文·明斯基逝世 科学界巨星陨落》，《环球时报》1 月 27 日。

Aghion, P., Jones, B. F., Jones, C. I., 2017, "Artificial Intelligence and Economic Growth", NBER Working Paper, No. 23928.

Bresnahan, T. F., Trajtenberg, M., 1995, "General Purpose Technologies: Engines of Growth?", *Journal of Econometrics*, 65, 83–108.

Greenstein, B., Light, C., Likens, S., 2024, "The Path to Generative AI Value: Setting the Flywheel in Motion", https：//www.pwc.com/gx/en/issues/technology/path - to - generative-ai-value.html.

Lane, N., 1999, "Advancing the Digital Economy into the 21st Century", *Information Systems Frontiers*, 1, 317–320.

Mittelstadt, B. D., Allo, P., Taddeo, M., et al., 2016, "The Ethics of Algorithms: Mapping the Debate", *Big Data & Society*, 2, 1–21.

Moulton, B., 2000, "GDP and the Digital Economy: Keeping up with the Changes", in *Understanding the Digital Economy: Data, Tools, and Research*, edited by Brynjolfsson, E., Kahin, B., 34–48. Cambridge, MA: MIT Press.

Ransbotham, S., Krion, D., Gerbert, P., et al., 2017, "Reshaping Business With Artificial Intelligence", https：//sloanreview.mit.edu/projects/reshaping - business - with - artificial-intelligence/.

Sternberg, R. J. , 2019, "A Theory of Adaptive Intelligence and Its Relation to General Intelligence", *Journal of Intelligence*, 7 (4), 1-17.

Tapscott, D. , 1997, *The Digital Economy: Promise and Peril in the Age of Networked Intelligence*, New York: McGraw-Hill.

Trajtenberg, M. , 2018, "AI as the Next GPT: A Political-Economy Perspective", NBER Working Paper, No. 24242.

U. S. PTO. , 2020, "Inventing AI: Tracing the Diffusion of Artificial Intelligence with U. S. Patents", https://www. uspto. gov/sites/default/files/documents/OCE-DH-AI. pdf.

技术篇 ⟫

B.2

通用人工智能的发展态势、存在问题与政策建议

左鹏飞*

摘　要： 随着科技的飞速发展，人工智能在经济社会发展中扮演着日益重要的角色，其影响力、引领力、渗透力不断提升，不仅是推动我国技术创新和产业升级的关键要素，而且是发展新质生产力的重要引擎。通用人工智能是人工智能发展的重要方向，旨在构建一个能够像人类一样思考、学习和处理各种问题，且具有广泛的适用性和普适性的智能系统。当前，我国通用人工智能发展步入快车道，同时也面临技术瓶颈、外部遏制等一系列问题和挑战。为推动通用人工智能创新发展，本报告从顶层设计、基础研究、教育培训、科创与产业融合、治理体系建设、国际合作交流等方面提出相关建议。

关键词： 通用人工智能　创新发展　智能系统

---

* 左鹏飞，工学博士，中国社会科学院数量经济与技术经济研究所创新政策与评估研究室副主任、副研究员，主要研究方向为信息技术经济学、数字技术创新。

伴随人工智能技术的加速演进，通用人工智能日益成为学术界和产业界的研究热点。目前，国内学者基于各自研究领域，分别从哲学、心理学、法学、政治学、国际学等不同维度对通用人工智能开展深入研究，而关于通用人工智能创新发展的研究相对较少。相关研究主要如下：高奇琦（2024）提出通用人工智能的创新突破，可能带来互联网经济重构、导致传统生产力危机与世界分工体系变革、影响大国间意识形态竞争等影响；陈兵（2023）认为，通用人工智能创新发展过程可能给既有社会秩序造成一定冲击，带来科技伦理风险、权责划分挑战、知识产权挑战、数据安全风险、算法操控挑战等问题；吴冠军（2023）认为，由于人工智能技术的快速发展，人类主义框架正在遭遇以人工智能为代表的"技术对象"的严峻挑战，通用人工智能的发展在给人"赋能"的同时也带来新"危险"。本报告在前人研究基础上，更加侧重于我国当前通用人工智能发展的现实情况，厘清人工智能发展的基本态势，剖析面临的问题与挑战，同时梳理国内外相关经验，以期形成加速推动我国通用人工智能创新发展的对策建议。

一 我国通用人工智能发展的基本态势

人工智能是新一轮科技革命和产业变革中具有变革性的技术力量。随着ChatGPT、Sora 等大语言模型的问世，人工智能在全球范围内掀起了新一轮探索热潮，我国人工智能也步入发展快车道。当前，我国通用人工智能发展处于利好政策加码机遇期、技术研发创新加速期、应用场景深度拓展期、产业转型升级调适期"四期叠加"阶段。

（一）利好政策加码机遇期

近两年，针对全球人工智能的新一轮热潮，我国全面布局技术突破、产业培育与应用场景的一系列政策（宋林飞、潘文翔，2024）。一是将其上升为国家行动。2024 年《政府工作报告》首次写入"人工智能+"，提出"深化大数据、人工智能等研发应用，开展'人工智能+'行动"，强化人工智能发展的顶层设计。二是增强支撑性要素。工信部、中央网信办、科技部、国家数据局等部门通过制定或者联合制定相关政策，积极推动数据、算力、数字基础设施等发展，不断夯实人工智能发展基础。三是推进治理创新。关于人工智能发展带来的新问题，我国在全球范围内出台了首部针对生成式人工智能的专门立法《生成式人工智能服务管理暂行办法》，提高人工智能发展的规范性安全性。四是地方政府积极布局。随着人工智能发展价值的不断彰显，北京、上海、深圳、安徽等地纷纷出台相关举措，从不同侧重点推进人工智能发展。

（二）技术研发创新加速期

技术研发和产业应用是人工智能发展的"双轮驱动"，并且人工智能技术可持续应用于生产过程（李松龄，2024）。我国高度重视人工智能技术研发工作，既有政府部门通过财政资金支持人工智能技术研发，也有大量企业持续加大研发投资，推进人工智能创新和应用取得明显成效。一是研发投入不断增长。政府部门和人工智能企业不断加大对技术研发和创新的投入，以期抢占未来发展制高点。斯坦福大学发布的《2024 年人工智能指数报告》显示，2023 年中国人工智能民间投资额达到 77.6 亿美元，位居全球第二。二是创新成果不断涌现。该报告显示，2022 年，我国以61.1%的占比成为全球人工智能专利最大来源国，超过占比为 20.9%的美国。同时，截至 2024 年 4 月，我国开发了 15 款顶级人工智能模型，数据位居全球第二。三是核心产业规模快速增长。根据中国信息通信研究院发布的数据，2023 年中国人工智能核心产业规模达 5784 亿元，增速约为13.9%，涉及相关企业数量达到 4482 家。

（三）应用场景深度拓展期

场景创新是当前人工智能产业发展的"牛鼻子"。当前，我国人工智能的应用广度和深度持续拓宽，加速向更多领域、更深环节渗透，智能化应用场景在经济社会发展中的地位逐渐凸显。一是应用范围不断扩大。从电商、搜索到对话、物流，通用人工智能正在加速应用于自动驾驶、智能工厂等不同产业场景，对实体经济的赋能作用不断增强。二是应用速度不断加快。在过去较长一段时期，传统人工智能的应用主要是完成一些简单重复性劳动工作，可以高效处理功能单一和高度规范化的工作任务。而拥有更高智能水平的通用人工智能，具有更强的任务场景认知和任务规划处理能力，能够更快适应复杂的产业场景应用。三是智能商业模式日益丰富。随着人工智能技术创新与产业应用之间的交互作用持续增强，以"模型即服务"（MaaS）为代表的一批新型商业模式不断涌现，从人工智能模型的研发入手，包括数据、架构、训练、调优等，形成针对零售、交通、推荐等具体商业场景的产品和服务。

（四）产业转型升级调适期

通用人工智能具有完成任务泛化、任务自定义、内在价值驱动等特征，可以在复杂的物理和社会环境中像人一样自主处理相关工作。因此，通用人工智能给生产函数带来重构性影响，既能以产品或服务的形态参与经济社会发展系统，也可以作为新生产要素实现对劳动等部分传统要素的替代。随着人工智能应用程度的逐步加深，我国产业加快调整适应新变化。一是产业智能化水平不断提升。我国在建设现代化产业体系过程中，高度重视产业智能化发展，积极推动传统产业与人工智能深度融合，以期实现传统产业进阶升级。其中制造业加速智能化转型较为明显，"灯塔工厂"是制造业智能化发展的典型代表，根据世界经济论坛发布的数据，截至 2023 年 12 月，全球共有 153 座"灯塔工厂"，其中我国有 62 座（黄剑，2024）。二是人工智能产业化进程不断加快。在供需两端同步发力下，语言模型产品、智能体、人形机器人等一大批人工智能技术成果正不断从实验室走向产业实践，智能应用加快从封闭性走向非封闭性，相关产业价值逐步得到释放，人工智能正在进入产业化加速阶段。三是人工智能产业化与产业智能化互相促进，推动智能产业生态建设。

二 通用人工智能创新发展面临的主要问题

近年来，我国通用人工智能保持快速发展势头，大模型产业加速发展，应用场景不断拓展，赋能经济社会成效日益凸显，但在快速发展过程中仍面临一些问题和挑战。

（一）技术瓶颈仍需突破

技术层是人工智能发展的核心。从技术角度来看，当前我国通用人工智能在图像处理、语音识别等领域具有领先优势，但也面临一些挑战。一是底层算法偏差。人工智能系统的决策和预测能力决定于底层算法，而受程序员主观认知、数据分布不均匀等因素影响，底层算法可能产生某些偏差，进而给生产生活带来负面影响。二是高质量数据供给不足。高质量数据是提升人工智能准确性和泛化能力的关键因素，而受数据交易机制不成熟、公共数据开放程度不高等因素影响，目前人工智能发展还面临高质量数据短缺问题。三是模型效率有待提高。模型效率反映人工智能模型在数据处理、任务执行以及资源消耗方面的情况，而受技术路线不同、软硬件兼容性问题、算力资源协同和共享不足等因素影响，目前模型效率仍有较大提升空间。

（二）外部遏制打压仍需突破

作为推动新一轮科技革命和产业变革的核心驱动力，人工智能已经成为大国科技博弈的关键领域。全球主要经济体在人工智能领域的竞争愈演愈烈。个别国家为保持其技术优势和主导地位，对我国人工智能发展的遏制打压行为持续加剧。一是 AI 尖端芯片出口管制。近年来，我国不断加大对 AI 芯片的研发投入，取得了一定进展，但目前国产 AI 芯片在性能和效率上与全球先进水平仍有较大差距。然而，美国政府不断升级对华半导体出口管制，阻止中国获得先进 AI 芯片。二是打压我国人工智能企业。自 2019 年起，美国对华实体清单上不断列入我国知名人工智能企业，限制这些企业获得相关软硬件。三是限制我国人工智能国际合作。近年来，我国在人工智能领域表现出了较强的国际竞争力。在逆全球化思潮的影响下，部分国家通过成立全球人工智能合作伙伴组织（GPAI）、人工智能联盟（AI Alliance）等排除中国的国际组织，限制我国参与人工智能领域的国际合作和交流。

（三）人工智能与产业深度融合仍需推进

人工智能为产业发展注入了新动力、开辟了新应用，产业发展为人工智能落地提供了新场景、拓展了新空间。目前，人工智能在零售消费、物流包装等领域应用较为广泛，取得了良好成效。然而，人工智能与产业融合发展，尤其是与制造业的深度融合仍然面临一些问题和挑战。一是融合动力有待增强。从整体来看，人工智能应用前景广阔，但现阶段低成本、高价值的应用路径还处于探索阶段，应用的示范效应仍不够明显，部分企业尤其是中小企业对人工智能的积极性相对不高。二是核心应用场景有待挖掘。制造业作业场景高度复杂，目前人工智能应用主要集中在质检、监控、计划等非核心环节，制造业"深水区"的应用场景还需进一步深挖。三是制造业数据分析难度大。受数据采集难度大、设备接口不统一、数据格式和协议规范差异等因素影响，制造业数据的分析与应用水平仍有待提升。

（四）知识产权保护模式仍需创新

与人工智能最相契合的法律机制是知识产权制度（曲三强，2023）。全球人工智能领域的竞争日趋白热化，各国围绕人工智能发展的立法活动也不断增多，创新知识产权保护模式是焦点之一。通用人工智能发展需要海量的、多样的、实时的、长期的数据训练，以帮助其应对各种场景和任务。可见，来源合法的数据是通用人工智能可持续发展的必要条件。但如果在研发阶段就要求所有数据来源合法，则会限制数据的质与量，不利于产生高质量的人工智能产品。为了平衡人工智能发展与数据合法性的矛盾，我国在《生成式人工智能服务管理暂行办法》中提出了"促进创新和依法治理相结合的原则"，以包容审慎态度推动人工智能发展。但伴随人工智能从研发阶段加速走向市场应用阶段，以数据来源合法性为代表的人工智能知识产权保护将面临许多现实和法律问题，面向人工智能的知识产权保护模式仍在探索过程中。

（五）发展与治理仍需兼顾

全球人工智能研发与应用步伐持续加快，在带来巨大发展机遇的同时，不可避免地衍生出一些新问题，缺乏监管的技术"狂奔"正引发广泛担忧（暴媛媛，2023）。人工智能的发展与治理问题，不仅影响产业发展的方向选择和速度规模，更关系到我国参与全球竞合的主动权和话语权。当前，我国人工智能治理主要面临四个挑战。一是没有现成国际经验可供借鉴。一方面，与以往大部分科技领域治理不同，通用人工智能是一个新事物，各国在治理上均处于探索过程阶段。另一方面，我国在人工智能领域保持快速发展态势，从过去的"跟跑者"向"领跑者"转变，与之相关的伦理、法律等问题只能依靠自身解决。二是产业界的参与机制不完善。人工智能发展与产业界密切相关，其治理也需要产业界协同推进，目前产业界参与人工智能治理的依据、程序等仍需进一步明确。三是开展人工智能治理的工具有待开发。四是参与全球人工智能治理的人才、机构和机制仍需强化。

三 通用人工智能创新发展的国际经验与国内实践

（一）通用人工智能发展的国际经验

人工智能是前沿科技领域的热点，并逐步成为影响全球资源分配、产业格局以及国际分工的重要因素。全球主要经济体纷纷把人工智能作为重要战略利器，加速推动相关技术和产业发展。

1. 美国推动通用人工智能创新发展的主要经验

2022年底以来，美国在通用人工智能领域进展迅猛，不断有新技术新产品涌现。美国政府层面的关键政策和主要做法包括：一是动态更新国家人工智能研发战略。2023 年 5 月，美国对 2016 年版、2019 年版《国家人工智能研发战略计划》进行更新升级，重申和调整相关战略目标，并结合发展形势提出战略目标的具体优先事项。二是注重人工智能政策跟踪评估。为了不断完善人工智能政策，美国政府对《2020 年国家人工智能倡议法案》等政策法案实施情况进行及时评估。三是支持和发展人工智能初创企业。美国通过国家人工智能研究资源（National AI Research Resource）试点，牵引推动全美人工智能研究，积极为初创企业和小型开发者提供技术与资金援助，同时帮助人工智能初创企业实现商业化落地。四是吸引和留住人工智能人才。美国通过扩大资助范围、提供技术援助、简化签证程序等多种手段，以及推出人工智能官方网站 http：//AI. gov，全力吸引和留住人工智能领域专业人才。五是促进与规范人工智能创新。2023 年 10 月，美国总统签署首个人工智能行政命令，提出制定标准、保护隐私、政府使用、促进创新和竞争等 8 个行动目标，以确保美国能够把握人工智能发展机遇和管理风险。同时，美国政府要求并获得 Google、微软、OpenAI 等头部人工智能企业做出安全承诺。六是推动政府部门使用人工智能。近两年，美国多个政府部门发布人工智能应用指导性文件，提出通过人工智能提升美国外交、安全等领域工作，并要求各联邦机构设置首席人工智能官（CAIO），公开披露人工智能使用情况。

2. 英国推动通用人工智能创新发展的主要经验

近年来，英国政府出台一系列举措支持人工智能技术研发和运用，推动英国人工智能产业高速发展。2024 年 4 月 IMF 发布的《世界经济展望》中预测，人工智能将使英国生产力每年提高 0.9%～1.5%。英国政府的主要经验包括：一是政府大力支持和引导。从 2017 年开始，英国政府积极推动 AI 技术的发展和运用，从国家、产业、技术、人才、监管等不同方面不断推出支持性举措，并持续引导和加大对人工智能领域的投资。同时，英国政府专门成立人工智能委员会、人工智能办公室等，制定并推动人工智能战略实施。二是充分发挥"以学带产"模式。英国拥有一批全球顶尖的高等院校和研究机构，而大多数人工智能企业集中在伦敦、牛津、剑桥等大学云集地区。强大的科研能力和人才储备为英国人工智能技术和产业发展提供了强大支撑。三是推动公共部门应用。英国政府不仅鼓励产业界加强人工智能技术研发和应用，同时还拨款支持人工智能技术在公共部门推广应用，以提高医疗、教育、交通等公共部门的效率。四是倾向性扶持初创企业发展。针对人工智能技术研发周期较长的特点，英国政府重点支持获得 B 轮以上融资的人工智能初创企业，并帮助初创企业实现商业化落地。五是力争牵头全球人工智能治理。英国政府积极推动英国成为全球人工智能安全监管中心，计划设立与国际原子能机构相似的全球人工智能监管机构。

（二）通用人工智能发展的国内实践

1. 北京市促进通用人工智能创新发展的主要做法

北京市积极抢抓通用人工智能发展的重大战略机遇，充分发挥其在高端人才、研发机构、应用场景、数据要素等方面的优势，以大模型、类脑智能、具身智能、智能体等为发展重点，持续推进通用人工智能技术创新策源地和产业创新引领地建设。一是充分发挥引导推动作用，快速出台支持举措。2023 年 4 月 28 日，中共中央政治局会议指出，"要重视通用人工智能发展"，5 月 30 日北京市出台《北京市促进通用人工智能创新发展的若干措施》，从算力资源、高质量数据要素供给、技术体系、场景应用、监管环境等五个方面出发，支持和推动通用人工智能实现创新引领与理性健康发展。二是聚焦科技创新需求，打造优质新型研发机构。北京市联合国家部委和优势高校，积极打造一流研发平台，聚集全球优秀科学家，支持设立北京通用人工智能研究院，提出发展目标和机构愿景，以通用人工智能相关技术为主攻方向，以此增强北京市在通用人工智能领域的引领性研究。2024 年 4 月，该机构发布了全球首个具身通用人工智能系统原型"通通"。三是持续优化产业发展环境，加快人工智能产业高地建设。2024 年 4 月，北京市发布《关于加快通用人工智能产业引领发展的若干措施》，从算力供给、产业基础研究、数据要素集聚、大模型创新应用等方面出台具体举措，并且支持人工智能企业优先在北交所上市，全力打造人工智能产业高地建设。四是加快应用落地，着力提升实体经济效能。2024年7月，北京市发布《推动"人工智能+"行动计划（2024-2025年）》，提出要利用两年时间在机器人、教育、医疗、文化、交通等领域打造一批标杆应用，凝练形成一批可复制、可推广的应用模式，加快"人工智能+"有效路径探索，推动人工智能赋能千行百业。

2.安徽省促进通用人工智能创新发展的主要做法

近年来，安徽省全面布局人工智能产业发展，积极抢占通用人工智能发展制高点，着力打通科技创新策源地与新兴产业聚集地之间的链接，持续推进产业创新发展生态体系建设，涌现出科大讯飞、华米科技等人工智能细分赛道领军企业，加快从人工智能"试验田"向"示范田"转变。一是成立工作专班，统筹推进人工智能产业发展。安徽省组建省人工智能产业推进组工作专班办公室，专门负责招商、项目推进、举办活动等工作；安徽省科技厅专门成立人工智能中心，通过实体化运行，促进人工智能资源进一步集中和优化。二是出台行动计划，建设"1+N+X"生态体系。2023年10月，安徽省在国内较早发布《通用人工智能创新发展三年行动计划（2023-2025年）》，系统提出"1+N+X"生态体系布局，其中"1"是指通用大模型，"N"是重点行业领域应用示范，"X"是海量生态层应用创新。三是出台专项支持政策，加速赋能千行百业。2023年11月，安徽省发布《打造通用人工智能产业创新和应用高地若干政策》，从算力供给、数据供给、技术支撑、场景应用、市场主体等八方面出发，积极营造良好政策环境，全力支持通用人工智能在本省发展。四是注重场景创新，推进全省应用场景一体化大市场建设。2023年6月，安徽省发布《加快场景创新构建全省应用场景一体化大市场行动方案（2023-2025年）》，深入推动科技产业一体化布局，其中对人工智能应用场景开展前瞻布局，提出要加强新一代人工智能领域探索，鼓励高校在开设人工智能学科专业教学中设置场景创新类专业课程，加快培育具有世界影响力的人工智能产业创新集群。

四 推动通用人工智能创新发展的政策建议

当前，各行各业正在加速数智化转型，通用人工智能有望成为推动经济社会发展的重要驱动力。为推动通用人工智能创新发展，本报告提出应着力六个"强化"。

（一）强化顶层设计，推进基础赛道与专项赛道差异化发展

一是加快制定发展规划。由相关政府部门牵头，组织一批战略科学家、AI工程师等成立专门研究小组，全面系统提出人工智能发展总体构想，保持人工智能发展战略动态升级；在既有规划基础上，结合新形势新变化，研究制定出台新的通用人工智能发展规划。二是推进人工智能赛道差异化发展。构建人工智能发展"双赛道"，以GPU芯片、数据资源、高算力设施等AI核心要素为基础赛道，由数字科技领域的国家实验室、新型科研机构、央企国企、重点院校等组成赛道主力军；以全球最新AI成果为专项赛道，选择和支持具有较强技术积淀的大型科技企业开展对标研发，谨防"一哄而上"。三是建立健全双赛道互动互促机制。逐步确立基础赛道与专项赛道分类原则，健全财政对基础赛道的投入机制，持续完善基础赛道建设；建立专项赛道企业筛选机制，创新对专项赛道支持机制；加快建设互动互促可持续发展机制，推动基础赛道与专项赛道实现良性循环。

（二）强化基础研究，提升通用人工智能原始创新能力

一是提高基础研究投入强度。加大对人工智能基础研究的稳定性经费支持力度，提高科研人员经费使用自主权；积极支持原创性、颠覆性人工智能技术创新，探索推行原始创新类项目经费"包干制"；针对人工智能领域有研发能力的重点企业，构建精准长效支持机制。二是部署重大科技项目。针对人工智能领域"卡脖子"问题、前沿性问题，加快部署一批包括GPU芯片在内的重大基础研究科技项目；加大对关键领域研发攻关支持力度，打造

形成若干战略性、前瞻性产品；完善"沿途下蛋"机制，积极发挥商业机构在成果转移转化中的作用，促进重大成果及时转化应用。三是推进技术创新生态建设。立足人工智能创新需求，持续优化科研生态环境；积极发挥科协等社团作用，围绕人工智能热点问题开展相关主题科学活动；由科技部门牵头，建立人工智能领域企业、科研机构、重点高校联动机制，促进形成科技创新骨干网络，打造人工智能科技资源共建共享平台；统筹公平竞争与鼓励创新，实现人工智能领域企业优势互补、协调发展、共同发展的良好局面。

（三）强化教育培训，推进人工智能领域专业人才培养

一是积极推进中小学人工智能教育。加快人工智能教材建设，完善人工智能课程体系，积极推进中小学人工智能教育；鼓励人工智能领域重点院校与师范类高校联合加快人工智能学科建设，推进人工智能教育教师队伍建设，提升人工智能教育专业化水平。聚焦科技发展前沿，动态优化人工智能课程内容，根据年级差异提高课程学习的深度和广度。二是鼓励社会力量开展人工智能教育。强化政策引导，鼓励社会力量、民间资本投入人工智能教育事业，支持和鼓励民间人工智能科技俱乐部发展，不断优化校外非正式教育生态，提高人工智能课程学习实践成效。鼓励和支持人工智能领域的科研工作者走进中小学课堂，在学生心中播下科学种子。三是提升全民智能素质。围绕时代性和人文性两大主题，推进科普专职队伍建设，深入开展人工智能普及教育工作；充分发挥教育在人工智能知识传播方面的引导作用，大力弘扬科学精神、科学家精神，营造支持人工智能创新的社会风尚。

（四）强化科创与产业融合，推进通用人工智能产业创新生态建设

一是打造定向政策矩阵。坚持立足国内和全球视野相统筹，加强国内外对比分析，平衡短期任务和中长期目标，逐步完善人工智能产业发展的政策法规体系。聚焦人工智能产业发展主要方向，积极建设人工智能产业瞭望站，广泛深入开展专题调研，实施体系化产业支持政策。二是促进创新链产

业链深度融合。坚持创新链与产业链联动发展，积极培育新业态、新模式，打造面向未来的人工智能产业体系。加强科技创新与市场应用衔接互动，搭建技术供需对接平台，积极推动人工智能应用场景落地生根，构建并完善新技术新产品成长的市场空间。完善投融资机制，引导金融机构助力人工智能技术创新成果转化应用。三是构建产业创新生态。把握科技创新与产业变革互动规律，推动科技政策与产业政策协调配合，促进人工智能领域创新资源、产业要素更加合理高效配置。加大对新型研发机构的支持力度，建设一批人工智能领域中试平台与概念验证中心，不断畅通智能体等产品从研发端到应用端的转化渠道。

（五）强化治理体系建设，促进通用人工智能健康有序发展

一是推动通用人工智能治理框架建设。加强引导与治理是促进人工智能快速健康发展的现实要求。要加快搭建国家层面的通用人工智能治理框架，推动建立跨部门协同治理机制，打造促进人工智能安全高效发展的治理模式。二是完善人工智能治理相关政策法规。完善数据收集与使用、算法应用等方面的政策法规，引导和规范人工智能企业行为，促进人工智能行业建立良性的竞争秩序；推进人工智能法律体系建设，明确产品开发者、平台运营者、技术使用者的法律责任，定期发布人工智能相关典型法律案例。三是推进人工智能监管制度建设。加快人工智能安全监管制度建设，以包容审慎、鼓励创新为监管原则，构建以政府为核心的多元参与监管模式；深入推进分类分级监管，持续创新监管方式，推动监管效能提升。

（六）强化国际合作交流，提升人工智能领域全球影响力

一是深化国际科技合作。面向人工智能发展前沿领域，积极扩大国际科技交流合作，深入推进国际科技合作新格局构建。积极构建人工智能领域知识产权全链条保护体系，加强自主知识产权创造和储备；积极参与国际标准制定组织相关活动，在人工智能相关国际标准和规则制定上充分发挥主动性。加强技术转移合作，推动人工智能领域知识和技术的流通与共享。二是

推进人工智能全球治理。以我国发布的《全球人工智能治理倡议》为基础，深度参与国际治理，深化网络和数据安全领域合作，积极构建人工智能全球化治理模式。针对人工智能全球风险和安全问题，引导和规范人工智能发展方向，加快构建风险预警和应对机制。三是加强多边协调机制建设。加大对人工智能领域重大国际共性问题的研究力度，加强与主要国家的政策合作与战略对话，推动建立人工智能全球治理多边协调机制。借鉴国际原子能机构发展模式，积极谋划参与方案和备选人员，推动构建人工智能全球性监管机构。

参考文献

暴媛媛，2023，《真正让人工智能造福人类》，《经济日报》11月10日。

陈兵，2023，《通用人工智能创新发展带来的风险挑战及其法治应对》，《知识产权》第8期，第53~73页。

高奇琦，2024，《论通用人工智能的新突破对世界政治经济的多重影响》，《国际观察》第3期，第56~74页。

黄剑，2024，《不断推进数智技术与制造业深度融合》，《光明日报》1月30日。

李松龄，2024，《人工智能技术可持续发展的逻辑及其制度安排》，《学术界》第3期，第139~147页。

曲三强，2023，《论人工智能与知识产权》，《知识产权》第8期，第30~52页

宋林飞、潘文翔，2024，《中国人工智能政策全面布局抢占先机》，《河海大学学报（哲学社会科学版）》第3期，第1~14页。

吴冠军，2023，《通用人工智能：是"赋能"还是"危险"》，《人民论坛》第5期，第48~52页。

B.3
人工智能大模型的技术特征和创新发展趋势

陆昊铖*

摘　要：　大模型作为人工智能领域的前沿技术，是推动新一轮科技革命和产业变革的关键力量，对加快构建新发展格局、推动高质量发展具有重要意义。研究表明，以 BERT、GPT 和 T5 等结构不同类型的大模型在自然语言处理、计算机视觉等领域取得了突破性进展，也展现了其强大的通用智能特征。在应用层面，大模型在金融、医疗、交通等重点领域发挥了显著作用，推动了智能投顾、辅助诊断、交通优化等创新应用，为提升公共服务水平、增进民生福祉做出了积极贡献。从经济影响看，大模型作为人工智能领域的颠覆性创新，能通过赋能传统产业升级和新兴产业发展，推动生产关系变革和生产力布局优化，大模型技术正在成为提升全要素生产率和优化资源配置效率的关键驱动力，并正在改变生产方式，推动产业升级，重塑就业结构，为经济高质量发展注入新动能。

关键词：　大模型　人工智能　新质生产力

　　当今世界正处于新一轮的科技革命和产业变革的交会期，其中人工智能作为引领这场变革的关键力量，正在快速地重塑生产方式和经济发展模式。在人工智能体系中，大模型（Large Models）凭借其卓越表现，迅速在全球范围内获得广泛关注和应用。

＊ 陆昊铖，中国社会科学院大学商学院博士研究生，主要研究方向为人工智能创新、科技政策。

何谓大模型？大模型是人工智能和机器学习领域的最新成果。它的发展源于机器学习中的神经网络技术，经过深度学习技术的进一步发展而来。大模型通过扩大模型的规模和改进学习算法，实现了对复杂任务的处理能力。广义而言，大模型是基于海量数据和强大算力，采用先进的深度学习架构，并通过自监督训练获得的大语言模型。其显著特征在于，模型拥有庞大的参数量，丰富的训练数据（TBs 到 PBs 级）和创新的学习范式（以自监督预训练为主、辅以少样本微调）。这些特征的形成源于大模型技术的不断进步，其发展历程也见证了自然语言处理领域从简单的序列处理到复杂的预训练转换机制的演变。最初，1997 年，Hochreiter 和 Schmidhuber（1997）提出的长短期记忆网络（LSTM）解决了早期循环神经网络（RNN）难以捕捉长距离依赖关系的问题，也为处理序列数据奠定了基础。随着数据规模的增长和计算能力的提升，传统的 RNN 模型开始显露出处理长序列时的不足，为了解决这一问题，2017 年，Vaswani 等（2017）引入了 Transformer 结构，其彻底改变了模型架构。该模型是完全基于注意力机制，无须依赖序列数据处理中的时间递归等问题，也提升了模型的并行处理能力和长距离语义捕捉能力。Transformer 的成功开辟了预训练模型的新纪元。2018 年，Devlin 等（2018）推出的 BERT 模型通过双向训练进一步提高了语言理解能力。随后，Brown 等（2020）在 2020 年推出了 GPT-3，其规模达到了前所未有的 1750 亿个参数量，并展现了其惊人的适应性和准确性。此后，GPT-3.5、PaLM、Chinchilla 等大模型层出不穷，在参数量、训练效率和泛化能力上不断突破。这些大模型的突破不仅推动了自然语言处理技术的进步，还为整个机器学习领域带来了新的研究方向和应用可能。

本报告旨在探索大模型的技术创新及其在各行业的主要应用场景和经济影响。第一部分，分析主流大模型的技术框架与核心特征，包括大模型在自然语言处理、知识表示和推理、多模态学习等方面的突破性进展。第二部分，探讨大模型的技术发展趋势，揭示其未来的发展方向和创新点。第三部分，探讨大模型的应用发展趋势，主要基于对金融、医疗等领域的具体应用案例分析。本报告通过融合技术分析和具体案例研究，更加深入地探讨大模型的发展趋势。

一　主流大模型的技术框架与核心特征

（一）大模型的技术原理

大模型技术的突破性进展，在很大程度上得益于其创新的架构设计、庞大的参数规模和创新的训练方式。虽然大模型通常是基于 Transformer 架构，但并非所有的 Transformer 模型都是大模型。因为大模型的定义不仅涉及模型架构，还包括了模型的规模、训练的数据量以及应用范围等因素。为了更深入地理解大模型的技术原理，首先需要了解其核心基础——Transformer 架构及其关键特征。Transformer 作为一种革命性的神经网络架构，其独特的设计为自然语言处理任务带来了显著突破。

Transformer 的核心结构如图 1 所示，主要由编码器和解码器两大部分组成。编码器部分先是对输入序列进行嵌入和位置编码。接着，通过多头注意力机制（多头注意力层）和前馈神经网络（前置反馈层）进行深层次的特征提取和转换。每个子层后都添加了层归一化和残差连接，这将有助于稳定训练过程并促进信息在深层网络中的流动。解码器部分与编码器结构相似，但是增加了一个额外的多头注意力层，用于处理编码器的输出。这使得解码器能够在生成输出时充分利用输入信息。解码器中的第一个多头注意力层与编码器中的多头注意力层有一定的区别。该多头注意力层是被掩蔽的，其作用是确保在生成过程中模型只能访问已生成的输出，这对于自回归生成任务尤为重要。

Transformer 架构的卓越性能源于其核心组件的巧妙设计，具体如表 1 所示。该表详细既列举了 Transformer 架构的各个关键组件，也包括了其每个组件的作用、基本原理和主要优势。为理解 Transformer 提供了系统化的视角。这些组件可以大致分为几个功能类别：数据预处理（输入嵌入和位置

输出概率

SoftMax

线性层

层归一化

前置反馈层

层归一化

多头注意力层

层归一化

掩蔽的多头注意力层

$N\times$

编码

$N>$

解码

层归一化

前置反馈层

层归一化

多头注意力层

位置编码 ⊕

输入嵌入

输入

位置编码 ⊕ 位置编码

输出嵌入

输出

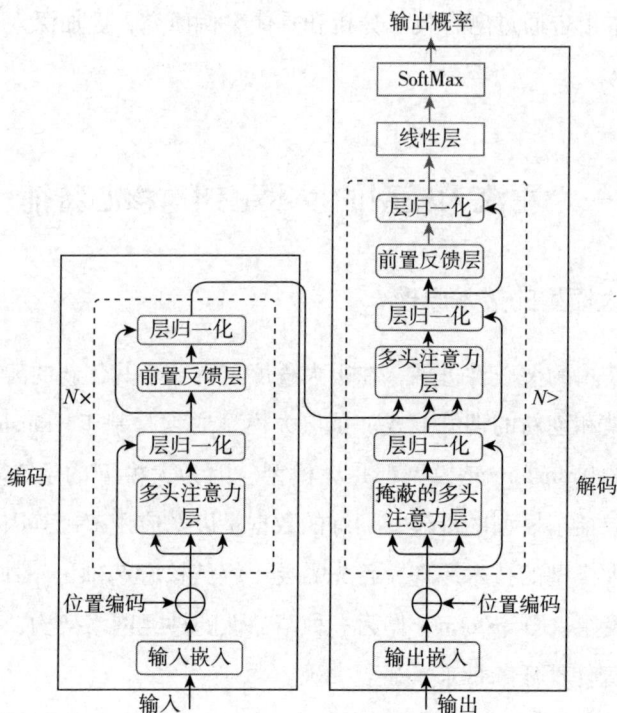

图 1　Transformer 的核心结构

资料来源：CSDN 网站。

编码）、信息提取与交互（多头注意力层）、网络优化（层归一化和残差连接）、非线性变换（前置反馈层）和输出生成（线性层和 SoftMax）。基于 Transformer 这一强大的架构，各种大模型如 BERT、GPT 和 T5 系列应运而生，其中每个模型系列都代表了不同的技术路线。

表 1　Transformer 架构的核心组件分析

组件名称	作用	基本原理	主要优势
输入嵌入	词元向量化	离散词元到连续向量空间映射	捕获语义信息
位置编码	注入位置信息	正弦余弦函数生成位置相关向量	保留序列顺序
多头注意力	计算序列内关联	多维度并行注意力计算	捕获多尺度依赖关系
层归一化	稳定激活分布	层级输出归一化	加速收敛，提高稳定性
残差连接	缓解梯度消失	直接层间信息传递	促进深层网络训练

组件名称	作用	基本原理	主要优势
前置反馈	引入非线性变换	双层线性变换与激活函数	增强表达能力
输出嵌入	向量到词元概率转换	逆向量化过程	生成目标序列
掩蔽多头注意力	实现自回归生成	屏蔽未来信息	确保因果一致性
线性层	调整特征维度	线性变换	适配特征表示
SoftMax	生成概率分布	指数归一化	产生可解释输出

在 Transformer 架构的众多组件中，注意力机制是其中最为核心和革命性的设计。正如前文所提到的，注意力机制作为信息提取和交互的关键环节，其彻底改变了序列数据的处理方式，为自然语言处理带来了突破性进展。通过更深入地了解注意力机制，能为理解 BERT、GPT 和 T5 等系列的衍生模型奠定基础。

注意力机制克服了传统循环神经网络（RNN）在处理长序列时的缺陷。该机制允许模型直接建立输入序列中任意位置之间的联系，并且还实现了并行计算，大大提高了效率和性能。Transformer 的注意力机制是基于查询（Query）、键（Key）和值（Value）的概念。如图 2 所示，注意力机制中的查询向量与多个键-值对相互交互，这些向量都是通过对输入数据进行线性变换后得到的。可以将此过程想象为人在欣赏一幅复杂的画作：查询就像是鉴赏者心中的问题或关注点，键则代表画中各个可能引起注意的元素，而值则是这些元素所包含的具体信息。注意力计算的核心在于比较查询和键之间的相关性，就像鉴赏者根据自身的兴趣点在画作中寻找相关元素一样。在技术实现上，这个函数通过简单高效的点积操作来完成，即图 2 中的 $f(Q, K)$ 函数。计算得出的相似度分数（图中的 s1，s2，s3，s4）经过 SoftMax 函数处理，转化为一组权重（a1，a2，a3，a4），这一步骤模拟了大脑的决定，即如何在画面的不同部分之间分配注意力的过程，确保总注意力保持恒定。这些归一化后的权重随后与对应的值向量相乘，然后求和，得到最终的注意力输出。这个过程使模型能够像人类一样，灵活地将注意力动态分配到输入的不同部分，根据当前任务的需求做出最合适的判断。例如，在进行机器翻译时，模型可以根据需要翻译的词，动态地关注原文中最相关的部分，从而产生更准确、更符合语境的翻译结果。这种机制不仅提高了模型处理复杂序列数据的能力，还增强了模型的可解释性，为自然语言处理等领域带来了革命性的进步。

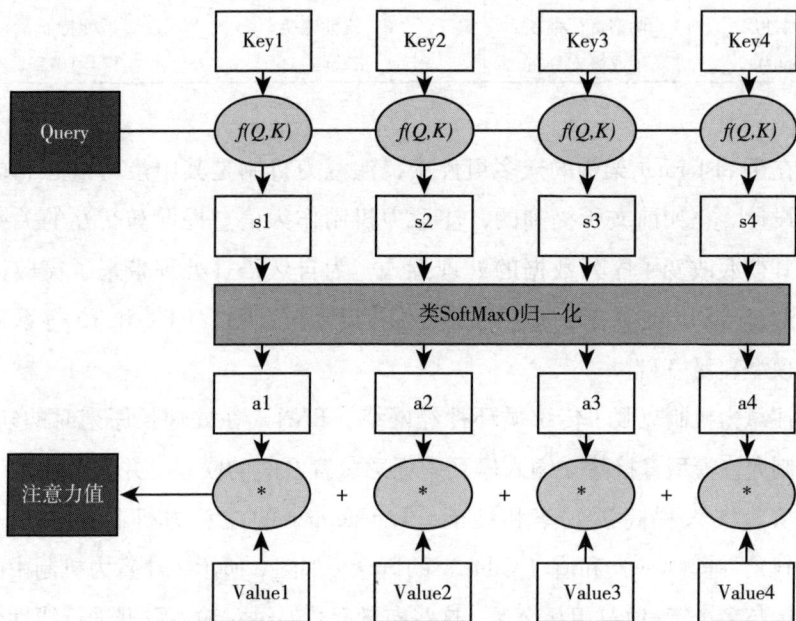

图 2　Transformer 的注意力机制

资料来源：CSDN 网站。

（二）编码器结构——BERT 系列

编码器（Encoder）是一种将输入的文本序列转化为深层次的语义表征。与传统的词袋模型（Bag-of-Words）和循环神经网络（RNN）等方法不同，基于编码器结构的大模型通过引入自注意力机制（Self-Attention）和深度双向建模，能够更加高效和准确地捕捉文本中的语义信息。Young 等（2018）对比了这些传统方法和新兴的深度学习方法在自然语言处理任务中的表现，研究中表现出基于注意力机制的模型优势。在各类编码器结构的大模型中，以 BERT（Bidirectional Encoder Representations from Transformers）的编码器结构的大模型最具代表性，其采用双向编码器结构，是一种基于 Transformer 的预训练语言模型。

BERT 的核心创新在于采用了双向的 Transformer 编码器结构。传统的语言模型，如 GPT 系列采用的是单向自回归式建模，只能利用文本系列中某一位置之前（从左到右）或之后（从右到左）的上下文信息。这种单向建模范式虽然在生成文本任务时所表现的效果不错，但是在语义的编码和理解上还存在很明显的局限性。为了克服单向模型的不足，BERT 引入了掩码语言模型（Masked Language Model）的预训练任务。掩码语言模型随机遮掩输入序列中的一部分词块（通常情况下是 15%），并训练模型根据双向上下文预测被遮挡词的真实值。这种方法正如 Taylor（1953）提到其灵感部分源于经典的完形填空测试。以"苹果公司将计划以 10 亿美元收购一家公司"这句话为例，在单向语言模型中，正如上文所提到的，该模型只会单向读取和理解，因此会将"苹果"理解为水果的意思。但是 BERT 模型将"苹果"这词遮掩，并通过根据上下文判断遮掩处最可能的词，最后将"苹果"理解为公司的意思。除了掩码语言模型，BERT 还引入了下一句预测任务。这意味着在预训练阶段，将两个句子拼接为一个序列，并训练模型判断第二个句子是否为第一个句子在原文中的下一个句子。这样的设计让 BERT 模型能够更好地理解句子的语义，并学习到句间的逻辑关系，从而进一步增强对长文本的理解能力。

BERT 还有一个特点就是采用了预训练-微调（Pre-training and fine-tuning）的范式，为大模型技术带来了全新的发展时代。正如 Devlin 等（2018）所提到的，与从头开始训练模型相比，预训练允许模型在大规模无标注语料上学习通用语言知识，随后通过对小规模标注的数据进行微调，快速适应下游任务。该范式极大地降低了任务特定模型的训练成本，同时提高了该模型的泛化能力和数据利用效率。在 BERT 的预训练阶段，通常在海量文本语料（如维基百科、图书语料等）上进行，其规模可达到数十亿个到上百亿个词。预训练的目标是通过掩码语言模型和下一句预测任务，学习词语和句法、语义的通用表征。在此过程中，BERT 词块化（Word Piece），将词拆分为更细粒度的词块（subworlds），从而在减少词表大小的同时，缓解未识别词问题；位置编码，通过向 Transformer 的输入中加入表示词块位置的向量，使模型能够捕捉词序信息；动态掩码，通过在每个训练批次动态生成新的掩码样本，避免模型对固定掩码产生过拟合。完成预训练后，BERT 模型可以通过微调应用于各种自然语言理解任务。在微调过程中，通常只需要很少的训练样本和训练轮次，就能在目标任务上取得显著的性能提升。例如，对文本分类任务，只需在 BERT 顶层添加一个全连接层作为分类器，并利用有标签数据对整个模型进行端到端的微调，即可获得良好的性能。此外，BERT 的微调过程还可以引入一些任务特定的改进，如域自适应预训练和多任务学习等，以进一步提升目标任务的性能。

（三）解码器结构——GPT 系列

解码器（Decoder）是大模型技术中的重要组成部分之一，其主要功能是根据给定的输入信息生成相应的输出序列。这一概念在 Sutskever 等（2014）的开创性工作中得到了深入探讨。在自然语言处理领域，解码器通常用于根据某种语义表示（如语义向量或隐藏状态）生成对应的自然语言文本。与侧重于理解和表征自然语言的编码器（Encoder）不同，解码器更专注于自然语言的生成和创作。

在各类解码器结构的大模型中，以 GPT（Generative Pre-trained Transformer）系列模型最具代表性和影响力。Radford 等（2018）提出的 GPT 模型采用了纯解码器的结构，通过堆叠多个 Transformer 解码器模块，实现了强大的语言理解和生成能力。与 BERT 等编码器模型不同，GPT 模型在预训练阶段使用了自回归的语言建模任务，即通过预测序列中下一个词来学习语言生成的规律。这种自回归式的训练范式使 GPT 能够自然而连贯地生成后续文本从左到右依次预测下一个词的方式生成整个文本序列。在训练过程中，GPT 将输入文本的每个词视为一个训练样本，并以其之前的所有词作为上下文来学习预测当前词的条件概率分布。例如，在处理句子"The dog sat on the mat"时，GPT 的训练目标是依次学习 P（The）、P（dog |

The）、P（sat | The dog）等条件概率。通过最大化这些条件概率的乘积，GPT 能够精准地建模整个文本序列的生成过程，从而在给定前文的情况下，自回归地逐词生成连贯且语义一致的后续文本。

基于海量无标注语料的预训练，GPT 能够掌握词汇、语法、语义、语篇等多层面的语言特征，建立起全面而深入的语言模型。相比 BERT，GPT 在生成长文本方面具有明显优势，因为它能够更好地捕捉文本的连贯性和整体语义结构，而不仅仅是理解局部上下文意思。Radford 等（2019）GPT 模型采用了 Transformer 解码器的自注意力机制，能够有效地建模词与词之间的长距离依赖关系。这一机制有效地解决了传统的语言模型（如 RNN 和 LSTM）面临的梯度消失和梯度爆炸问题，难以捕捉长文本中的长距离依赖。而 GPT 能够更好地把握全局语义，生成连贯一致的长文本。此外，GPT 模型还引入了 Top-k 采样和 Nucleus 采样等策略。Holtzman 等（2020）提出的 Nucleus 采样进一步增强了生成文本的质量和创造性。这些策略通过调节生成过程中的随机性和灵活性，使 GPT 模型能够跳出简单的"刻板"生成，产出更加新颖、丰富、富有想象力的文本内容。这些生成策略不仅提升了文本的质量和创意性，还使 GPT 模型在应对不同场景和需求时表现得更加灵活、更具适应性。

得益于其卓越的自回归建模能力，GPT 系列模型在多种文本生成任务中取得了显著成就。从 GPT-2 到 GPT-3 再到 GPT-4，模型的规模不断提升，其在零样本和少样本学习、跨任务泛化等方面也都取得了显著的提升。例如，GPT-3 以其 1750 亿个参数的规模，利用更广泛的预训练语料，提升了其模型的小样本学习能力和跨任务泛化能力，展现了在极少样本引导下快速适应并生成高质量领域特定文本的能力。在最新的 GPT-4 中，又进一步增加了模型的参数数量，优化了结构，显著提升了对复杂文本的理解能力及处理多模态任务的能力，如图像描述和视频内容分析，使其在智慧写作助手、对话系统及内容创作等领域表现出前所未有的灵活性和适应性。这些应用不仅展示了 GPT 模型在技术上的先进性，还预示着人工智能在智能互动和内容创作领域的深远影响。

（四）编码器＆解码器结构——T5系列

编码器-解码器结构（Encoder-Decoder）是大模型技术的另一重要分支，其核心思想是将输入序列映射为中间表示，再由中间表示重建出目标序列。其中，编码器和解码器共享参数的结构，使模型能够在编码和生成过程中更好地捕捉输入和输出之间的依赖关系，增强模型的泛化能力和迁移能力。

以谷歌的T5（Text-to-Text Transfer Transformer）系列模型为代表，这类编码器-解码器共享参数的大模型在统一多任务学习范式和机器翻译等任务中表现出优异的性能，展现了广阔的应用前景。Raffel 等（2020）提出的T5模型采用了 Transformer 的编码器-解码器结构，通过在大规模文本语料上的预训练来学习文本到文本间的映射关系。与之前的模型相比，T5 的一大优势在于其将所有任务统一为文本到文本的格式，即无论是分类、序列到序列生成（seq2seq）还是其他任务，输入和输出都被视为文本序列。这种统一的输入输出表示方式使得T5 能够在多个任务上进行联合训练，极大地提升了模型的泛化性和鲁棒性，使其能够更好地适应实际应用中的各种变化和挑战。

在机器翻译任务中，T5 模型展现了卓越的性能，刷新了多项纪录。传统的神经机器翻译模型如 RNN 和 Transformer 虽然在翻译质量上取得了长足进步，但它们通常针对特定语言对进行训练，缺乏语言之间的迁移能力。而T5 模型采用多语言预训练的方式，在大规模多语料上学习不同语言之间的映射关系，使其具备良好的零样本和少样本迁移能力。这意味着，即使在缺乏某些语言对的平行语料的情况下，T5 模型也能通过在其他语言对上学习到的知识，实现对新语言对的快速适应和翻译。Raffel 等（2020）的实验采用 ROUGE（Recall-Oriented Understudy for Gisting Evaluation）的评估方法来衡量 T5-11B 模型在文本摘要任务上的表现。ROUGE 是由 Lin（2024）提出的一套用于自动评估文本摘要和机器翻译质量的方法。在使用由 CNN 和 Daily Mail 提供的新闻文章数据集上，T5-11B 模型展现了卓越的性能。具体而言，T5-11B 在 ROUGE-1（测量单个词的重叠程度）中得到 43.52 分，在 ROUGE-2（测量两个连续词的重叠程度）中得到 21.55 得分。这两个实验结果都比其他模型要好，充分证明了其在机器翻译任务上的优越表现。

除了机器翻译，T5 模型还被广泛应用于文本摘要、问答、对话等任务，展现了作为通用语言模型的巨大潜力。得益于编码器–解码器共享参数的结构和统一的文本到文本学习范式，T5 能够灵活地适应不同任务的输入输出格式，无须针对每个任务单独设计结构。Roberts 等（2020）的研究进一步证实了 T5 在开放域问答任务上的卓越表现。此外，Khashabi 等（2020）展示了 T5 在多种自然语言理解任务上的通用性。这种广泛的适用性充分展现了 T5 模型在语言理解和生成方面的强大能力，凸显了其作为大语言模型的优势和价值。正如 Bommasani 等（2021）所强调的，这种通用型是大语言模型的关键特征之一。

通过对 BERT、GPT 和 T5 这三个大模型系列的详细分析，可以观察到它们各自采用了基于 Transformer 的不同架构设计和训练策略，以适应不同类型的自然语言处理任务。为了更直观地比较这些模型的特征，如表 2 所总结的，它们在架构、优势、局限性和应用方面存在差异。通过这种比较，不仅揭示了当前大模型技术的多样性，也为未来模型设计提供了宝贵的洞见，其中反映了大模型技术在应对不同自然语言处理挑战时的多样化策略。

表 2　BERT、GPT 和 T5 系列大模型的特征比较

模型系列	架构	特点	局限性	应用
BERT	双向编码器	①双向上下文编码 ②掩码语言模型预训练 ③预训练–微调范式	①不适合生成任务 ②输入长度限制 ③预训练计算成本高	①文本分类 ②命名实体识别 ③问答系统
GPT	单向解码器	①强大的文本生成能力 ②自回归语言建模 ③大规模参数和数据训练	①单向上下文理解 ②可能产生偏见或不当内容 ③推理成本高	①文本生成 ②对话系统 ③内容创作
T5	编码器–解码器	①统一文本到文本框架 ②多任务学习能力 ③参数共享的编解码结构	①模型规模大，计算资源需求高 ②训练复杂度高 ③特定任务性能不如专用模型	①机器翻译 ②文本摘要 ③跨语言任务

二　大模型的技术发展趋势

（一）模型规模增长

近年来，人工智能模型的规模呈现快速增长的趋势。一方面，模型的参数量不断攀升。以语言模型为例，GPT-3 拥有 1750 亿个参数，是 GPT-2 的 100 倍，而 PaLM-1 更是达到了 5400 亿个参数的规模（见表3）。巨大的参数量使得模型能够学习到更加丰富、细粒度的知识和语言特征，极大地提升了模型的综合性能表现。另一方面，模型训练的计算规模也在不断扩大。训练一个大型语言模型往往需要数以亿计的数据样本和数以万计的 GPU/TPU 计算资源，对算力和存储提出了极高的要求。模型规模的增长一方面得益于计算硬件的进步，特别是 GPU、TPU 等专用芯片的发展，另一方面也离不开分布式训练、混合精度训练等优化技术的支撑。展望未来，模型规模仍将持续增长，推动人工智能模型在语言理解、知识表示、逻辑推理等方面不断取得新的突破。如何在模型规模不断增长的同时，兼顾训练效率、推理性能、部署成本等问题，也将成为其关注的重点。

表3　大语言模型规模演进

模型	发布年份	参数量（个）	词元数量（个）	估计计算量（ExaFLOP·天）
GPT-1	2018	约 1.17 亿	约 45 亿	<0.1
GPT-2	2019	约 15 亿	约 400 亿	0.1~0.2
GPT-3	2020	约 1750 亿	约 5000 亿	3640
PaLM-1	2022	约 5400 亿	约 7800 亿	13000~15000

注：ExaFLOP·天表示以每秒 1 ExaFLOP 的速度连续计算一天所能完成的总计算量，总计算量为浮点运算次数（Floating Point Operations，FLOPs）。

资料来源：CSDN 网站。

（二）算法优化

为了应对模型规模增长带来的计算瓶颈，算法优化成为人工智能发展的另一个重要方向。其中，稀疏注意力机制备受关注，该机制通过引入稀疏性，让每个词语只关注其局部邻域内的少数词语，从而将计算复杂度降低到线性级别。这使注意力机制能够应用到更长的序列中，扩展了其在长文本处理、语音识别、视频分析等领域的应用范围。此外，模型压缩与知识蒸馏技术也是算法优化的重要手段。模型压缩通过参数共享、网络剪枝、量化等技术，在保持模型性能的同时，大幅降低模型的参数量和计算开销。知识蒸馏则是将大型复杂模型（教师模型）的知识迁移到小型简单模型（学生模型）中，使得学生模型能够在更低的计算代价下取得接近教师模型的性能。模型压缩与知识蒸馏技术的发展，有望推动人工智能模型在移动端、嵌入式设备等资源受限场景下的广泛应用。

（三）新型模型架构的探索

当前主流的人工智能模型，如 T5、BERT、GPT 等，在多种自然语言处理的任务上已经取得了令人瞩目的成就。然而，这些模型仍存在参数量庞大、推理效率较低等局限性。因此，探索新的模型架构，寻找更加高效、灵活的网络结构，成为人工智能发展的重要方向。近年来，一系列轻量化模型结构不断涌现，如 Mobile Net、Efficient Net 等，通过深度可分离卷积、网络搜索等技术，在大幅降低模型复杂度的同时，仍然取得了优异的性能表现。这为人工智能模型在移动端、边缘计算等场景下的应用奠定了基础。此外，新型注意力机制与因果机制的引入，也为模型架构的创新提供了新的思路。如 Sparse Transformer 通过引入局部敏感哈希注意力，大幅降低了注意力计算的时间和空间复杂度；而因果 Transformer 通过显式建模变量之间的因果关系，增强了模型的可解释性和泛化能力。新型模型架构的探索，有望突破现有模型的性能瓶颈，开拓人工智能技术的新领域和新应用。

三 大模型的应用发展趋势

（一）大模型的应用前景

随着大模型技术的快速发展，其应用已经渗透社会的各个领域，展现出巨大的潜力和变革性影响。例如，在金融市场、医疗健康和交通方面，大模型正在以前所未有的方式改变着传统行业的运作模式。这些应用不仅提高了效率、增强了决策支持能力，还推动了行业的创新，也为各领域带来了新的机遇。

在金融领域，大模型在改善客户服务和优化营销策略方面发挥了重要作用。例如，ChatGPT 这样的大型语言模型可以被应用于构建智能客服系统。这些系统能够理解和回答复杂的金融问题，提供个性化的金融建议，大大提高客户服务的效率和质量。在营销获客方面，大模型的自然语言处理能力可以用于分析社交媒体数据和客户反馈，识别潜在客户需求和市场趋势。例如，Zhang 等（2023）的研究表明，通过微调大型语言模型可以显著提高金融情感分析的效果。这种能力可以被用于理解客户情绪，优化营销策略，提高获客效率。

医疗健康行业正在经历一场由人工智能和大模型驱动的革命。从医学影像分析到药物研发，从健康管理到远程诊断，大模型正在改变医疗保健的各个方面。特别是基于视觉的大模型，可以被训练用于分析和解释各种医学影像，如 X 射线、CT 扫描、MRI 等。这些模型可以帮助医生更快速、更准确地识别异常情况，从而提高诊断的效率和准确性。在辅助诊断方面，Savage 等（2024）的研究为相关医疗健康提供了一个全新的视角。他们提出了使用诊断推理提示来揭示大型语言模型在医学中的可解释性潜力。研究发现，GPT-4 能够在不牺牲诊断准确性的情况下模仿临床推理过程。这一发现对于开发可解释的医疗 AI 系统具有重要意义，因为它可以为医生提供评估模型响应是否正确并可用于患者护理的解释性理由。

在交通方面，大模型也展现了卓越的性能。Cai 等（2024）提出的长期相关性双图转换器（LCDFormer）进一步推进了这一领域的研究。LCDFormer 通过考虑长距离空间信息，提高了交通预测的精度。这种方法不仅能够准确预测短期交通流量，还能够捕捉长期的交通模式变化，为城市交通规划和管理提供了有力支持。这些基于大模型的交通流量预测系统可以帮助交通管理部门更好地理解和管理复杂的城市交通网络。例如，通过实时预测交通拥堵情况，系统可以动态调整交通信号灯的时序，优化车流分布，从而减少交通拥堵，提高道路利用效率。

（二）大模型对经济发展的影响

大模型技术正在快速地改变生产方式、生活方式和治理方式，为加快构建新发展格局、推动高质量发展注入新动能，成为驱动经济发展的重要力量。这种影响主要体现在提升生产效率、推动产业升级和重塑就业结构等方面。

在提升生产效率方面，大模型通过对海量数据的深度学习和智能分析，能实现对复杂业务流程的自动化，并提高生产效率。以制造业为例，大模型可以实现全流程的智能化管理，从优化生产线调度到精准的需求预测和库存管理，再到产品质量的全自动检测，大幅提升了生产效率和资源利用率。在服务业领域，如金融和客户服务，大模型同样带来了革命性变革，实现了智能风控、自动化信贷审批、24 小时智能客服等创新应用。这些不仅推动了传统产业的转型升级，还为数字经济的发展提供了强劲动力，是实现高质量发展的重要支撑。

在推动产业升级方面，大模型正在加速传统产业的数字化转型，并促进新兴产业的快速发展。在制造业领域，大模型助力实现智能制造和工业互联网的深度融合，推动制造业发展。通过对生产数据的深度分析和智能决策，大模型优化了生产流程，提高了资源配置效率，实现了柔性化生产和个性化定制，有效提升了产品质量和生产效率。在农业领域，基于大模型开发的农业系统，其通过对气象、土壤、作物生长等数据的综合分析，实现了农业生产的科学决策和精准管理，推动农业现代化进程。在服务业领域，大模型可以推动金融、物流、旅游等行业的智能化升级，提升了服务质量和效率，为供给侧结构性改革提供了新的路径。

在就业岗位中，随着以大模型为代表的新一代人工智能技术加速渗透各行各业，部分传统岗位面临重大转型压力。一方面，传统岗位面临被智能系统所替代的风险，如在金融领域，大模型强大的数据处理和预测能力正在改变风险评估、投资分析等工作模式，可能导致部分中低端金融分析岗位需求收缩。另一方面，大量与人工智能相关的新型职业不断涌现，如 AI 算法工程师负责设计和优化大模型算法；数据科学家负责数据采集、清洗和分析，为大模型提供高质量训练数据；AI 应用工程师则负责将大模型技术落地到具体应用场景。这种变化对劳动者的技能要求更高。其既为高素质人才提供了更广阔的发展空间，也为化解就业结构性矛盾提供了新的途径。

四　结语

综合来看，大模型技术的核心在于 Transformer 架构的创新，特别是注意力机制的巧妙应用。在这一技术基础上，BERT、GPT 和 T5 这些系列模型代表了不同的技术路线，各自在自然语言处理、知识表达和推理等方面取得了显著的突破。这些模型的成功不仅推动了技术快速迭代，还为大模型的未来发展指明了方向。随着相关技术的不断进步，大模型呈现三个主要发展趋势：模型规模持续增大，算法不断进行优化，探索新型架构。模型参数量和训练数据量的增加带来了其模型性能的提升，但同时也对计算资源提出了更高要求，并推动其相关优化技术不断发展。

大模型技术蕴含着无限潜力，必将开启智能经济新时代。但是，充分发挥大模型技术的潜力还需要多方面的努力。首先，需要加强深化产学研用的协同创新，促进大模型技术与实体经济的深度融合，这是释放大模型技术潜力的关键。其次，加强国际科技交流合作，共同应对全球性挑战，这将是推动大模型技术健康发展的必由之路。最后，在推动技术创新的同时，需要保持警惕，平衡发展与安全之间的关系，有效防范和化解技术发展过程中可能出现的风险。这种审慎的态度尤为重要，因为大模型技术的发展正处于一个关键的节点。它不仅代表了人工智能领域的重大突破，更是推动当今社会发展的新引擎。通过持续创新、负责任的应用和全球范围内的合作，大模型技术将有望为人类社会的进步带来更大的贡献，并且开创一个更加智能、高效和可持续的未来。

参考文献

Bommasani, R., Hudson, D. A., Adeli, E., et al., 2022, "On the Opportunities and Risks of Foundation Models", http://arxiv.org/abs/2108.07258.

Brown, T. B., Mann, B., Ryder, N., et al., 2020, "Language Models Are Few-Shot Learners", http://arxiv.org/abs/2005.14165.

Cai, J., Wang, C. H., Hu, K., 2024, "LCDFormer: Long-term Correlations Du-algraph Transformer for Traffic Forecasting", *Expert Systems with Applications*, 249, 123721.

Devlin, J., Chang, M. W., Lee, K., et al., 2018, "BERT: Pre-training of Deep Bidirectional Transformers for Language Understanding", http://arxiv.org/abs/1810.04805.

Hochreiter, S., Schmidhuber, J., 1997, "Long Short-Term Memory", https://ieeexplore.ieee.org/abstract/document/6795963.

Holtzman, A., Buys, J., Du, L., et al., 2020, "The Curious Case of Neural Text Degeneration", http://arxiv.org/abs/1904.09751.

Khashabi, D., Min, S., Khot, T., et al., 2020, "UnifiedQA: Crossing For-mat Boundaries With a Single QA System", http://arxiv.org/abs/2005.00700.

Lin, C. Y., 2004, "ROUGE: A Package for Automatic Evaluation of Summar-ies", Summarization Branches Out. Barcelona, Spain: Association for Compu-tational Linguistics, 74-81, https://aclanthology.org/W04-1013.

Radford, A., Narasimhan, K., Salimans, T., et al., 2018, "Improving Language Under-standing by Generative Pre-Training", https://openai.com/index/language-unsupervised/.

Radford, A., Wu, J., Child, R., et al., 2019, "Language Models are Un-supervised Multitask Learners", *OpenAI Blog*, 1 (8), 9.

Raffel, C., Shazeer, N., Roberts, A., et al., 2020, "Exploring the Lim-its of Transfer Learning with a Unified Text-to-Text Transformer", http://arxiv.org/abs/1910.10683.

Roberts, A., Raffel, C., Shazeer, N., 2020, "How Much Knowledge Can You Pack Into the Parameters of a Language Model?", http: //arxiv. org/abs/2002. 08910.

Savage, T., Nayak, A., Gallo, R., et al., 2024, "Diagnostic Reasoning Prompts Reveal the Potential for Large Language Model Interpretability in Medi-cine", npj Digital Medicine, 7 (1), 1~7.

Sutskever, I., Vinyals, O., Le, Q. V., 2014, "Sequence to Sequence Learning with Neural Networks", http: //arxiv. org/abs/1409. 3215.

Taylor, W. L., 1953, " 'Cloze Procedure': A New Tool for Measuring Readability", *Journalism Quarterly*, 30 (4), 415-433.

Vaswani, A., Shazeer, N., Parmar,, et al., 2023, "Attention Is All You Need", http: //arxiv. org/abs/1706. 03762.

Young, T., Hazarika, D., Poria, S., et al., 2018, "Recent Trends in Deep Learning Based Natural Language Processing", http: //arxiv. org/abs/1708. 02709.

Zhang, B., Yang, H., Liu, X. Y., 2023, "Instruct-FinGPT: Financial Senti-ment Analysis by Instruction Tuning of General-Purpose Large Language Mod-els", http: //arxiv. org/abs/2306. 12659.

B.4
AI技术开源对科技自立自强的影响与对策建议

端利涛*

摘 要： 本报告探讨了AI技术开源对中国科技自立自强的影响及应对建议。AI技术开源已成为全球科技发展的重要方向，通过公开、自由、协同和共享，促进了技术的传播和创新。全球主要开源社区在开源基金会、开源许可协议和代码托管平台的支持下迅速发展，政府、高校、企业与开源社区的合作进一步推动了这一进程。尽管中国在AI大语言模型领域取得了一定进展，但在AI底层技术、开源社区、开发环境和投资机制等方面仍存在差距。AI技术开源对中国科技自立自强有积极影响，包括加速技术共享与创新、提升企业竞争力、促进标准化技术体系的形成。然而，开源技术也带来了技术依赖和安全风险等挑战。为应对这些挑战，建议加强基础研究和技术创新，完善开源社区建设，促进政府、企业和高校的合作，制定相关政策和法律保障，推动AI技术的自主可控和可持续发展。

关键词： AI 技术开源 科技 自立自强

　　AI技术开源已成为全球科技发展的重要方向，推动了人工智能领域的快速进步。开源技术通过公开、自由、协同和共享，促进了技术的传播和创新。全球主要开源社区得到了开源基金会、开源许可协议和代码托管平

* 端利涛，管理学博士，中国社会科学院数量经济与技术经济研究所信息化与网络经济研究室副研究员，主要研究方向为平台经济、信息技术经济学、数字经济。

台的支持，同时政府也通过政策推动开源发展，高校、企业和开源社区之间的合作进一步促进了开源技术的发展。我国 AI 技术开源仍处于发展阶段，尽管一些大型科技企业在 AI 大语言模型领域选择开源，但整体上相对于美国仍有较大差距。在 AI 底层技术、开源社区、开发环境和投资机制等方面存在不足。开源技术对我国科技自立自强有积极影响，包括加速技术共享与创新、提升企业竞争力、促进标准化技术体系的形成。然而，开源技术也带来了一些挑战，如技术依赖和安全风险。为应对这些挑战，建议加强基础研究和技术创新，完善开源社区建设，促进政府、企业和高校的合作，制定相关政策和法律保障，推动 AI 技术的自主可控和可持续发展。

一　AI 技术开源概论

开源已经成为全球科技发展的重要方向，也是全球科技工作者之间进行技术交流的最重要渠道。近年来，人工智能技术突飞猛进，在很大程度上归因于技术开源的贡献。2017 年，在预印本文献库 arXiv① 上，AI 机器学习论文已达 2.5 万余篇，伴随具备划时代意义的论文"Attention Is All You Need"在 arXiv 上的刊出，文中提出的开源 Transformer 模型将关于 AI 的相关研究和论文的关注重点推进了大模型的轨道，关于 AI 的理论研究也正式爆发。② 2017~2023 年，arXiv 大模型相关的论文激增至 10 万余篇，极大地带动了相关模型的开源进程，为之后的大模型技术爆发储备了理论基础。目前，在 AI 领域，以 Meta 的 Llama 系列、Google 的 Gemma 系列、阿里的通义千问系列为代表的全球顶尖大语言模型选择开源，既引领了全球大语言模型的开源

---

① arXiv 是美国国家科学基金会和美国能源部资助，于 1991 年 8 月由美国洛斯阿拉莫斯国家实验室建立的电子预印本文献库，是一个涉及物理、数学、非线性科学、计算机科学等领域的 e-print 服务平台。自创办以来，arXiv 为研究者提供了一个在正式同行评议之前分享预印本文章的平台，支持作者之间学术交流、论文修改、检索和修改等服务，是目前国际上最权威的预印本文献库。

② https://arxiv.org/abs/1706.03762.

风向，也带动了全球 AI 大语言模型的迅速发展，大量 AI 科技企业借助开源的大语言模型构建了自己的大模型产品。

（一）技术开源的定义与特点

技术开源是指软件或技术的源代码对外公开，允许任何人查看、修改和分发。开源项目通常由开发者社区共同维护和改进，用户可以自由使用和贡献代码。开源的核心理念是通过开放和共享来促进创新和合作。根据技术开源的定义，技术开源具有诸多特点。

第一，公开透明。开源项目的源代码、设计文件和文档完全公开，任何人都可以查看、学习和使用。这种透明性使代码的质量和安全性得到了广泛的审查和改进。

第二，自由使用。开源软件通常允许用户自由使用、复制和分发。用户可以根据自己的需求修改代码，以适应特定的应用场景。这种自由性使开源技术具有高度的灵活性和适应性。

第三，协同开发。开源项目通常由全球的开发者社区共同维护和开发。开发者可以通过提交代码、报告 bug 和建议改进功能来参与项目。这种协同开发模式有助于快速修复问题和添加新功能。

第四，共享与互利。开源的理念强调共享知识和互利互惠，其目的就是通过共享代码和技术，开发者可以相互学习和借鉴，从而推动技术的整体进步。

第五，开源许可。为保证代码贡献者的权益，维持开源社区的秩序，开源项目通常采用特定的开源许可协议（如 GPL、MIT、Apache 等），明确规定了用户在使用、修改和分发代码时的权利和义务。不同的开源许可协议对代码的使用和传播有不同的要求。

第六，社区驱动。开源项目的成功往往依赖活跃的社区支持。社区成员通过讨论、协作和贡献，推动项目的发展和演进。社区的活跃程度直接影响项目的健康和持续性。

技术开源通过公开、自由、协同和共享的方式，促进了技术的传播和创新。它具有公开透明、自由使用、协同开发、共享互利、社区驱动等特点。通过合理利用开源技术，可以提升技术创新能力和市场竞争力，同时也需要注意遵守开源许可和社区规范，以避免潜在的法律和安全风险。

（二）技术开源的发展历程

软件开源的历史在一定程度上也是互联网发展的历史，但发展阶段略有不同。[①] 软件开源经历了以下三个阶段。

1969 年以前，互联网技术和电信网络协议的研究人员就十分倚仗开放的协作式研究环境。早期计算机系统主要由研究机构和大型企业拥有，软件通常是硬件制造商提供的附属品，用户可以自由修改和分享这些软件代码，这种开源的方式在当时是默认的。因此，诞生便是以开源形式存在。这个阶段的特点是软件的开放性和共享性，因为主要的目标是推动技术进步和学术研究。

1969~1991 年，这一阶段始于 1969 年 IBM 开始出售专有软件。这一变化既标志着软件市场的正式形成，也开启了软件商业化的时代。在此期间，全球范围内逐渐完成了软件知识产权的立法工作，专有软件开始获得法律保护。软件公司通过销售软件许可证而盈利，这种商业模式促进了软件产业的快速发展。然而，这也带来了新的挑战。专有软件限制了用户对源代码的访问，开发者无法自由修改和改进软件，这在一定程度上抑制了创新。在这个阶段，软件公司和开发者之间的矛盾逐渐显现。许多标准化的软件产品无法满足开发者的个性化需求，导致开发者对专有软件的不满日益加剧。这种矛盾推动了一些早期的开源运动，如自由软件基金会（FSF）的成立，以及GNU 项目的启动。

1991 年，Linus Torvalds 发布了 Linux 内核，标志着开源运动进入了一个新的阶段。Linux 的成功展示了开源软件的巨大潜力和优势，吸引了大量开发者和企业的关注和参与。开源软件不仅提供了高质量的替代品，还促进了

---

① https://www.redhat.com/zh/topics/open-source/what-is-open-source.

技术的快速发展和创新。许多著名的软件公司，如谷歌、微软和亚马逊纷纷加入开源社区，积极参与和支持开源项目。在这一阶段，开源软件的商业模式也得到了显著的发展。许多公司通过提供开源软件的支持和服务来盈利，而不是仅仅依靠软件销售。例如，红帽公司通过提供 Linux 的企业级支持服务，取得了巨大的商业成功。此外，开源软件还促进了云计算、大数据、人工智能等新兴技术领域的发展，开源项目如 Hadoop、TensorFlow 等在这些领域中起到了关键作用。

二 西方技术开源的三个经验

（一）搭建先进的开源路线基础设施系统

第一，获取开源基金会的支持。全球主要的开源社区日常运维得到了各大开源基金会的强力支持。一是资金支持。开源基金会通过筹集捐款、赞助和会员费等多种方式，为开源项目提供资金支持。这些资金用于支付开发者的报酬、维护基础设施、组织社区活动以及推广开源文化。二是制度建设。通过制订一系列标准和制度，确保开源路线的发展规范化和可持续性。例如，Linux 基金会推动建立了国际标准《开源软件供应链规范》，确保开源软件在供应链中的透明性和安全性。其他著名的开源基金会，如 Apache 软件基金会（ASF）和自由软件基金会（FSF），也在各自领域制订了相应的标准，推动开源软件的健康发展。

第二，开源许可协议为开源生态的持续发展构建了法律基础和制度保障。开源许可协议如 GPL、MIT、Apache License 等，规定用户可以自由使用、修改和分发软件，但必须遵守相应的条款。例如，GPL 要求衍生作品必须同样开源，而 MIT 和 Apache License 则更加宽松，允许闭源使用。开源许可协议明确了软件的使用、复制、修改和分发的权利和义务，保护了开发者和用户的利益。目前，超过 90% 的开源许可协议由美国制订，并在全球范围内被广泛采用。这些协议不仅提供了法律保护，还促进了开源软件的全球传播和使用。

第三，代码托管平台为开源活动提供了不可或缺的聚集地，为全球开发者提供了一个合作、分享和创新的平台。成立于美国的 GitHub 已经成为全球最大的面向开源及私有软件项目的托管平台和开源社区。GitHub 的用户遍布全球，开发者数量超过 1 亿（其中华人开发者数量超过 1000 万）使用该平台进行项目管理、代码托管和协作开发。GitHub 提倡无边界的写作模式和开放共赢的合作理念，允许开发者自由地创建、修改和分享代码。通过 Pull Request、Issue 和 Discussion 等功能，开发者可以轻松地进行协作，快速解决问题和推动项目进展。除了 GitHub，其他如 GitLab、Bitbucket 等平台也在开源社区中扮演着重要角色。这些平台提供多样化的工具和服务，满足不同开发者和团队的需求，进一步推动了开源生态系统的发展。

（二）政府以身作则支持开源发展

政府在推动开源发展的过程中起到了示范和引领作用。通过一系列政策和措施，政府不仅促进了开源软件的应用和发展，还推动了公共数据的开放和开源技术的安全保障。

第一，推动政府软件和财政资源项目开源。2016 年 8 月，美国政府发布了"联邦源代码政策"，要求联邦机构每年必须将不少于 20%的新开发源代码以开源形式公开发布，并且要求开源至少 3 年。[①] 这一政策旨在提高政府软件的透明度和可重用性，促进技术创新和协作。联邦源代码政策还要求各机构在三年内逐步实现这一目标，并制订了具体的实施指南和时间表。美国的政策发布后，英国和法国等国家也相继提出类似要求。英国政府发布了"政府 IT 战略"，鼓励公共部门优先使用开源软件，并要求公开重要的政府软件代码。法国则通过了《数字共和国法》，明确规定政府软件和数据的开放标准，推动政府软件的开源化。

第二，推动公共数据开放。法国、德国、美国等相继出台相关政策甚至

---

① https://kaiyuanshe.github.io/oss-book/National-open-source-policies-and-standards.html.

法律，要求政府开放公共数据。法国通过了《数字共和国法》，要求公共机构以开放格式提供数据。德国发布了《政府数据开放法》，鼓励公共部门将数据向公众开放。美国则通过了《开放政府数据法案》，规定联邦政府的数据应默认开放，并设立了"联邦数据战略"来推动这一目标的实现。这些政策和法律的出台，使占比最大的公共数据得以最大可能地被利用起来。开放的数据不仅促进了透明度和公民参与，还为企业和研究机构提供了丰富的数据资源，推动了大数据分析、人工智能等新兴技术的发展。

第三，关注开源技术的安全问题。美国、英国等国家和欧盟地区都针对开源的安全问题出台了相关的政策指南。美国发布了"国家网络安全战略"，强调了开源软件在国家安全中的重要性，并提出了一系列安全保障措施。英国国家网络安全中心（NCSC）发布了《开源软件安全指南》，提供了开源软件安全评估和管理的最佳实践。欧盟则通过了"网络安全法"，加强了对开源软件供应链的安全管理。这些政策指南不仅提供了理论框架，还提出了具体的实施措施。例如，要求对开源软件进行定期的安全审计，建立漏洞报告和修复机制，鼓励开发者和用户参与开源软件的安全维护。此外，政府还资助了一些开源安全项目，如美国的"开源软件保障计划"（OSSAP），旨在提高开源软件的安全性和可靠性。

（三）高校、企业和开源社区长期合作

高校、企业和开源社区之间的长期合作，在推动开源思想和实践普及、培养开源人才方面发挥了重要作用。

第一，高校与开源平台的合作。美国顶级高校如哈佛大学和加州大学洛杉矶分校（UCLA）已经与全球最大代码托管平台 GitHub 建立了长期的合作机制，旨在加快对大学生在开源思想和实践方面的引导。高校将开源项目和 GitHub 平台整合到计算机科学和软件工程课程中，通过实际项目让学生熟悉开源开发流程和工具。高校定期邀请 GitHub 专家和开源项目维护者举办工作坊和讲座，帮助学生了解最新的开源技术和趋势。除此之外，高校鼓励学生参与真实的开源项目，提供学分和奖学金支持，增强学生的实际开发能

力和团队协作能力。

第二，企业推动开源教育和实践。由 Google 于 2005 年开始每年暑期举办的"Google 编程之夏"（Google Summer of Code，GSoC）项目，为学生和开源社区搭建了重要的桥梁。GSoC 邀请全球的大学生参与开源项目开发，提供导师指导和经济资助，培养了一大批优秀的开源人才。由 X. Org 基金会发起的"无尽假期编程"（Endless Vacation of Code，EVoC）项目，旨在为学生提供更多参与开源项目的机会。EVoC 不仅在暑期，还在整个学年中提供资助和指导，帮助学生深入参与开源社区。高科技企业定期举办黑客马拉松和编程竞赛，鼓励学生和开发者团队参与，解决实际问题。这些活动不仅锻炼了参与者的技术能力，还促进了开源项目的发展。除此之外，企业提供开源奖学金和实习计划，支持学生在开源项目中的研究和开发工作，为学生提供了宝贵的实践经验和职业发展机会。

第三，开源社区的支持和参与。开源社区为高校和企业的合作提供了大量的资源和支持。社区中的资深开发者和项目维护者担任导师，指导学生和新手开发者，帮助他们快速融入开源项目。例如，GitHub 为教育机构提供免费的教育版服务，支持师生在平台上进行开源项目的开发和协作。Mozilla 基金会的 Open Leaders 项目培养全球的开源领袖，通过在线课程和指导，帮助他们领导和管理开源项目。

三　中国 AI 技术开源发展现状

随着计算机科学的技术进步和我国在互联网领域的高速发展，开源已经成为我国当前以及今后 AI 技术发展的重要渠道，也是软件领域长期的技术方向。得益于国家的支持和推广，我国开源在过去十多年发展迅速。2021 年 3 月 12 日，《中华人民共和国国民经济和社会发展第十四个五年规划和 2035 年远景目标纲要》首次明确地将开源写入国家总体规划纲要之中，中国开源从此开启了新的篇章。国内一些大型科技企业（如华为、阿里巴巴、蚂蚁集团、腾讯等）成为我国开源事业的先头兵，不仅积极参与开源活动，创建开源文化，还为开源提供了可替代的国产化开发平台，但由于发展较晚，整体上相对于美国还处于较弱的地位。

（一）技术层面

在 AI 底层技术（大模型）框架层面，经过 2023 年，中国 10 亿个参数以上的大模型数量已与美国接近，但作为大模型基础的深度学习框架却与之相差甚远。2022 年，美国开发了 16 个重要的机器学习框架，而中国只开发了 3 个。[①] 美国的 Tensorflow（谷歌）、PyTorch（Mate）、MXNet（亚马逊）、Cognitive Toolkit（微软）等开源机器学习框架已经深耕深度学习框架生态多年，美国现有大模型、科技论文中的算法几乎全基于此构建。尽管部分国内企业也自主开发了深度学习框架，但主要集中在大厂，如百度 PaddlPaddl、腾讯 ncnn、阿里 X-DeepLearning、华为 MindSpore 等，且起步晚、数量少、市场考验不足、生态尚待构建。另外，国内大厂在一定程度上也在依赖美国深度学习框架开发 AI。

在开源许可证和开发语言的使用层面，在我国，Apache 是最受欢迎的选择，其次是 MIT 和 GPL。由北京大学牵头发布的开源许可证木兰系列自问世以来发展迅速，其中，Mulan PSL 是国内首个被 OSI 认定的"开源软件协议"。在开发语言层面，Python、Java、C、JavaScript、Go 占据主流，HTML/CSS、TypeScript 等也获得了较高的选择次数，近几年国内也有开发语言出现，但由于国外先发优势带来的网络效应，国内开发语言仍旧处于追赶的态势。

（二）开源社区层面

根据开源社区发布的《2023 中国开源年度报告》，在参与开源活动的被调查者中，我国开源社区中绝大多数成员为使用者（73.37%），同时有近

[①] http：//www.ecas.cas.cn/xxkw/kbcd/201115 ＿ 129816/ml/xxhcxyyyal/202306/t20230608 ＿ 4939857. html.

半数参与者（49.03%）和小部分贡献者（26.51%）。更多的人加入开源社区只为获得"免费的"代码服务，而非出于兴趣或依靠开源活动获取收益。从开源托管平台来看，GitHub仍是最受受访者青睐的平台，占据主导地位，其次是Gitee和GitLab。从活跃仓库的总体OpenRank趋势分析来看，Gitee的前3万个仓库的活跃度在2022年超越了GitHub，但OpenRank的影响力差距还是较大（大约为5∶2）。[①] 不仅差距较大，而且从趋势上看，暂时还没有拉近的迹象。

第一，国外开源社区先于国内产生更大的网络效应引发对中国开发者的虹吸效应。首先，国内开源社区起步较晚，在与国际开源社区形成的网络效应竞争时处于弱势；其次，开源项目具有一定的传承性，国内很多软件开发的技术基础来自国外开源社区；再次，国际上的开源社区相对于国内比较成熟，国内开发者更容易从国际开源社区找到合适的项目和解决方案，且国内很多开发者已经习惯于国际开源社区，根据GitHub的数据，2022年GitHub上中国的开发者规模接近1100万个，高于国内Gitee 2022年1000万个的规模；最后，国际开源社区管制和审核相对简单，为开发者提供了宽松的开发环境。

第二，普遍存在的中国市场上云服务厂商和开源软件的矛盾破坏了国内发展开源软件产业的市场环境。开源社区不断更新的开源软件在云计算、数据存储等云服务厂商致力于提供的服务方面形成了一定的技术主流，云服务厂商可在开源技术的支持下进一步丰富云服务的理念、促进技术发展及扩展服务领域并获得丰厚回报。然而，云厂商在无限制地将部分开源软件的功能囊括进自家的云服务体系并获得收益的同时未给予开源软件厂商收益以及开源代码共享两方面的回馈。同时，开源许可的传染性使二者还存在商标、版权方面的问题纠纷。这种对开源市场环境的破坏使得开源社区的开发者的正当权益无法获得保护。

第三，中国尚未形成对开源社区长期投资的有效动力机制。目前，绝大

---

① 开源社：《2023中国开源年度报告》，2024。

多数开源项目的日常要花费大量的时间和精力，能够取得报酬会成为大多数开发者积极参与开源的重要理由。然而，艾瑞咨询 2022 年的一项研究报告显示，中国开源社区中只有 13% 的开发者能够从开源中获取报酬，全职开源工作者占 8%。反观国际开源社区，以 Linus 2.6.20 为例，其代码只有 1/3 是完全由志愿者贡献，剩下部分是由大企业资助完成。2018 年，微软 75 亿美元全额收购 GitHub 用以支持开源，并在 2022 年为 GitHub 提供先进的 AI 编程工具 Copilpot 作为开源技术支持。除此之外，中国开源基金会起步较晚，2020 年才由国内几家大厂联合成立了开放原子开源基金会，数量和经验相比国际严重不足。

第四，中国开发者工作环境相较国外压力更大。收入层面：招聘平台 CodeSubmit 统计分析了 20 多个国家在 2022 年软件工程领域的平均工资发现，美国的软件工程师薪资水平最高，达 110140 美元/年，中国则排在第 19 顺位，平均薪资水平为 23790 美元/年，仅相当于美国的 1/5。工作时长：根据大数据区块链商业街的统计，中国程序员平均每周工作时长约 47.5 小时，33.5% 的程序员每周工作 50 小时以上，5.7% 的程序员每周工作 70 小时以上，而美国的工作环境相对宽松，不仅没有强制加班，即便加班也会有对应的报酬。除此之外，中国程序员还面临 35 岁被裁员的风险。[①]

四 AI 技术开源对中国科技自立自强的影响

任何事物的发展都是一把"双刃剑"，既有积极的一面，也有挑战的一面，AI 技术开源也不例外。

（一）积极影响

1. 技术共享与创新加速

虽然我国与美国被公认为全球 AI 技术领域的第一阶梯，但从现实上来

---

① https：//www.199it.com/archives/1488918.html.

讲，我国在 AI 大语言模型领域的技术（如基础模型、智能芯片）仍然严重落后于美国，且差距表现为拉大之势。因此，AI 技术开源为我国在 AI 领域的技术进步提供了学习路径。首先，开源技术允许研究人员和开发者免费获取先进的人工智能算法、工具和框架。例如，TensorFlow、PyTorch 等开源框架使得开发者能够方便地构建和部署复杂的人工智能模型。其次，开源社区是一个全球性的协作平台，集全球的智力共同推进 AI 技术的发展。一方面，开发者可以通过贡献代码、提交 bug 报告和建议改进功能；另一方面，也可以借鉴或引用更先进的算法提高软件和算法的性能。这样的互动不仅加快了技术的发展速度，还提升了技术的可靠性和稳定性。最后，开源技术的广泛应用有助于形成标准化的技术体系，提高技术的兼容性和互操作性。这样有利于我国在国际科技领域中的技术输出和标准制定。

2. 企业竞争力提升

开源技术通过降低成本、快速迭代和提升市场优势，为企业竞争力的提升提供了强有力的支持。开源技术不仅帮助企业在激烈的市场竞争中保持灵活性和创新力，还通过社区合作和资源共享，推动整个行业的技术进步和发展。

第一，降低成本层面。开源技术显著降低了企业的研发成本，尤其对于中小企业而言，它们能够借助开源技术减少初期的开发投入。开源项目通常拥有活跃的社区支持，开发者可以从中获得免费的技术支持和资源共享。通过参与开源社区，企业可以获得最新的技术资讯、解决方案和代码范例，从而减少开发成本和时间。

第二，加速技术迭代。企业可以基于开源技术进行快速的产品开发和迭代。开源项目的开放性和透明性使企业可以迅速获取最新的技术和工具，快速集成到自己的产品中。例如，许多初创企业利用开源的深度学习框架，如TensorFlow 和 PyTorch，迅速开发出具有竞争力的人工智能产品。与此同时，开源技术提供了丰富的代码库和模块，企业可以在此基础上进行定制化开发，加快创新步伐。通过开源项目的贡献和反馈机制，企业可以不断优化和改进自己的产品，保持技术的领先地位。

第三，巩固市场优势。利用开源技术，企业能够快速响应市场需求，推出符合客户需求的解决方案。开源技术的灵活性和可扩展性使企业可以迅速适应市场变化，推出新产品和服务，从而在市场竞争中占据优势。企业积极参与开源项目和社区活动，通过贡献高质量的开源项目和代码，展示其技术实力和创新能力，赢得行业和客户的认可和信任。同时，企业通过参与开源生态系统，与其他企业、开发者和研究机构建立合作关系，共享技术和资源，不仅可以推动技术进步，还能共同应对市场挑战，形成互利共赢的局面。

3. 人才培养

从西方国家技术开源的经验来看，选择开源不仅促进了技术的发展，更是直接为人才培养提供了更好的舞台。例如"Google 编程之夏"（Google Summer of Code，GSoC）项目和 X. Org 基金会发起的"无尽假期编程"项目。在开源社区与高校合作的过程中，高校和培训机构可以利用开源项目作为教学资源，学生可以通过参与开源项目获得实际开发经验。例如，参与 GitHub 上的开源项目，可以提升学生的编程技能和团队协作能力。同时，在校生可通过开源社区这一开放的交流平台，直接与国内外的顶级专家进行交流，获取最新的技术动态和研究成果。开源项目为个人提供了展示技能和能力的平台，通过在开源项目中的贡献，个人可以获得业内的认可和更好的职业发展机会。

（二）技术开源的潜在挑战

技术开源在为企业和社会带来诸多好处的同时，也伴随一些潜在的挑战。

1. 技术依赖

过度依赖技术开源必然导致技术发展方面对外界的依赖，削弱自主研发能力，并失去核心技术控制权。具体来讲，企业和研究机构如果过度依赖开源技术，可能会倾向于使用现成的开源解决方案，而不是投入资源进行自主研发。这种依赖可能会导致自主创新能力减弱，影响企业的长期竞争力和技术积累；而且过度依赖开源技术还可能导致内部技术人才的流失或能力不足，员工缺乏自主开发和解决复杂问题的经验，导致企业在关键时刻无法快速响应和解决技术问题。重要的核心技术如果依赖国外的开源项目，可能会受到国际政治和经济形势的制约。例如，Google 限制华为使用安卓手机操作系统。为了确保技术自主可控，必须在关键领域保持自主研发的能力。企业应注重核心技术的自主创新，避免在关键技术上对外部开源项目的过度依赖，确保在紧急情况下具备独立解决问题的能力。

2. 安全隐患

开源软件的源代码公开，虽然促进了透明性和社区协作，但也可能被恶意攻击者发现和利用漏洞。例如，曾经发生过的 Heartbleed 漏洞就暴露了开源软件在安全方面的风险，给全球的互联网安全带来了重大威胁。由于开源项目依赖社区力量来发现和修复漏洞，修复的及时性和彻底性可能不如商业软件那样有保障。李彦宏在 2024 世界人工智能大会暨人工智能全球治理高级别会议产业发展主论坛上表示："当你处在激烈竞争的环境中，需要让业务效率比同行更高、成本比同行更低，这时，商业化的闭源模型是最能打的。"开源项目中可能存在恶意代码或后门，尤其是对那些没有经过严格审查的小型开源项目。这需要企业和开发者在使用开源技术时，进行严格的代码审查和安全测试，确保代码的安全性和可靠性。

3. 知识产权与法律风险

不同的开源项目采用不同的开源协议，如 GPL、MIT、Apache 等。每种协议都有其特定的许可条款和使用限制，企业在使用开源技术时，需要仔细阅读和遵守这些协议，否则极易侵犯知识产权。为此，企业需要建立专门的合规团队或引入法律顾问，确保在使用开源软件时符合相关的法律法规和开源协议，避免因协议误解或违规使用而引发的法律问题。如果企业在使用开源技术时，违反了开源协议或未能遵守相关的法律法规，可能会面临法律纠纷和经济损失。因此，企业需要增强法律意识，定期对员工进行开源协议和法律法规的培训，建立完善的开源软件管理和合规审核机制，确保在使用开源软件时避免法律风险。

技术开源带来了众多机遇，但也伴随潜在的挑战。企业在享受开源技术带来的便利和优势的同时，必须认识到这些挑战并采取相应的措施。通过加强自主研发能力、注重安全防范、严格遵守开源协议和法律法规，企业可以有效应对技术开源的潜在挑战，确保在开源生态系统中持续健康发展。

五　应对人工智能技术开源的发展建议

开源是后发竞争者对抗在位领先者的最佳战略。大厂主动开源并非单纯为了技术共享，实为扩大自己技术标准的辐射范围，并在此基础上构建由自己主导的技术生态。Mate 选择开源的最大原因是在 AI 赛道上相对微软和谷歌起步较晚，想通过开源扩大自己技术路线的影响力，形成自己的生态。在 AI 赛道上，如今的谷歌一反过去为了与 iOS 竞争选择开源 Android 的路线而选择闭源，就是这个道理。微软、谷歌以及 OpenAI 选择闭源竞争核心点在于这几家大厂对自己当前暂时领先的技术路径并非绝对自信，不能确定一旦放开是否会在自己赛道上被其他竞争对手超过。因为闭源对于在位者来讲是一道抵御后发竞争者的"护城河"，而开源是后发竞争者战胜在位者的一条"农村包围城市"之路，中国理应选择开源。

（一）优化现有开源社区，建立人工智能技术开源生态

①推动公共财政资助人工智能开源项目，包括设立专项资金和奖励机制，建立评估标准和透明分配机制，鼓励不同开源社区联合申请资金，推动跨领域、跨行业的合作，促进更广泛的技术共享和创新。②进一步加快开放政府管理的公共数据，包括完善开放数据政策，为人工智能开源社区提供更多的可利用的专项资源，并鼓励各政府机构参与开源项目，在项目中分享相关的公共数据。③建立开源数据平台，集中管理和发布可供开源社区使用的公共数据，提高数据的可访问性和可用性，促进更多开源项目的开发。④优化对开源社区管理的审核制度，包括建立合理的审核流程，强化社区自治，建立定期评估机制，以提高社区的透明度和稳定性。

（二）健全开源基金会的创建和管理制度

①鼓励和支持国内大企业、高校借鉴国外经验联合创建开源基金会，并制定相关政策和奖励机制，以不同形式为大企业投入开源基金会提供一定的税收激励和财政支持。②优化《基金会管理条例》，针对软件开源做特殊说明。当前我国实行的《基金会管理条例》相对陈旧，无法覆盖互联网企业定向赞助的情况，需要为此专做修改。需要明确软件开源的法律地位，建立开源项目评估机制，完善基金使用的规定。③推动产学研政共同研讨开源协议的创建，包括设立产学研政协同工作组，开展定期研讨和沟通，通过定期的产学研政联席会议，促进各方面在开源协议制定和修订过程中的沟通与协作。同时，还需要鼓励产学研政参与国际开源协议的制订，以更好地融入全球开源生态系统，提高中国在国际开源社区中的影响力。

（三）引导建立企业对人工智能技术开源生态的长效投资机制

人工智能已成为显学和未来产业发展的"蓝海"，需要所有相关企业共同发力。①建立必要的权益保护制度，加强对开源贡献者（组织）的权益保护，明确开源社区中贡献者（组织）的知识产权，厘清开源许可的传染性问题，为其在开源项目中的贡献提供合法的保护。②建立争端解决机制，处理涉及开源项目的知识产权争议。③鼓励企业和开源社区、开源社区开发者之间签署明确的合作协议，以确保各方的权益得到充分尊重和保护，把优秀企业吸引到开源社区。④鼓励和支持企业与开源社区联合举办开源活动，政府可以辅助提供必要的奖励机制、场地和资源支持，并为企业和社区之间的长期合作提供帮助。⑤建立组织建立人工智能开源基金会，专门针对人工智能技术开源生态的构建提供资金支持。

（四）携手产学研，加大对开源人才的培养和支持力度

①鼓励产学研联合对开源人才的培养，如企业和高校、开源社区和高校可以设立联合培养项目，为大学生提供奖学金和实习机会，支持开源社

区参与对大学生的培训等，使开源思想在高校逐步渗透。②建立市场化的开源人才薪酬机制。政府可以协助规范开源人才的行业薪酬标准，鼓励企业建立以开源贡献为基础的奖励计划，对在开源社区有显著贡献的员工进行额外奖励，以激发更多从业者积极参与开源社区。③优化国内劳动环境，保护劳动者权益，严格落实《劳动保护法》，让更多人才主动参与开源生态建设。

（五）加强与国际合作，借鉴成熟经验

①搭建国际人工智能开源社区交流平台，通过论坛、会议等方式促进国际合作与经验分享。②与国际开源社区共同发起研究项目，共同解决全球性的人工智能技术难题和伦理难题，推动科技和科技伦理制度的创新。③鼓励开源从业者参与国际性的培训和交流项目，通过与国际同行的互动，提高我国开源人才的全球竞争力。同时，设置奖励机制，吸引国际优秀开发者参与我国开源社区的建设。④建立国际化开源产业合作机制，促成我国开源企业与国际企业、机构的合作，通过资源共享、共同研发等方式推动开源产业的全球合作。

B.5
人工智能技术伦理规则的现状与挑战

白延涛*

摘　要： 随着人工智能技术的飞速发展，其在医疗、交通、教育等多个领域的广泛应用不仅极大地推动了社会进步，也引发了广泛的伦理讨论。通过分析新一代人工智能技术在提升效率、辅助决策等方面的潜力，指出其带来的伦理困境，如自动驾驶技术的责任归属、数据隐私保护和机器自主性等问题。为确保人工智能技术在促进社会发展的同时不对社会伦理秩序造成冲击，构建适应新一代人工智能技术发展的伦理规则显得尤为重要。并通过分析国内外人工智能伦理规范的现状，提出基于原则的伦理规则构建、技术监管与法律规制、行业自律与社会监督、增强伦理意识与社会动员等多维度的实施策略。旨在通过多学科合作和持续技术创新，确保人工智能技术在造福人类的同时，最大限度地减少潜在的伦理风险和负面影响。

关键词： 人工智能　数据隐私保护　技术伦理　伦理规则

在科技浪潮中，人工智能技术以其前所未有的速度和规模，深刻地重塑着世界。自1956年诞生以来，人工智能已经从简单的计算和推理，发展到能够模拟甚至超越人类智能行为的高度复杂系统。特别是在大数据、云计算、机器人仿真技术和计算机无人操作系统等领域，人工智能技术的应用不仅极大地提升了经济社会发展的效率，还深刻地改变了人们的日常生活。然

---
* 白延涛，管理学博士，中国社会科学院数量经济与技术经济研究所助理研究员，主要研究方向为人工智能、双向拍卖理论、治理创新。

而，随着技术的进步，伦理问题也日益凸显，成为社会各界关注的焦点。例如，自动驾驶技术虽然提高了交通效率，但其潜在的风险和责任问题却引发了广泛的讨论。人工智能在医疗、建筑设计等领域的应用也带来了新的伦理挑战，如隐私保护和数据安全问题（徐源，2021）。

面对这些挑战，构建适应新一代人工智能技术发展的伦理规则显得尤为重要。现有的法律和政策体系在应对人工智能带来的伦理问题时仍显滞后，亟须通过多维度的综合性研究提出法律、政策与伦理监管相结合的建议。例如，可以通过制定人工智能伦理准则，对人工智能技术的研发和应用进行规制，确保其在促进社会发展的同时，不对社会伦理秩序造成冲击。此外，人工智能技术的发展对劳动力市场产生了深远影响，自动化和智能化设备的普及导致许多重复性劳动岗位被机器取代，部分技能落伍人员面临失业风险，这种结构性就业矛盾不仅影响了个人的职业发展，还对社会稳定构成了潜在威胁（谢洪明等，2019）。

人工智能技术的应用还引发了社会信任危机。人们对智能机器的依赖程度不断增加，但对其可靠性和安全性的担忧也在加剧（宋艳等，2022）。人工智能系统在处理个人隐私数据时可能存在滥用风险，导致隐私泄露和数据滥用问题。这种信任危机不仅影响了公众对人工智能技术的接受度，还可能阻碍其进一步发展。

基于以上现实，本报告综述人工智能技术与伦理问题的关联，分析技术的发展及其带来的伦理挑战，讨论人工智能技术在不同应用领域中的社会影响，包括医疗、教育、交通、社会治理和经济等方面。并对国内外人工智能伦理规范的现状进行了比较分析，探讨中国在人工智能伦理规范制定上的进展与挑战。本报告提出了基于原则的伦理规则构建、技术监管与法律规制、行业自律与社会监督、增强伦理意识与社会动员等实施策略，以期为人工智能技术的健康发展提供保障。通过这些措施，希望能够确保人工智能技术在促进社会进步的同时，避免潜在的伦理风险，实现人类社会与人工智能的和谐共处。

一　人工智能技术与伦理问题

（一）技术概述与发展趋势

在人工智能的演进过程中，新一代人工智能技术以其独特的概念框架和应用实践，与传统人工智能形成了显著区别。传统人工智能主要基于预设规则和逻辑推理，旨在模仿人类的逻辑思考和问题解决能力。相比之下，新一代人工智能技术依托大数据和深度学习等先进算法，使机器具备自我学习和自我进化的能力，显著提升了其自主性和环境适应性。新一代人工智能技术的演进轨迹可概括为以下几个关键维度。

第一，人工智能技术的应用范围显著扩展。从早期的图像与语音识别等单一功能，迅速渗透至医疗、金融、交通等多元化领域，其社会影响力不断攀升。以无人驾驶汽车的兴起为例，它不仅重塑了交通模式，还引发了一系列伦理和法律层面的新问题。

第二，人工智能技术的智能层次持续提升。早期人工智能主要模拟人类的初级认知功能，如逻辑推理和计算。新一代人工智能技术逐步向模拟更高级的认知功能迈进，包括决策制定和情感识别，不仅极大地拓展了人工智能的应用前景，还带来了新的技术难题与伦理考量。

第三，随着人工智能技术的广泛应用，其衍生的伦理问题日益成为公众讨论的焦点。隐私保护、数据安全性和算法偏见等问题，亟须在技术解决方案之外，从伦理和法律角度进行深入规范和引导。

第四，人工智能技术的深入发展面临理论和实践的双重挑战。尽管在特定应用领域取得了突破，人工智能在知识表达的深度和语言处理的广度上仍存在未解之谜。应对这些挑战，需要在理论创新和技术融合上进行深入探索。

第五，全球范围内对人工智能技术的伦理规范和治理框架的探讨日益深化。众多国家和国际组织致力于构建相应的伦理准则和治理机制，以确保人工智能技术的健康发展与社会价值的契合。我国《新一代人工智能发展规划》和《新一代人工智能治理原则》均强调了制定伦理规范的重要性，倡导发展负责任的人工智能技术。

新一代人工智能技术在理念创新、应用实践及发展趋势上，与传统人工智能形成鲜明对比。技术的智能化和应用的广泛化，既为人类社会带来了前所未有的便利，也引发了一系列亟待解决的伦理和法律问题。

（二）应用领域与社会影响

人工智能技术的飞速进步已成为当代社会的一个显著特征，其影响力横跨医疗、教育、社会治理等多个关键领域。这些应用层面的广泛渗透，不仅极大地提升了操作的效率与精准度，更触发了一系列伦理和社会层面的深层次挑战。

在医疗健康领域，人工智能技术的应用通过先进的大数据分析和机器学习算法，显著提高了疾病诊断的速度与准确性。以癌症早期诊断为例，人工智能能够快速识别医学影像中的异常，为提升治愈率提供了有力支撑。然而，这一技术进步也带来了对患者隐私保护和数据安全的严峻考验，不当使用或数据泄露的潜在风险构成了新的伦理问题（袁雨晴、陈昌凤，2024）。

在教育领域，因人工智能技术的融入而经历变革，智能教育系统通过分析学生的学习行为和成绩数据，能够提供定制化的学习方案，从而优化学生的学习效率。但这一趋势也可能加剧教育资源分配的不平等，引发社会分层的进一步固化，同时对智能系统的过度依赖可能削弱学生的自主学习能力和批判性思维能力。

在社会治理层面，人工智能技术的应用极大地提升了公共服务的智能化水平。智能交通系统通过实时数据分析和预测，为缓解城市交通拥堵提供了有效方案。但同时，治理主体的机械化趋势可能导致决策过程的不透明，增加公众对技术治理的不信任。此外，技术的滥用还可能侵害公民隐私权，加剧社会控制问题。

在劳动力市场，人工智能技术的影响同样不容忽视。短期内，其对就业的影响主要体现在替代重复性劳动岗位。然而，技术发展的长期趋势可能会触发技术革命和产业变革，引发大规模的结构性失业问题，这要求社会在教育和培训上进行适应，并在政策和法律层面进行前瞻性规范与保护。

在文化领域，虽然人工智能应用为文化创意产业带来了新的发展机遇，但也伴随文化内容集中化的风险，少数技术公司对文化数据和市场资源的控制可能导致文化表现形式的单一化，减少文化多样性。同时，人工智能生成的文化内容在真实性和原创性方面的质疑也日益增多（闫坤如，2018）。

（三）伦理挑战分析

人工智能技术在推动社会发展的同时，也带来了一系列复杂的伦理和社会问题。如何有效应对这些挑战，是未来社会需要长期关注和解决的重要议题。

在数据隐私方面，人工智能的大规模数据收集和机器学习应用使个人信息的泄露风险急剧上升。个人隐私权是构建信任与保障个人自由的基石，然而在大数据时代背景下，数据的获取与应用变得异常便捷，从而使得个人隐私保护面临前所未有的挑战。数据泄露不仅可能导致经济损失，更可能对个体的社会地位和心理健康造成深远影响（刘露等，2021）。

在机器自主性方面，自主性问题引发了一系列伦理讨论。随着人工智能系统自我学习和优化能力的增强，其决策过程中的人类依赖性逐渐降低。这种自主性的提升带来了决策的不可解释性问题，并可能导致自我强化的循环困境，增加出现偏差和错误的概率。此外，自主机器的行为如果引发问题，责任归属的界定将成为关键伦理议题（胡祥秋，2024）。

在人机交互方面，人工智能技术的仿真性和智能化趋势导致人类对机器的依赖性不断增强，这种依赖可能削弱人类的主体性以及独立思考能力。这种变化可能会降低人类在社会互动中的主动性和创造性，从而对社会的整体发展产生影响（袁雨晴、陈昌凤，2024）。

在社会影响和公平性方面，人工智能技术虽然能够提高生产效率和优化资源配置，但也可能加剧社会的不公平现象。人工智能的应用可能导致某些职业岗位的消失，从而引发就业问题。同时，算法偏见可能使某些群体在资源分配和机会获取上处于不利地位，这种不公平现象可能加剧社会矛盾，影响社会稳定与和谐（程乐，2024）。

人工智能技术在为社会带来巨大便利的同时，也带来了众多亟待应对的伦理挑战。为了确保人工智能技术的健康和可持续发展，必须在技术发展与伦理规范之间寻找到恰当的平衡点。通过深入分析和审慎规范，我们可以更好地应对数据隐私保护、机器自主性界定、人机交互伦理以及社会影响和公平性等伦理问题，实现技术与伦理的和谐统一。

二　国内外人工智能伦理规范现状

（一）国际人工智能伦理规范框架

在全球范围内，国际组织针对人工智能伦理所提出的指导原则和建议，构成了全球人工智能治理的参考。众多国际组织和国家出台了关于人工智能伦理的指导性文件，目的在于引导人工智能技术的研发和应用，确保其在伦理和社会层面产生积极影响。

联合国教科文组织（UNESCO）与世界科学知识与技术伦理委员会（COMEST）联合发布了《关于机器人伦理的初步草案报告》，其中深入探讨了机器人技术在制造和应用过程中引发的社会和伦理问题，并提出了相应的伦理措施，如加强数据和隐私保护，建立机器人设计者与使用者之间的责任共担机制等。这些措施的提出，旨在确保人工智能系统在设计和应用过程中能够遵循伦理原则，保障人类的基本权利和利益（谢洪明等，2019）。

美国国家科学技术委员会发布的《国家人工智能研究与发展战略计划》中，强调人工智能系统的可信任性，提倡采取维护公平、透明度、问责制等措施，构建符合伦理道德的人工智能体系。美国还通过《维持美国人工智能领导地位行政令》，进一步强调了提升社会对伦理问题的关注，要求在保护公民自由、隐私和基础价值观的基础上，充分发挥人工智能技术的潜力

（闫坤如，2018）。

欧盟委员会提出的"信任生态系统"概念，倡导在人工智能领域构建一个值得信赖的环境。欧盟发布的《可信赖 AI 的伦理准则》从尊重人类自主性、预防伤害、公正性、可解释性四个层面提出了具体要求，以确保人工智能技术的发展能够符合伦理标准，避免对社会造成负面影响。

国际电气电子工程师协会（IEEE）发布的《以伦理为基准的设计：人工智能及自主系统以人类福祉为先的愿景（第一版）》中，提出了人工智能与自主系统应遵循的伦理原则，包括人类权利、环境优先、责任追溯、公开透明、教育与认知等，并强调将这些原则嵌入人工智能与自主系统的设计之中。

阿西洛马人工智能原则（Asilomar AI Principles）作为一个具有广泛影响力的国际伦理框架，在 2017 年的"有益的人工智能"会议上提出，涵盖了安全性、透明性、责任性、与人类价值观一致性、隐私保护、自由尊重、利益共享、繁荣共促、人类控制、非颠覆性以及禁止人工智能装备竞赛等伦理和价值原则。

在企业层面，诸如 Microsoft、Google、Facebook 等知名互联网企业也开始将伦理考量纳入企业社会责任框架。例如，Microsoft 提出了包括公平、可靠性、隐私保护、包容性、透明性和可责性等六项人工智能系统原则，确保人类利益得到保障。Google 则明确列出了"不会追求的人工智能应用"，防止人工智能技术的滥用（黎常、金杨华，2021）。

（二）各国人工智能伦理规范对比

人工智能伦理规范的制定在全球范围内呈现显著的区域差异和特点。不同国家或地区根据其政治制度、文化背景和社会需求，采取了不同的伦理规范和治理方式。

欧盟在人工智能伦理规范的构建上，展现了显著的前瞻性和系统化特征。通过一系列立法和政策文件，欧盟确立了人工智能发展的伦理基石和具体要求。《通用数据保护条例》（GDPR）的颁布，不仅在个人信息保护方面树立了新的全球标准，更通过其具有强制力的罚金制度和"长臂管辖"原则，对全球信息技术企业产生了深远的影响。欧盟的《人工智能伦理指南》进一步强化了以人为本的价值观，倡导人工智能的发展应以促进人类福祉和社会公平为依归（王张华、颜佳华，2021）。

与欧盟的系统化路径形成鲜明对比，美国在人工智能伦理规范的制定上更倾向于强调技术标准和行业自律的重要性。美国政府通过《国家人工智能研究与发展战略规划》等政策文件，倡导通过技术标准的制定来引导人工智能技术的安全性和可靠性。同时，美国还建立了针对低风险人工智能医疗产品的监管体系，通过行业标准的制定来控制相关产品的风险（徐源，2021）。

日本在人工智能伦理规范的构建上，注重科技与社会的深度融合。日本政府提出的"超智能社会5.0"概念，强调通过科技创新来推动社会进步和增进人类福祉。这一理念不仅关注技术的发展，更重视技术在社会中的应用和影响，旨在实现科技与社会的全面融合，推动社会的全方位进步。

英国在人工智能伦理规范的制定上，采取了灵活多样的策略，强调行业自律和多方参与的重要性。英国政府发布的《人工智能：未来决策制定的机遇与影响》文件，倡导通过行业自律和多方参与来推动人工智能技术的健康发展。这一策略不仅关注技术标准的制定，更鼓励企业和社会组织积极参与伦理规范的制定和实施。

德国在人工智能伦理规范的构建上，注重具体应用场景的伦理要求。德国政府成立自动驾驶汽车道德委员会，并推出了首套自动驾驶道德伦理标准，既为自动驾驶技术的发展提供了伦理指导，也为其他人工智能技术的伦理规范制定提供了宝贵的参考。

中国在人工智能伦理规范的制定上，更多地体现了政府主导下的协商与建设过程。中国政府发布的《新一代人工智能发展规划》等政策文件，强调通过政府主导、企业参与、社会协同的方式，推动人工智能伦理规范的制定和实施。这一模式不仅注重政策的顶层设计，更强调多方参与和协同治理，旨在通过合作共赢，实现人工智能技术的健康发展。

各国在人工智能伦理规范的制定上，既展现了共性，也彰显了差异。共性在于各国都高度重视人工智能伦理问题，通过立法、政策文件和行业标准等手段，推动伦理规范的制定和实施。差异则体现在各国根据其政治制度、文化背景和社会需求，采取了不同的治理方式和具体措施。欧盟的系统性和前瞻性、美国的技术创新和行业自律、日本的科技社会融合、英国的灵活策略、德国的具体应用场景伦理要求、中国的政府主导协商与建设，这些不同的策略和措施，为全球人工智能伦理规范的构建提供了丰富的经验和借鉴（冯雨奂，2023）。

（三）国内人工智能伦理规范现状与挑战

我国在人工智能技术的发展上已取得显著成就，成为全球人工智能领域的关键参与者。但随着人工智能技术的迅猛发展，伦理问题逐渐浮现，对我国的伦理规范制定和实施提出了新的要求和挑战。

首先，人工智能伦理规范正在逐步构建和完善。2019年，国家新一代人工智能治理专业委员会颁布了《新一代人工智能治理原则——发展负责任的人工智能》，该文件提出了一套全面的人工智能治理框架和行动指南。它强调了和谐友好、公平公正、包容共生等伦理原则，为我国人工智能的伦理发展提供了基础性指导。同时，国家科技伦理委员会的成立，标志着中国科技伦理治理进入了制度化新阶段，为中国人工智能技术的健康发展奠定了伦理基础（卢阳旭、何光喜，2019）。其次，人工智能伦理规范的覆盖面也在持续扩大。人工智能伦理问题横跨自动驾驶、智能医疗、智能金融等多个领域。中国针对这些领域中出现的伦理挑战，制定了相应的伦理规范。特别是在自动驾驶领域，社会需求的增长和技术的成熟，促进了相关伦理问题的深入探讨，并提出了针对性的治理策略。我国在个人信息保护、隐私权维护、无人驾驶事故责任分配等方面也进行了明确规定，以应对由技术发展带来的伦理和法律问题。

尽管如此，我国在人工智能伦理规范的实施过程中仍存在一些问题和挑战。其一，尽管法律层面对人工智能治理程序有所规范，但在科研经费投入、科研活动监管、公众参与等方面，相关制度安排仍需进一步明确和细化。虽然伦理规范已经制定，但确保这些规范在实际操作中得到有效执行，仍是一个需要解决的问题。其二，人工智能技术的快速发展不断引发新的伦理问题，现有的伦理规范可能难以覆盖所有新出现的问题。例如，智能设备的法律主体资格问题、人工智能创作成果的知识产权归属问题等，都需要进一步的探讨和明确。其三，国际社会对人工智能伦理问题的关注和讨论也对我国提出了新的要求，需要在全球范围内参与人工智能伦理治理，并在国际规则制定中发挥更积极的作用。

三 人工智能伦理规则的构建与实施策略

（一）基于原则的伦理规则构建

在人工智能技术的伦理规则构建中，恪守一系列核心原则是确保其发展与应用能够充分符合人类社会利益、规避伦理风险的关键。结合现有研究成果（徐源，2021；于雪、段伟文，2019），本报告构建人工智能伦理规则时应当遵循的几个基本原则（见图1）。

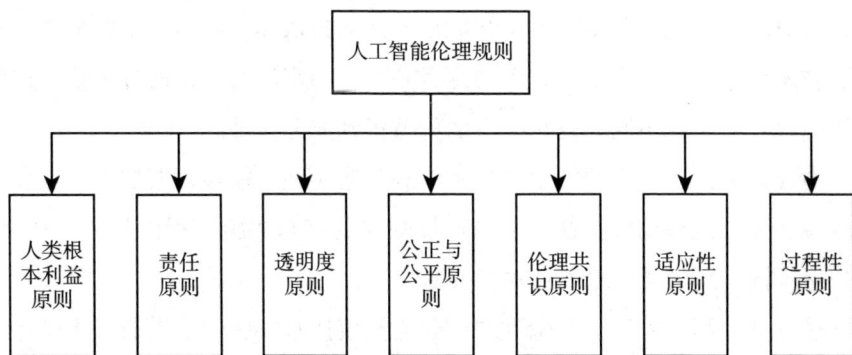

图1 人工智能伦理规则

人类根本利益原则：人工智能技术的发展必须将增进人类根本利益作为其终极追求。此原则着重于对人权的尊重，保障基本权利与自由，特别是在隐私保护和数据安全方面。该技术不应被用于任何可能对人类社会造成重大伤害的领域，如军事化应用。通过不断的技术革新与伦理规范的制定，实现人类福祉的最大化。

责任原则：人工智能技术的开发与应用必须建立在明确的责任体系之上。这一原则要求在技术的开发阶段应保证透明度，确保决策过程的可解释性、可验证性与可预测性。在应用阶段，则需确保技术使用者和开发者对其行为和决策结果负责，这一点对于增强公众信任与推动技术健康发展至关重要。

透明度原则：透明度原则要求人工智能系统的设计和运行过程对公众是开放的，确保算法的可解释性及数据来源的透明性。该原则的实现基于算法的可解释性、可验证性与可预测性，以预防偏见和歧视的发生。

公正与公平原则：在人工智能技术的应用过程中，应保证社会公正与公平，技术的利益应公平分配，努力缩小数字鸿沟。算法设计中应避免歧视，确保决策过程的公正性，同时在数据使用上加强隐私保护，确保用户对个人数据的控制权。

伦理共识原则：伦理规则的制定需要建立在广泛的社会共识基础之上。通过教育和宣传提高公众对人工智能伦理问题的认知，促进共识的形成。这需要技术专家、伦理学家、政策制定者和公众的广泛参与，通过开放、透明的协商过程，确保不同利益相关者的价值得到充分体现。

适应性原则：人工智能伦理规则应具备适应性，能够根据技术发展和社会环境的变化进行调整。这要求伦理规则在制定和实施过程中具有灵活性，以适应不同应用场景的道德和法律要求。

过程性原则：人工智能伦理的构建应涵盖技术发展的全周期，从设计到应用的每一个环节都应融入伦理考量。这一原则强调在整个生命周期中对伦理规则的持续监控与调整，确保技术发展始终与伦理要求和社会期望相符。

这些基本原则有助于确保人工智能伦理规则的构建能够有效指导技术的

发展和应用，使其在为人类社会服务的过程中最大限度地减少伦理风险和负面影响。不仅为技术开发者提供了行动指南，也为政策制定者和监管机构提供了重要的参考框架（李震国等，2022；卢阳旭、何光喜，2019）。

（二）技术监管与法律规制

人工智能技术的快速发展无疑会带来一系列伦理问题与风险，这些问题不仅根植于技术自身的不足，更体现在技术在社会应用中所触发的伦理挑战。确保人工智能技术在伦理框架内发展，迫切需要技术监管和法律规制的共同作用。

技术监管是执行人工智能伦理规则的核心机制之一。这一过程需从人工智能的设计、试验、推广到使用各阶段全面展开。在设计阶段，伦理考量的嵌入至关重要，以确保技术方案从一开始就符合伦理标准。试验阶段需要建立严格的测试体系和标准，以保障系统的安全性与稳定性。在推广和使用阶段，政策引导和行业自律对伦理风险的控制尤为关键（胡祥秋，2024）。

法律规制在人工智能伦理治理中至关重要。它需要在促进技术创新与风险控制之间寻找平衡点。对于自动驾驶等技术较为成熟且社会共识较为明确的领域，可以通过地方性、试验性的立法来积累经验，为人工智能立法提供实践基础。对于尚未成熟的领域，则需依赖行业自律和政策引导来控制伦理风险。

全球联动治理机制的构建是人工智能伦理治理的方向。鉴于不同国家在技术标准和准入制度上的差异，建立全球联动治理机制对于统一伦理风险治理标准至关重要，有助于推动全球伦理精神的整合与回归。

在法律规制的具体措施上，建立信息管理机制和培养公众选择能力是关键，以摆脱人工智能处理海量信息时可能产生的选择困境。建立责任担保归属制度和安全责任体系，确保企业能够提供必要的安全信息，并建立详细的问责条例，对促进人工智能规范化发展至关重要。成立专门的人工智能技术监督部门，对技术进行检测和伦理影响评估，确保评估过程的透明度和公众参与度，这是确保人工智能技术在伦理框架内运行的有效手段。建立独立的第三方人工智能事故认定部门，明确事故的问责程序，确保责任和问责能够落实到具体的自然人或法人，避免人工智能系统本身被赋予不当的法人资格（郑飞，2024）。

技术监管与法律规制在人工智能伦理规则的构建与实施中发挥着不可或缺的作用。通过构建一个多层次、多维度的治理体系，可以确保人工智能技术在伦理框架内健康、有序发展。

（三）行业自律与社会监督

在人工智能技术迅猛发展的背景下，行业自律和社会监督在促进伦理规则遵守中扮演着至关重要的角色。行业自律是指企业和行业协会等主体在没有外部强制力的情况下，自发地制定和遵守伦理规范，以确保人工智能技术的开发和应用符合社会道德标准。社会监督则是通过公众、媒体和独立机构等多方力量，对人工智能技术的伦理风险进行监控和评估，从而保障技术的透明性和公正性。

首先，行业自律是实现人工智能伦理治理的重要途径。企业作为人工智能技术的主要开发者和应用者，必须主动承担起伦理责任。企业可以通过设立伦理风险管理委员会，制定内部伦理风险管理政策，对算法进行审计和质量审查，确保技术的开发和应用符合伦理标准。此外，企业还应积极参与行业协会的活动，共同制定行业自律公约，推动整个行业形成统一的伦理规范。

其次，社会监督在人工智能伦理治理中具有不可替代的作用。公众和媒体作为社会监督的重要力量，可以通过舆论宣传和舆论监督，营造良好的社会氛围，促进伦理共识的形成。例如，公共媒体可以通过报道和评论，引导公众关注人工智能技术的伦理问题，增强公众的伦理意识。同时，独立的第三方监管组织也可以发挥重要作用，通过对企业的伦理风险管理进行独立评估和监督，确保企业遵守伦理规范。

在具体实施过程中，行业自律和社会监督需要相互配合，共同推动人工智能伦理规则的落实。一方面，企业应积极接受社会监督，公开其伦理风险管理的相关信息，增强透明度和公信力。另一方面，社会监督力量应以建设性和专业性的态度，对企业的伦理实践进行客观评估，提出改进建议，帮助企业提升伦理管理水平。

总之，行业自律和社会监督是构建和实施人工智能伦理规则的两大支柱。通过行业自律，企业可以主动承担起伦理责任，推动技术的健康发展；通过社会监督，公众和独立机构可以对技术的伦理风险进行有效监控，保障技术的透明性和公正性。两者相辅相成，共同构建一个更加安全、可信和负责任的人工智能生态系统（胡键，2021）。

（四）增强伦理意识与社会动员

在人工智能技术飞速发展的当下，强化公众对人工智能伦理的认识显得尤为关键。公众对人工智能技术的理解及其所持态度，将直接影响技术的社会接受度与实际应用效果。因此，提升伦理意识和社会动员是构建和执行人工智能伦理规范不可或缺的一环。

首先，提升伦理意识需通过多渠道教育和宣传实现。教育体系应融入人工智能伦理教育，培育学生对技术伦理问题的敏感度和批判性思维。系统化的伦理教育有助于公众洞悉人工智能技术的潜在风险和伦理挑战，促进其在技术应用中保持审慎和理性。其次，媒体在伦理意识提升中发挥着至关重要的作用。公共媒体通过宣传和报道，能够引导公众正确理解人工智能技术的伦理议题。媒体应积极报道人工智能的最新发展及其伦理影响，推动公众全面了解技术并进行深入思考。同时，媒体还需承担起舆论监督的责任，对违反伦理规范的人工智能应用进行曝光和批评，营造社会监督的氛围。社会动员是促进伦理规范有效实施的关键。政府、企业、科研机构和社会组织应共同参与，构建多元主体协同治理的格局。政府需制定相关政策和法规，明确各方在人工智能伦理治理中的责任。企业应建立内部伦理委员会，确保技术开发和应用遵循伦理准则。科研机构应开展伦理研究，为政策制定提供理论依据。社会组织和公众则应积极参与伦理讨论和监督，推动伦理规范的执行。最后，在实施过程中，可借鉴国际经验，建立信息管理机制和公众参与平台，保障公众的知情权和参与权。通过信息公开和透明化管理，鼓励公众对人工智能技术应用提出意见和建议，形成社会共识。政府还需加强对人工智能伦理风险的评估和监管，建立事故应急处置机制，确保在出现伦理问题时能够迅速响应和妥善处理（徐源，2021）。

增强伦理意识和社会动员是构建和实施人工智能伦理规范的基础。通过教育和宣传提升公众对人工智能伦理问题的认识，通过多元主体协同治理构建全社会共同参与的伦理治理体系，通过信息公开和公众参与确保伦理规则的有效执行和监督。这不仅有助于确保人工智能技术的安全可控和伦理合规，也是推动社会公平和可持续发展的重要保障。

（五）具体化实施与监管

在新一代人工智能技术的伦理规则构建中，具体化实施与监管是确保伦理原则得以有效执行的关键环节。

首先，政府应当建立全面的法律法规和政策体系，以规范人工智能技术的开发和应用。中国通过分散式立法的方式，修订和出台了多项与人工智能相关的法律法规，涵盖个人数据保护、电子商务、智能金融和自动驾驶等领域。这些法律法规的出台，为人工智能技术的健康发展提供了法律保障（徐鑫钰，2023）。

其次，算法监管是具体化实施的重要组成部分。由于人工智能算法的复杂性和多样性，仅依靠人力难以实现对其全面监管。因此，必须采用专有的监管算法对每个模块进行实时监控，以便在最短时间内发现并反制"作恶"的算法。这种算法"监管"算法的方式，不仅提高了监管效率，还能有效防范潜在的风险（陈兵，2024）。

在具体实施过程中，公共行政的公共性也需要充分考虑。智能算法在公共行政中的应用，虽然提高了治理效率，但也可能会带来歧视和偏见等伦理问题。因此，公共行政的公共性追求必须依赖具体的行政人员，以确保公共利益的实现。这意味着，在人工智能技术的应用中，必须有明确的责任划分，确保每个环节都有具体的责任人。协同治理是实现伦理规则具体化实施的有效策略。人工智能技术牵涉多元利益相关者，包括计算机专家、企业、学术组织和政府部门等。传统的治理模式难以应对多元主体间的利益差异和博弈，因此需要通过协商合作、增加互信等方式，重构治理主体间的关系，形成稳定的治理系统。这种协同治理范式，不仅能够提高治理效率，还能最大化社会治理资源的配置效用（程乐，2024）。

在具体的监管措施方面，政府应当建立机制，要求人工智能行为者披露并打击人工智能系统结果和数据中的任何类型的陈规定型观念，确保训练数据集不会助长文化、经济或社会不平等和偏见。同时，政府还应制定和调整监管框架，在人工智能系统生命周期的不同阶段对其内容和结果实施问责制和责任制，确保最终责任和问责落实到自然人或法人身上。

最后，人工智能技术的伦理规则构建还需要考虑到国际合作。各国应与国际组织如公共交通国际联会、国际劳工组织等展开合作，共同制定最高准则，避免各国各企业研发的人工智能与传统行业无限制地结合发展。这种国际合作不仅有助于规范人工智能技术的应用，还能促进全球范围内的技术交流与合作。

新一代人工智能技术的伦理规则具体化实施与监管，需要法律法规的保障、算法监管的技术支持、公共行政的责任落实、协同治理的策略应用以及国际合作的推动。这些措施的综合运用，将有助于实现人工智能技术的规范化和伦理化发展。

参考文献

陈兵，2024，《人工智能应用的科技伦理与法治化建设》，《人民论坛》第 12 期，第 66~70 页。

程乐，2024，《"数字人本主义"视域下的通用人工智能规制鉴衡》，《政法论丛》第 3 期，第 3~20 页。

冯雨奂，2023，《ChatGPT 在教育领域的应用价值、潜在伦理风险与治理路径》，《思想理论教育》第 4 期，第 26~32 页。

胡键，2021，《算法治理及其伦理》，《行政论坛》第 4 期，第 41~49 页。

胡祥秋，2024，《生成式人工智能应用于思想政治教育的意义、风险与对策》，《科教文汇》第 13 期，第 40~43 页。

黎常、金杨华，2021，《科技伦理视角下的人工智能研究》，《科研管理》第 8 期，9~16 页。

李震国、端利涛、吕本富，2022，《智能化系统建设中的实用伦理规则设计原则》，《中国行政管理》第 6 期，第 41~48 页。

令小雄、王鼎民、袁健，2023，《ChatGPT 爆火后关于科技伦理及学术伦理的冷思考》，《新疆师范大学学报（哲学社会科学版）》第 4 期，第 123~136 页。

刘露、杨晓雷、高文，2021，《我国人工智能伦理监管需求分析及对策研究》，《中国工程科学》第 3 期，第 106~112 页。

卢阳旭、何光喜，2019，《我国人工智能治理面临的机遇和挑战：基于科技公共治理视角》，《行政管理改革》第 8 期，第 29~36 页。

宋艳、陈琳、李琴等，2022，《人工智能伦理风险感知、信任与公众参与》，《科学学研究》第 7 期，第 1153~1162 页。

王张华、颜佳华，2021，《人工智能时代算法行政的公共性审视——基于"人机关系"的视野》，《探索》第 4 期，第 82~95 页。

谢洪明、陈亮、杨英楠，2019，《如何认识人工智能的伦理冲突？——研究回顾与展望》，《外国经济与管理》第 10 期，第 109~124 页。

徐鑫钰，2023，《智能时代道德治理研究》，华南理工大学博士学位论文。

徐源，2021，《人工智能伦理的研究现状、应用困境与可计算探索》，《社会科学》第 9 期，第 117~124 页。

闫坤如，2018，《人工智能设计的风险及其规避》，《理论探索》第 5 期，第 22~26 页。

于雪、段伟文，2019，《人工智能的伦理建构》，《理论探索》第 6 期，第 43~49 页。

袁雨晴、陈昌凤，2024，《道德物化：大模型人机价值对齐的技术伦理进路》，《南京社会科学》第 6 期，第 88~97 页。

郑飞，2024，《论人工智能法的理论体系》，《法治研究》第 4 期，第 110~122 页。

产业篇

B.6
我国智能制造发展的现状与趋势

彭 湃 彭绪庶*

摘 要： 智能制造是实现我国制造业由大变强的核心技术和主线，既是制造强国建设的主攻方向，也是推进新型工业化的重要任务。2023年，在相关政策的引领下，中国智能制造市场规模稳步增长，智能制造自主创新成果不断涌现，制造智能化水平持续提高。并且，随着新一代信息技术和制造业的深度融合，工业机器人、工业软件、工业互联网、智能工厂这四个主要细分领域也呈现增长态势。但同时也面临智能制造整体水平不足、区域间和行业间的智能制造水平差异较大、人才储备短缺等问题与挑战。展望未来，中国智能制造将会呈现发展程度持续推进、关键技术不断突破、生成式AI逐步赋能、绿色制造技术加速融合等趋势。为有效应对上述挑战，加快推动我国智能制造行业的高质量发展，应坚持创新驱动，促进智能制造区域与行业

---

* 彭湃，江西航空工业集团有限责任公司研发设计工程师，主要研究方向为飞行器飞控系统控制设计与研究；彭绪庶，管理学博士，中国社会科学院数量经济与技术经济研究所信息化与网络经济研究室主任、研究员，中国社会科学院大学教授、博士生导师，主要研究方向为数字技术创新、科技创新政策。

的协调发展，深化开放与合作，加强智能制造人才培养。

关键词： 智能制造　智能化　数字化　成熟度模型

一　"智能制造"的定义

"智能制造"这一概念，最初由美国学者 Wright 和 Bourne（1988）首次提出。他们阐释了早期对智能制造的定义，即通过应用机器人制造软件系统技术、集成系统工程和机器人视觉等先进技术，来实现高效、系统的批量生产流程。臧冀原等（2021）对其进行了归纳，广义而论，"智能制造"是一个大概念，一个不断演进的大系统，贯穿于产品、制造、服务全生命周期的各个环节及相应系统的优化集成，实现制造的数字化、网络化、智能化，不断提升企业的产品质量、效益、服务水平，推动制造业创新、绿色、协调、开放、共享发展。2021 年工信部出台的《国家智能制造标准体系建设指南（2021 版）》中，将"智能制造"定义为基于先进制造技术与新一代信息技术深度融合，贯穿于设计、生产、管理、服务等产品全生命周期，具有自感知、自决策、自执行、自适应、自学习等特征，旨在提高制造业质量、效率效益和柔性的先进生产方式。

智能制造在几十年的实践探索与发展过程中，逐渐衍生出了许多种不同的范式。诸如精益生产、柔性制造、并行工程、敏捷制造、数字化制造、计算机集成制造、网络化制造、云制造以及智能化制造等。这些范式分别从不同层面和角度反映了制造业向数字化、网络化和智能化转型的趋势，并为其转型提供了有力的指导和支撑。面对不断涌现的新技术、新理念、新模式，周济（2022）将其归纳成三种基本的智能制造范式。

智能制造的形成和演进是与信息化发展相伴而生的。从 20 世纪中叶到 90 年代中期，这一阶段的信息化以计算、感知、通信和控制技术的进步为主要特征，催生出了数字化制造；从 20 世纪 90 年代中期开始，这一阶段的信息化以互联网的大规模普及应用为主要特征，发展出了数字化网络化制造；当前，工业互联网、大数据及人工智能实现群体突破和融合应用，标志着以新一代人工智能技术为主要特征的信息化时代的来临，引领了制造业数字化网络化智能化制造的新纪元。对应于信息化技术随时代发展的三个阶段，归纳出智能制造在演进发展中的三种基本范式分别为：数字化制造，也可称为第一代智能制造，是智能制造的第一种基本范式；数字化网络化制造或"互联网+制造"，也可称为第二代智能制造，是智能制造的第二种基本范式；数字化网络化智能化制造，也可称为新一代智能制造，是智能制造的第三种基本范式。

智能制造的这三种基本范式，体现了智能制造发展的内在逻辑和规律。一方面，这三种范式依次递进，每一阶段都有其特征和需要重点解决的问题，体现了先进信息技术与制造技术融合发展过程中的阶段性特征。另一方面，三种范式在技术上相互交织、迭代升级，体现了智能制造发展的融合性特征。

智能制造在推动产业与资源要素的深度整合中发挥着核心作用，能促进以科技创新为引领的新质生产力的形成，为制造业向高端化、智能化、绿色化方向发展提供有力的支撑。吴旺延、刘珺宇（2020）研究了智能制造促进产业转型升级的机理，包括智能制造对产业效率提升的配置效应、对产业结构优化的结构效应以及对生态环境改善的绿色效应。同时，智能制造不仅能推动制造业的智能化转型升级，还能促进先进制造业与现代服务业的深度融合发展，为新型工业化的高质量发展注入强劲动力。此外，智能制造还能促进数字经济与实体经济的紧密结合，进一步夯实实体经济的根基，支撑引领现代化产业体系建设。

随着新一轮科技革命和产业变革的深入发展，智能制造已成为全球制造业科技创新的制高点。在这一背景下，发展智能制造不仅是全球制造业变革的必然趋势，更是引领全球制造业发展变革的重要方向。中国作为制造业大国，已将发展智能制造作为建设制造强国的主攻方向，致力于通过智能制造推动制造业的产业技术变革和优化升级，提高质量、效率、效益，减少资源能源消耗，畅通产业链供应链，助力碳达峰和碳中和，促进制造业迈向全球价值链中高端。

二 2023年中国智能制造发展现状

（一）有关支持智能制造发展的政策

发展智能制造既符合我国制造业发展的内在要求，也是重塑我国制造业新优势，实现转型升级的必然选择。沈坤荣等（2024）的研究表明，智能制造政策能显著提升企业全要素生产率，助推中国企业实现高质量发展。为实现规划目标，2023年中国发布了多项相关政策支持制造业智能化转型和发展，其中部分智能制造相关政策如表1所示。这些政策瞄准智能制造关键技术装备，明确智能制造发展的目标方向、重点任务和实施措施，奠定智能制造行业标准体系、工业互联网与信息安全等智能制造基础，培育发展智能制造场景应用新模式，为中国智能制造的高质量发展、贯彻落实制造强国的战略提供了有力的制度支撑和政策保障。

表1 2023年中国部分智能制造相关政策

月份	政策名称	主要内容
12	《工业和信息化部等八部门关于加快传统制造业转型升级的指导意见》	实施制造业技术改造升级工程,加快设备更新、工艺升级、数字赋能、管理创新,推动传统制造业向高端化、智能化、绿色化、融合化方向转型,提升发展质量和效益,加快实现高质量发展
11	《工业互联网与工程机械行业融合应用参考指南》	适应工程机械行业数字化转型需求,促进工程机械企业全面降本增效,提升产品质量稳定性、助力业务增长、打造绿色安全生产体系
11	《"5G+工业互联网"融合应用先导区试点建设指南》	鼓励各地以城市(地级及以上城市)为单位开展先导区试点建设,充分释放"5G+工业互联网"叠加倍增效应,加快数字经济与实体经济深度融合,助力新型工业化

月份	政策名称	主要内容
10	《钢铁行业智能制造标准体系建设指南(2023版)》	加快建立涵盖基础共性、智能装备、智能车间、智能工厂、智能企业、智能供应链的钢铁行业智能制造标准体系,推动钢铁行业智能制造水平不断跃升
9	《机械行业稳增长工作方案(2023-2024年)》	研制一批关键智能制造系统解决方案,带动制造装备、工业软件整体突破。培育一批具有竞争力的中小企业特色集群和10个左右千亿级具有国际竞争力的产业集群
7	《关于开展2023年度智能制造试点示范行动的通知》	遴选一批智能制造优秀场景,以揭榜挂帅方式建设一批智能制造示范工厂和智慧供应链,在各行业、各领域选树一批排头兵企业,推进智能制造高质量发展
4	《关于推进IPv6技术演进和应用创新发展的实施意见》	以促进IPv6技术演进和应用创新发展、增强IPv6规模部署和应用内生动力为目标,打造技术、网络、设备、应用、安全协同互促的产业生态,构筑互联网创新发展新优势
3	《有色金属行业智能制造标准体系建设指南(2023版)》	围绕有色金属行业采选的本质安全与资源集约、冶炼的清洁环保与节能降耗等实际需求,加快建立涵盖基础综合、装备与系统、智能工厂及评价等智能制造标准体系
2	《智能检测装备产业发展行动计划(2023-2025年)》	面向制造业转型升级和国家重大战略急需,着力突破核心技术、增强高端供给、加快推广应用、壮大市场主体,打造适应智能制造发展的智能检测装备产业体系

资料来源:作者根据公开资料整理。

(二)智能制造市场规模稳步增长

智能制造的市场规模是衡量智能制造发展情况的重要指标之一。近年来,在消费升级、要素成本上升、环境约束加剧等因素的影响之下,中国制造业企业对智能制造的需求逐年增加,中国智能制造业产值规模一直保持增长趋势,已经成为全球最大的智能制造需求市场。前瞻产业研究院发布的研究测算了2018~2027年我国智能制造市场规模,如图1所示,2023年中国智能制造业的市场规模约为 4.3 万亿元。中国制造业企业将继续加大对智能制造的投入和应用力度，推动产业向更高层次发展。中国也将继续发挥在全球智能制造市场中的引领作用，为全球制造业的转型升级贡献中国智慧和中国方案。根据预测，未来几年智能制造整体仍将保持高速增长态势，预计到 2027 年，我国智能制造业的市场规模将达到约 6.6 万亿元。

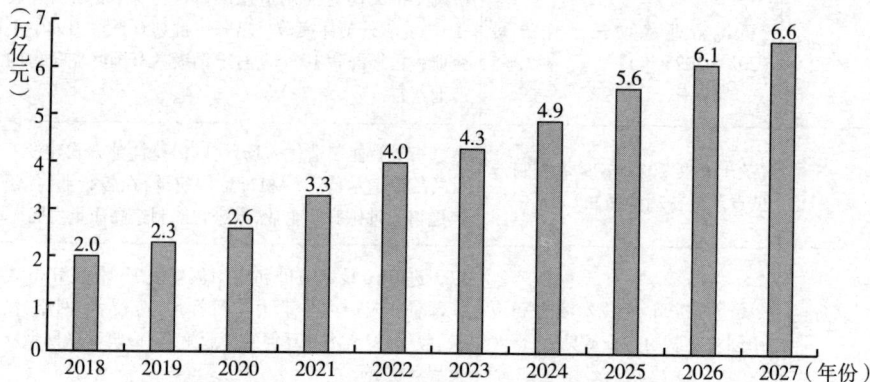

图 1　2018~2027 年中国智能制造市场规模预测

注：2024~2027 年为预测值。

资料来源：前瞻产业研究院《2023 年中国智能制造市场发展现状及发展前景分析》，2024，https://www.qianzhan.com/analyst/detail/220/230922-e028808c.html。

（三）智能制造自主创新成果不断涌现

自主创新在智能制造中扮演着至关重要的角色，是智能制造发展的核心驱动力，对把握智能制造发展脉搏、解决智能制造领域"卡脖子"技术难题具有重大意义，为中国制造业的转型升级和高质量发展提供了有力的技术支撑。2023 年中国智能制造自主创新成果在各领域表现突出，华为公司打破美国严密的芯片制裁，发布搭载了自主研发麒麟 9000S 芯片的 Mate 60 系列手机；龙芯中科发布了新一代通用处理器龙芯 3A6000、打印机主控芯片龙芯 2P0500 助力中国智能制造；长鑫存储发布了首款国产 LPDDR5 存储芯片，达到国际先进水平；中核集团新一代人造太阳"中国环流三号"首次实现 100 万安培等离子体电流下的高约束模式运行，标志着中国磁约束核聚变装置运行水平已经迈入国际前列；福耀玻璃工业集团联合多所高校共同推进汽车玻璃智能制造技术创新研发，实现核心技术100%自主可控，成功解决了行业13项"卡脖子"技术难题等。除此之外，最为突出的是，2023年世界智能制造大会在南京发布了"2023中国智能制造十大科技进展项目"，入选项目由中国科协智能制造学会联合体评选而来，具体项目如表2所示。其中，项目关键词可归纳为工业机器人、工业软件、数字化工厂、多机器协同、人工智能技术、数字孪生、增材制造、安全与高可靠性、高效高精度、工业互联网等。

表2　2023年中国智能制造十大科技进展项目

序号	项目
1	活体细胞精准操作机器人技术及系统
2	核燃料组件自主化关键制造技术及成套装备
3	燃气轮机全寿命周期一体化关键技术研究与应用
4	水稻生产全程数字化管理与智能装备产业化
5	离子束设备与工艺解决方案的国产化替代
6	立面维护机器人在大型复杂立面的智能化作业技术及装备
7	面向批量定制的自适应可重构柔性控制技术
8	基于5G+工业互联的增材制造产线及在航天高端装备中的应用
9	差别化聚酯长丝高效规模化智能制造工厂
10	现代制造业高速高精智能感知测控关键技术及应用

资料来源：中国科协智能制造学会联合体《2023中国智能制造十大科技进展》，2023，http：//www.imac-cast.org.cn/Details.aspx？id=501。

（四）制造智能化水平持续提升

智能制造的发展程度直接关乎我国制造业质量水平。2021年工信部发布的《"十四五"智能制造发展规划》明确提出，到2025年，70%的规模以上制造业企业基本实现数字化网络化，智能制造能力成熟度水平明显提升，并指出要建立长效评价机制，鼓励第三方机构开展智能制造能力成熟度评估，研究发布行业和区域智能制造发展指数。

智能制造能力成熟度模型（China Manufacturing Maturity Model），简称"CMMM"，是用于实施智能制造过程改进提升的成熟度模型。2022年中国电子技术标准化研究院发布的《中国智能制造发展研究报告：能力成熟度》规定了智能制造能力成熟度模型的构成、成熟度等级、能力要素和成熟度要求。智能制造能力成熟度模型将企业成熟度分为五个等级，由低到高依次是：一级——规划级、二级——规范级、三级——集成级、四级——优化级、五级——引领级。利用这一成熟度评估模型，制造业企业可以自行进行智能制造水平测度，得出的结果等级越高，就说明智能化制造水平就越高，反之说明智能化水平就越低。中国电子技术标准化研究院对2022~2023年智能制造企业的评估评价结果如图2所示，较客观地反映了中国智能制造发展水平。根据统计数据，智能制造企业成熟度处于一级及以下的占比从2022年的63%降低到2023年的55%，成熟度处于二级的企业的占比从2022年的21%上升到2023年的29%，三级与四级及以上的企业整体占比保持相对稳定。其中，虽然成熟度处于三级的企业占比从2022年的12%降低到了2023年的9%，但是四级及以上的高成熟度企业占比则从4%提高到了7%，实现了深度智能化，这部分企业正引领着中国式智能制造创新发展。这反映了随着智能制造业市场规模的扩大，2023年制造业企业实施智能制造的成效凸显，甚至出现了一批标杆示范性企业，中国智能制造成熟度水平稳步提升，即智能制造发展程度持续深化。

（五）智能制造的细分领域稳定增长

2023年中国智能制造的细分领域持续稳定增长。进一步从智能制造业的主要领域分析发展状况，本报告主要讨论工业机器人、工业软件、工业互联网、智能工厂这四个智能制造细分领域。

1. 工业机器人

工业机器人是推动智能制造业发展的重要硬件投入品，被广泛应用于电子、物流、化工等各个工业领域之中，其发展状况是反映智能制造业发展状况的重要指标之一。工业机器人不仅可以提高生产效率和产品质量，还可以

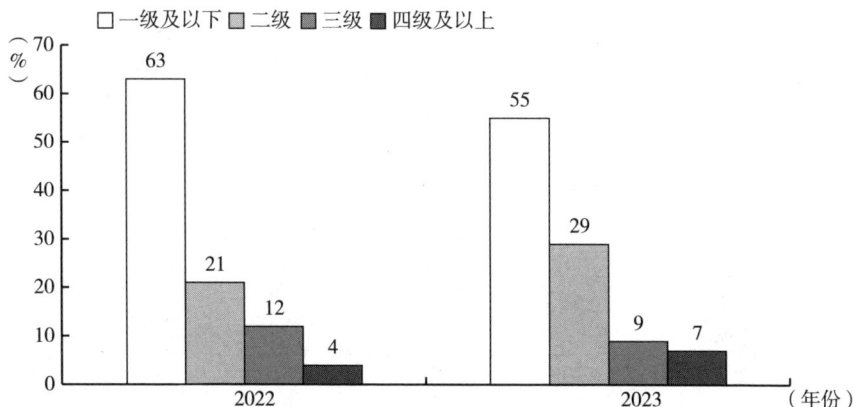

图2　2022~2023年中国智能制造企业成熟度水平等级分布

资料来源：2022年数据来源于中国电子技术标准化研究院《智能制造成熟度指数报告（2022）》，2023，https：//www.sc-ims.com/details.aspx？mid=55&sid=1109；2023年数据来源于智能制造评估评价公共服务平台，2024，https：//39.107.181.221/home。

降低人力成本和工伤风险，具有广阔的发展前景。在国内密集出台的政策和不断成熟的市场等多重因素驱动下，工业机器人增长迅猛，除了汽车、3C电子两大需求最为旺盛的行业，金属制品、塑料及化工产品等行业市场逐步打开。在智能制造领域，工业机器人作为一个重要组成部分，正在发挥着越来越重要的作用。近年来，中国工业机器人行业迅猛，2019~2023年的年销售量统计如图3所示，可以看出近几年中国工业机器人产业整体销售量呈快速增长走势。其中，2023年中国工业机器人销量再创新高，达到31.6万台。目前，中国制造业对工业机器人的需求仍在快速增长，随着新型工业化的加速推进，预计未来仍会保持增长态势。

2. 工业软件

工业软件是工业技术知识、流程的程序化封装与复用，是制造业数字化、网络化、智能化的基石，是智能制造的核心"软实力"，已经广泛应用于几乎所有工业领域的核心环节。工业软件是推动智能制造业发展的重要软件投入品，和工业机器人分别构成了智能制造发展的软件和硬件投入的两个重要方面。工业软件对智能制造的意义在于提升了企业的生产效率、质量、

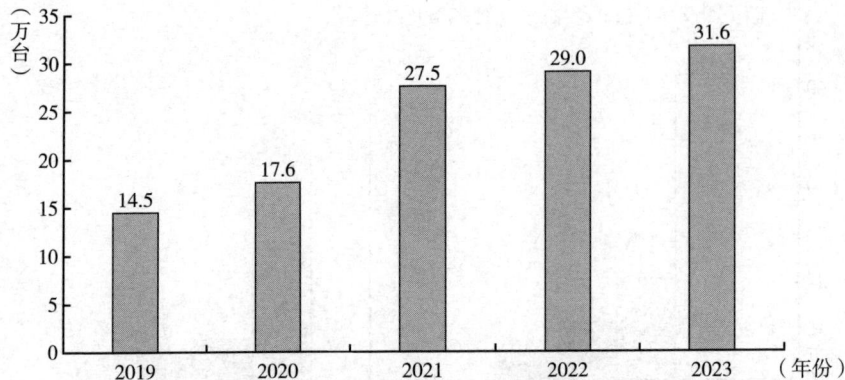

图3 2019~2023年中国工业机器人销量

资料来源：2019~2022年数据来源于国际机器人联合会（IFR）"World Robotics 2023 Report"，2023，https：//www.istis.sh.cn/cms/news/article/75/26664；2023年数据来源于高工机器人产业研究所GGII，2024，https：//www.36kr.com/p/2679200422262533。

创新能力、数据分析能力和绿色发展水平，增强了企业的市场竞争力。在全球化竞争日益激烈的今天，拥有先进的工业软件技术已成为企业立足市场、实现长远发展的关键因素。沙利文公司发布的报告统计了2018~2023年中国工业软件产业市场规模，如图4所示，中国工业软件产业市场规模始终保持稳定增长态势，从2018年的1324亿元增长到2023年的2573亿元。随着社会信息化进入发展的快车道，下游需求推动工业软件需求增长，同时制造业数字化转型步伐加快，工业数字化软件性能提升、使用门槛降低，将促进工业软件市场规模未来持续增长。

3. 工业互联网

工业互联网是在工业制造体系中将互联网与云计算、大数据等多种新一代信息技术整合应用的一种新型工业技术范式。其核心是将物联网、大数据、人工智能等技术与传统制造业深度融合，赋能制造业实现生产过程的智能化、网络化、数字化和高度柔性化，为智能制造的发展提供重要的数据支撑，是制造业数字化、智能化发展的关键性基础设施和必要的平台保障。中国工业互联网平台创新活跃，装备、自动化、工业软件、信息技术和制造企

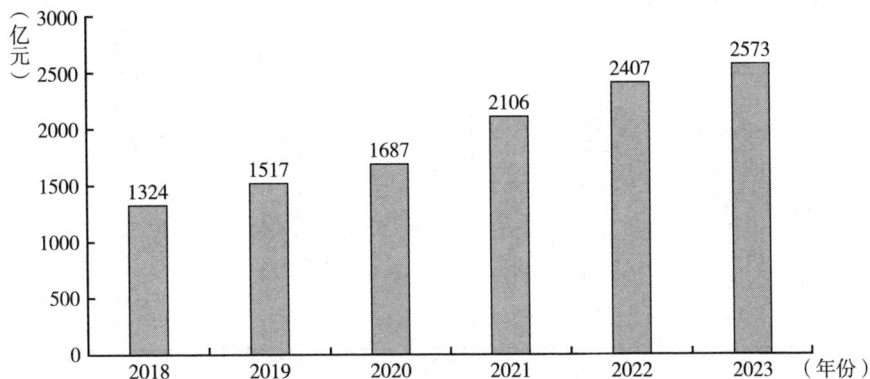

图4 2018~2023年中国工业软件产业市场规模

资料来源：沙利文公司《2023年中国工业数字化软件白皮书》，2023，https：//www.frostchina.com/content/insight/detail? id=650a557ccf328f2216c17d63。

业从不同领域积极推动平台发展，中国高科技产业化研究会等2024年发布的《中国智能制造产业发展报告（2023-2024年度）》显示，目前已经形成一大批具有一定影响力的工业互联网平台，比如海尔集团COSMOPlat、东方国信Cloudiip、树根互联ROOTCLOUD等。大批制造业企业借助工业互联网平台，实现了智能化升级。根据中国工业互联网研究院《中国工业互联网产业经济发展白皮书（2023年）》的统计数据，如图5所示，中国工业互联网的增加值总体规模在2019~2023年保持稳定增长，从2019年的3.19万亿元增长到2023年的4.69万亿元。其中，2023年工业互联网核心产业增加值将达到1.35万亿元，带动渗透产业增加值3.34万亿元，是支撑我国经济回稳向好的重要力量。

4.智能工厂

智能工厂是指利用信息技术、物联网技术、人工智能技术、大数据技术等，实现工厂的数字化、智能化和网络化，提高生产效率、质量和灵活性，降低成本和资源消耗的一种先进的制造模式。智能工厂是智能制造的重要载体，智能工厂建设是推动制造业数字化转型的主战场，无论是工业机器人、工业软件还是工业互联网，都需要依托智能工厂才能运行和生产。同时，在

图5　2019～2023年中国工业互联网增加值总体规模

资料来源：中国工业互联网研究院《中国工业互联网产业经济发展白皮书（2023年）》，2023，https://www.china-aii.com/yjbg/6702078.jhtml。

经济下行压力、人口红利消失、消费结构升级等多种因素推动下，制造业企业加快智能化转型步伐，不断涌现技术创新、应用领先、成效显著的智能工厂，促进产品全生命周期、生产制造全过程、供应链全环节的系统优化和全面提升。中商产业研究院统计了2019～2023年的中国智能工厂市场规模，如图6所示，2019年中国智能工厂的市场规模为7684亿元，2023年市场规模增长到了11686亿元，呈现稳定增长的特征。

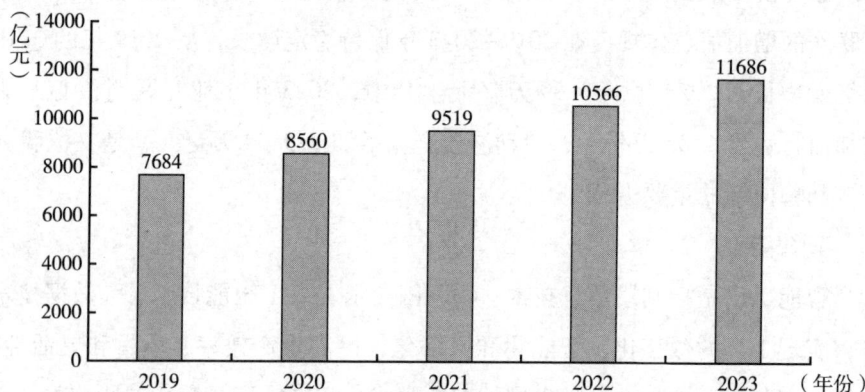

图6　2019～2023年中国智能工厂市场规模

资料来源：中商产业研究院《2024年中国智能工厂市场规模及企业分布情况预测分析》，2024，https://www.askci.com/news/chanye/20240322/0955452711072544202 47211.shtml。

（六）中国智能制造面临的问题与挑战

2023年中国智能制造水平在总体上表现为稳定增长的态势，智能制造技术持续普及扩散，制造业企业的智能化程度不断提高。但是相对而言，中国智能制造还存在一些短板弱项，有待进一步提升，具体可归纳为：智能制造发展水平整体还有待提升，区域智能制造发展不均衡，智能制造发展水平呈现明显的行业异质性，智能制造人才储备短板明显。

1. 智能制造整体水平还有较大提升空间

2023年中国制造业领域智能制造水平稳步提升，但是整体发展程度还不高。根据智能制造评估评价公共服务平台数据，2020~2023年中国智能制造成熟度二级及以上企业统计如图7所示，尽管成熟度处于二级及以上的企业占比从2020年的25%大幅上升到2023年的45%，但是2023年处于一级及以下成熟度的企业仍占比55%之多。这说明中国超过半数的企业仍处于智能化转型初级阶段，这部分企业是智能制造发展的生力军，中国智能制造整体水平还有较大提升空间。

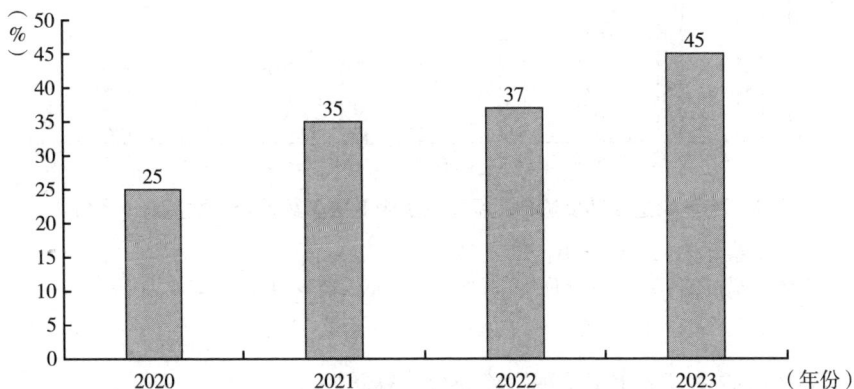

图7　2020~2023年中国智能制造成熟度二级及以上企业

资料来源：2020~2022年数据来源于中国电子技术标准化研究院《智能制造成熟度指数报告（2022）》，2023，https：//www.sc-ims.com/details.aspx？mid=55&sid=1109；2023年数据来源于智能制造评估评价公共服务平台，2024，https：//39.107.181.221/home。

2. 区域智能制造发展不均衡

中国智能制造发展呈现区域之间的不均衡。根据智能制造评估评价公共服务平台的统计数据，参与 CMMM 自诊断且达到智能制造能力成熟度二级及以上企业数量排名前十省份如图8所示。其中，江苏省智能制造能力成熟度二级及以上企业数量达到3058家，位居第一，保持全国领先地位。山东、安徽、湖北、河南、湖南等位居全国前列，均有超过800家企业达到成熟度二级及以上水平。从统计结果可以看出，智能制造成熟度达到二级及以上企业数量统计企业数量前十省份东部排名靠前，中部地区次之，但是并未出现西部地区。吴敏洁等（2020）对中国各省份的智能制造水平的研究指出，中国智能制造发展水平总体呈地域性差异分布，东部地区表现出绝对优势，中部地区次之，西部地区最低。

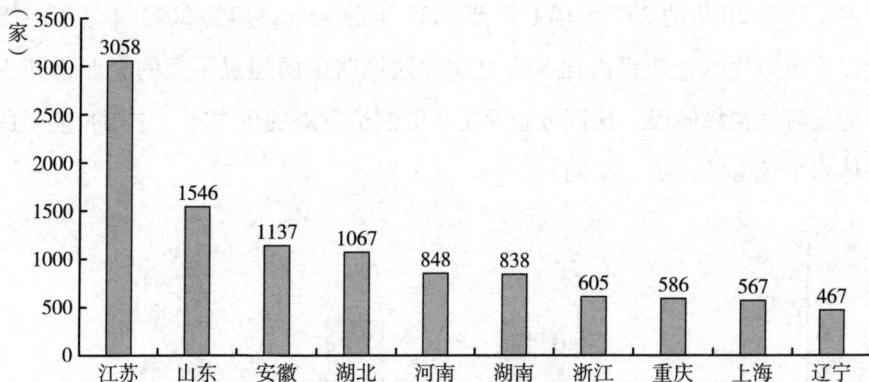

图8　智能制造成熟度达到二级及以上企业数量统计企业数量前十省份

注：数据截止到2024年7月。

资料来源：智能制造评估评价公共服务平台，https://39.107.181.221/home。

3. 智能制造发展水平呈现明显的行业异质性

国家统计局2018年发布的《国民经济行业分类》将制造业分为31个行业大类，如食品制造业、汽车制造业、医药制造业等。李金华（2022）的研究认为，智能制造作为智能技术与制造业融合发展的产物，由于各行业在生产流程及工艺、生产线配置、原材料及产品类型均存在较大区别，无法推行通用性方案来应对不同细分领域的客户需求，所以在不同行业中智能制造发展水平差异较大。截至 2024 年 7 月 2 日，智能制造评估评价公共服务平台共对中国 31 个行业 104835 家企业进行了智能制造能力成熟度自诊断评价，其中成熟度等级分布前十的行业如图 9 所示。统计结果表明，中国智能制造成熟度最高的制造业是烟草制品业，成熟度水平处于一级及以下的企业所占比例为 40%，其次是计算机、通信和其他电子设备制造业，成熟度等级达到一级及以上的企业所占比例为 52.8%。酒、饮料和精制茶制造、汽车制造、医药制造、电气机械和器材制造等行业的智能制造成熟度位居前列。不同行业类型的智能制造成熟度差异说明，目前中国高技术行业和知识密集行业的智能制造水平领先于其他行业。

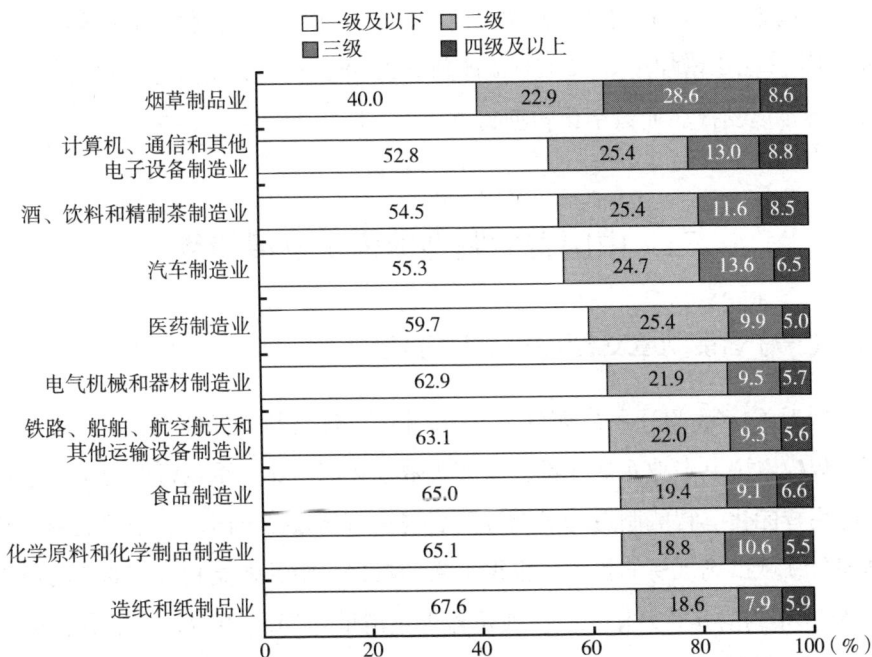

图9　2023 年智能制造成熟度等级分布前十行业

资料来源：智能制造评估评价公共服务平台，2024，https：//39.107.181.221/home。

4. 智能制造人才储备短板明显

智能制造作为数字技术与制造业融合发展的产物，其发展不仅为企业带来了前所未有的生产效率和创新能力，同时也对企业的人才建设与管理提出了全新的挑战和要求。随着智能制造技术的不断发展和应用范围的扩大，各行各业对智能制造人才的需求急剧增长，智能制造产业相对于传统制造业对于高素质人才的需求更为明显，尤其是专业技术人员、具备交叉学科背景的复合型人才等高层次人才。然而，我国在高端、复合型智能制造人才数量上严重欠缺，面临显著的供不应求问题，难以满足智能制造快速发展的人力需求。

2023 年，人瑞人才科技集团联合德勤中国发布的《产业数字人才研究与发展报告 2023》指出，大量数字化、智能化的岗位相继涌现，相关行业对新型智能制造人才的需求与日俱增，人才短缺已经成为制约智能制造发展的重要因素。在产业数字化人才方面，未来三年智能制造数字人才供需比预计将从 1∶2.2 增加至 1∶2.6，预计到 2025 年，行业数字人才缺口达 550 万人，不足以支撑产业数字化转型需求。

三　中国智能制造的未来发展趋势

（一）智能制造发展进程将持续推进

根据工信部 2021 年发布的《"十四五"智能制造发展规划》，到 2025 年，规模以上制造业企业大部分将实现数字化网络化，重点行业骨干企业初步应用智能化。智能制造的发展程度表现在市场数据方面，一是智能制造及其细分领域市场规模的扩大，根据上文的数据，中国智能制造业的市场规模在 2023 年约为 4.3 万亿元，工业机器人年销量达 31.6 万台，工业软件的市场规模达 2573 亿元，工业互联网增加值总体规模达 4.69 万亿元，智能工厂市场规模达 11686 亿元；二是智能制造发展程度的深化，实现了数字化网络化（达到智能制造能力成熟度二级及以上）的企业占比达到 45%，越来越多的企业开始向高成熟度水平迈进。从未来的发展趋势来看，中国智能制造的发展进程还将持续推进。

目前中国也在积极推进智能制造试点示范行动，遴选了一批智能制造优秀场景，以揭榜挂帅方式建设一批智能制造示范工厂和智慧供应链。通过在各行业、各领域选树一批排头兵企业，推进更多企业进行智能化改造，实现智能制造高质量发展。工业和信息化部（2023）公布了2023年度212家智能制造试点示范工厂揭榜单位和605个智能制造优秀场景，入选数量上创历史新高。同时，截至2023年12月，中国一共入选"灯塔工厂"62座世界经济论坛，2023，占比超过40%。"灯塔工厂"和智能制造示范企业将发挥榜样带动作用，通过集成先进技术实现生产过程的智能化和管理决策的智能化，为其他制造企业提供了可借鉴的成功经验和模式，未来将进一步推进智能制造的发展进程。

（二）智能制造"卡脖子"关键技术不断突破

作为世界最大的制造业国家，中国拥有基本完整的工业体系，但智能制造发展起步比较晚，还处于初级阶段。虽说在产业体系上已经形成了一定的基础，但是在集成电路、芯片、工业软件等高端设备产品，还有一些测控装置、仪器仪表、传感器、高端数控系统等关键零部件上起步晚、底子薄，与世界制造强国相比还有着比较大的差距，严重制约智能制造的发展。《"十四五"智能制造发展规划》中明确要求加强关键核心技术攻关，加强用产学研联合创新，突破一批"卡脖子"基础零部件和装置。

2023年中国智能制造核心技术成果斐然，从发展趋势来看，关键技术还将持续突破。国家集成电路产业投资基金注册资本预计远超一期和二期资本规模，将以更大力度、更长周期支持集成电路产业破解"卡脖子"问题。专精特新中小企业作为攻克关键核心技术和解决"卡脖子"问题的重要力量，中国通过引导地方完善扶持政策和公共服务体系已培育专精特新中小企业超过10万家，还将通过中央财政资金进一步支持专精特新中小企业高质量发展（财政部、工业和信息化部，2024）。从长远趋势来看，中国还将持续突破智能制造关键技术，实现智能制造高质量发展。

（三）生成式 AI 赋能智能制造

生成式 AI 技术是近年来人工智能领域的一个重要分支，可以通过对现有数据集的训练来生成全新的、完全原创的内容。美国 OpenAI 公司于 2022 年首次发布生成式 AI 的代表产品 ChatGPT 并迅速火爆全球，成为人工智能发展史上的重要节点。与传统 AI 只能基于从训练数据中提取特征然后进行分类或预测不同，生成式 AI 则是一种能够生成新内容的通用型 AI，不仅能识别和分类数据，还能创造出新的数据。因此，原来的 AI 技术都是弱人工智能或垂直人工智能，产生的影响有限，生成式 AI 的出现，代表着超级人工智能时代的来临。

随着以 ChatGPT 为首的生成式 AI 与制造业领域深度融合，制造业将成为 AI 大模型重点应用垂直领域之一，智能制造 AI 应用将迎来高速发展期，赋予智能制造更大发展潜力、更强劲增长动能以及更广阔应用场景。具体而言，在研发设计环节，生成式 AI 可以与 CAD、EDA、CAE 等工业软件融合，连接云计算数据库，更好地调用已有的设计模块，有效提升芯片设计、机械设计、工程仿真等精度和效率。在生产制造环节，生成式 AI 可以深度强化工业机器人的信息处理、感知执行等能力，从而帮助机器逐步实现像人类一样交流和执行大量任务，工业机器人和智能工厂作为智能制造的核心载体，将作为生成式 AI 与智能制造的中间桥梁。在管理与服务环节，因该环节具备更强的通用性，成为生成式 AI 最容易突破的工业应用场景，例如 GPT 互动式 AI 能大幅提升用户在经营管理类软件上的工作效率。

根据世界知识产权组织 2024 年发布的《生成式人工智能专利态势报告》，2014~2023 年中国生成式人工智能专利的申请量超过 3.8 万件，居世界第一，是第二名美国的 6 倍。这充分说明了生成式 AI 在中国未来的发展应用潜力，这一新兴的通用型 AI 技术正在逐步赋能中国智能制造领域，推动中国制造业向数字化、网络化、智能化转型。未来，随着技术的不断发展和应用场景的不断拓展，生成式 AI 将在智能制造领域发挥更加重要的作用。

（四）智能制造与绿色制造技术加速融合

环境持续恶化和资源短缺是世界各地面临的严峻问题，自然资源和环境问题是人们当前面临的巨大挑战。中国作为全球最大的能源消费国与碳排放国，无论是在能源消费还是在碳排放的行业结构中，制造业都占有较大的比重，是能源消费和碳排放的主要行业部门。作为世界制造业大国，中国积极应对全球环境问题，明确提出了"双碳"目标，即力争 2030 年前二氧化碳排放量达到峰值，2060 年前实现碳中和。党的二十大报告也提出，要推动制造业高端化、智能化、绿色化发展。为此，制造业需要寻求更加高效、环保的生产方式。

当前，通过智能制造技术与绿色制造技术相融合来助推"双碳"目标的实现已经成为明显趋势。智能制造通过引入信息技术、人工智能、物联网等先进技术，有助于生产模式从能源依赖型向技术创新驱动型转变，赋能制造业的绿色低碳发展。而绿色制造技术则注重减少资源消耗、降低环境污染，激发智能制造的潜能，加快制造业的智能化升级改造进程，从而提高生产效率和产品质量。两者的融合，能够形成优势互补，推动制造业向更加绿色化、智能化的方向发展。

智能制造与绿色制造技术的加速融合是制造业发展的必然趋势，是建设制造强国的必然选择。未来，随着技术的不断进步和应用场景的不断拓展，两者的融合将更加深入和广泛，共同推动制造业向更高层次、更高质量的方向发展。

四　中国智能制造发展的相关建议

（一）坚持创新驱动

创新是第一动力。当前，中国智能制造领域的整体科技创新能力还不强，芯片、传感器、工业机器人等核心技术装备与软件系统仍然依赖进口，实现智能制造高质量发展的首要任务是突破关键核心技术的瓶颈制约，加快实现高水平科技自立自强。第一，聚焦智能制造关键技术、核心零部件和高端装备的研发，坚决打赢关键核心技术攻坚战，加强战略布局，通过政策引导、市场牵引等方式，带动技术和产业迭代升级。例如，设立国家制造业转型升级基金、先进制造产业投资基金等，为关键技术研发和产业化项目提供资金支持。加强用产学研协同创新，支持企业、高校、科研院所等组建联合体，开展技术、工艺、装备、软件和管理、模式创新。第二，加强基础研究的自主创新，不断提升智能制造的关键基础能力和持续发展能力。积极布局战略性新兴领域，抢占智能制造技术创新高地，如加大基础性、颠覆性技术研究投入力度，在认知科学、神经计算、人工智能、仿生制造等智能科学基础研究方向上不断深化。同时，通过产学研合作，推动基础研究成果的转化和应用。第三，营造良好的创新氛围。要加大对知识产权和原始创新的保护力度，激发企业和人才的原始创新动力。强化企业的科技创新主体地位，发挥企业在科技创新中的重要作用，以企业为中心集聚创新资源和人才资源。

（二）促进智能制造协调发展

中国目前智能制造发展仍不平衡，具体表现为区域发展不平衡和行业发展不平衡，智能制造区域发展总体呈地域性差异分布，具体表现为"东高西低"。针对这一问题，一方面，政府要根据地区资源禀赋的不同、产业技术优势的差异，因地制宜探索各具特色的区域智能制造发展路径，制定差异化数字化转型方案，加强引导智能制造产业在区域间的合理布局，深入实施区域协调发展战略，促进东北、中西部等地区的智能制造加快崛起。另一方面，要加大对欠发达地区的信息基础设施建设和数字化普及力度，并适当予以财政金融支持，强化指导监督和跟踪检测，以弥合地区间智能制造发展水平的鸿沟，推动区域协调发展，避免极化程度加剧。

中国智能制造行业发展不平衡表现为高技术行业和知识密集行业的智能制造水平领先于其他行业。针对这一问题，各地区各部门应加大传统产业改造升级的力度，引入数字化、智能化技术，建设数字化车间和智能工厂，以点带面、以面带全，推动传统制造业智能化转型。充分发挥智能制造试点企业的典型示范和辐射作用，为传统制造业提供成功经验，推进更多企业进行智能化改造，实现智能制造行业整体协调、高质量发展。

（三）深化开放与合作

中国的市场是开放的市场，中国的创新体系是开放的创新体系。中国智能制造产业要不断扩大与国际智能制造领域的合作与交流，借鉴国际先进经验和技术，实行更高水平的开放，推动我国智能制造产业的快速发展。加强与相关国家、地区及国际组织的交流，进一步深化在技术、标准、应用、产业、人才等领域的国际交流合作。鼓励国内企业参与国际并购、参股国外先进的研发制造业企业。鼓励跨国公司、国外科研机构等在中国设立智能制造研发中心、人才培训中心、示范工厂等。落实"一带一路"倡议，鼓励智能制造装备、软件、标准和解决方案"走出去"，推动智能制造技术和产品在国际市场的应用和推广，通过参与国际竞争与合作，进一步提升中国智能制造产业的整体国际影响力和竞争力。鼓励智能制造高精尖企业和专家广泛参与国际标准制订工作，加强智能制造标准互认，打造一批事实上的智能制造国际标准，争取掌握部分领域国际标准话语权，加快塑造智能制造标准中国品牌。

（四）加强智能制造人才培养

人才是第一资源，要坚持人才强国战略。面对当前智能制造巨大的人才缺口，要加快增强中国智能制造人才储备与人才供给，加快提升智能制造人才的能力。第一，鼓励高等院校开设更多的与智能制造相关的本专科与研究生专业，增加智能制造人才的招生数量，更大规模地培养正规教育下的智能制造人才。同时，通过实施更加积极、更加开放、更加有效的人才政策，吸引更多优秀人才投身智能制造领域，保证技术人才队伍的持续发展壮大。第二，加强高等院校对智能制造及相关工业制造、信息技术专业的学科建设，加快建设中国特色、世界一流的大学和一流学科，培养智能制造领域的高层次人才。深入推进新工科建设，建设一批智能制造现代产业学院，加强相关学科专业和课程体系建设，加快高端人才，尤其是交叉学科复合型人才的培养。第三，推进产教融合建设。支持建设智能制造高技能人才实训基地和高技能人才培养基地，鼓励平台企业内设培训机构，引导智能制造企业与高等院校、职业教育互通培养模式，让学生在实际工程项目中得到锻炼，实现人才教育的专业化、定制化、细分化。

参考文献

陈维宣、胡俊、沈卓阳，2022，《2020~2021年中国智能制造业发展报告》，载孙宝文、李涛、欧阳日辉主编《中国互联网经济发展报告（2022）》，社会科学文献出版社，第209~234页。

财政部、工业和信息化部，2024，《关于进一步支持专精特新中小企业高质量发展的通知》。

工业和信息化部，2023，《关于2023年度智能制造示范工厂揭榜单位和优秀场景名单公示》。

李金华，2022，《中国绿色制造、智能制造发展现状与未来路径》，《经济与管理研究》第6期，第3~12页。

沈坤荣、乔刚、林剑威，2024，《智能制造政策与中国企业高质量发展》，《数量经济技术经济研究》第2期，第5~25页。

世界经济论坛，2023，《全球灯塔网络：加速人工智能大规模应用》。

吴敏洁、徐常萍、唐磊，2020，《中国区域智能制造发展水平评价研究》，《经济体制改革》第2期，第60~65页。

吴旺延、刘珺宇，2020，《智能制造促进中国产业转型升级的机理和路径研究》，《西安财经大学学报》第3期，第19~26页。

"新一代人工智能引领下的智能制造研究"课题组、周济，2019，《中国智能制造的发展路径》，《中国经济报告》第2期，第36~43页。

臧冀原、薛塬、杨晓迎等，2021，《2020年中国智能制造发展现状与展望》载陈左宁主编《中国信息化形势分析与预测（2019~2020）》，社会科学文献出版社。

周济，2022，《以智能制造为主攻方向　坚定不移建设制造强国》，《中国工业和信息化》第9期，第34~40页。

Wright, P. K., Bourne, D. A., 1988, *Manufacturing Intelligence*, Boston, MA: Addison-Wesley Longman Publishing Co., Inc.

B.7
人工智能赋能智能制造的
发展路径和政策建议

李雯轩*

摘　要：　智能制造是将智能技术运用到制造业领域的制造业新形式，既是智能经济与制造业领域深度融合的体现，也是一种新的生产组织方式。随着先进制造业成为国家竞争力的重要来源，人工智能赋能制造业成为我国迈向制造强国的关键。目前制造业的智能化已经从单一生产或管理环节的智能化向全流程的智能化演变，人工智能技术在生产端、市场端、需求端发挥的作用愈发显著，形成了多种制造业新形式。我国应加快对"人工智能+制造"的复合型人才培养，突破智能制造领域的关键技术，构建更具创新性的产业生态，充分发挥我国产业门类齐全、工业场景丰富的优势，推进实体经济与数字经济深度融合，塑造发展新动能新优势。

关键词：　人工智能　制造业　智能制造

一　智能制造的概念和内涵

（一）智能制造的概念

理解智能制造，首先要理解何为智能经济。智能经济是数字经济未来的

---

* 李雯轩，经济学博士，中国社会科学院数量经济与技术经济研究所信息化与网络经济研究室副主任、副研究员，主要研究方向为数字经济、产业经济、产业政策。

发展趋势，是在数字经济充分发展的基础上，由人工智能等智能技术推动形成和发展的新经济形态。智能制造则是智能经济这种新形态在制造业领域的重要表现形式。从学术研究的角度看，智能制造的概念是一个动态性、内涵不断演变的通用概念，与人工智能技术的进步直接相关联。特别是进入21世纪第二个十年，大数据、云计算、区块链、生成式人工智能等智能技术不断发展，将智能制造概念不断扩大、延伸、深化。从智能技术进步的角度看，智能制造按照智能技术的应用程度可以分为三个层次：信息化（数字化）、网络化、智能化。

1. 信息化工业化融合层次的智能制造

信息化的概念最早在1963年由日本学者梅棹忠夫提出，指的是利用互联网和计算机技术在制造业中的普及应用，例如建模、仿真技术等，进一步提升生产效率和资源优化（冯献、崔凯，2013）。此后，随着信息化与工业化程度的不断提升，美国、日本的研究者分别构建了信息化的测度方法和理论，专门测算信息化的程度以及对其他产业的融合影响，信息化作为衡量工业现代化水平的重要指标一直延续到20世纪90年代（胥军，2008）。鉴于此阶段个人计算机的大量普及，制造业开始将计算机作为管理生产的基础设施之一，以周济为代表的研究者也将这一阶段命名为数字化阶段（Zhou等，2018）。我国自80年代观察到信息技术对其他行业的融合作用，提出了"两化融合"的概念，用以说明信息技术推动工业化进程的作用。这一阶段的智能制造特征是将信息技术与机械化生产相结合，利用信息技术构建更为完备的工业化体系，提升制造业的生产效率，但是并没有改变制造业本身的技术和流程，也没有改变制造业规模化生产的组织形式。

2. 网络化阶段的智能制造

随着互联网技术的大规模普及以及平台技术的发展，数据在连通制造业各流程环节发挥了更大的作用，可以实现信息在装备与装备之间、装备与物、装备与管理系统的交互和共享，智能制造进入网络化阶段。在这一阶段，信息技术对制造业的空间范围进行了重新定义和扩大，在网络化基础上出现了工业互联网平台这一新的组织形式。原本必须尽可能部署在一个地区的制造业上下游环节被平台代替，出现了以平台为载体的"虚拟集群"；大规模、标准化生产开始向个性化定制、远程服务、协同制造等新的制造形式转变，可以实现纵向集成、横向集成、端到端集成等不同要求的制造业集成形式（中国社会科学院工业经济研究所智能经济研究组，2021）。

3. 智能化层次的智能制造

真正进入智能制造阶段是以深度学习为代表的人工智能技术在制造业的大规模运用，使制造业系统具备了自感知、自学习、自决策、自执行的能力。在算法、算力、数据等数字基础设施和要素的作用下，制造业系统运用深度学习、迁移学习、增强学习等技术，通过获取、记录、产生和传承制造业各环节的生产数据，将新一代信息技术与先进制造业技术深度融合，重塑制造业的流程，提升制造业服务能力和创新效率。

这一阶段的智能制造有如下几个特征：一是生产过程的智能化程度更高。相较网络化阶段，智能化层次的智能制造利用数据的环节更多，匹配供需双方的精准性、前瞻性更强，可以实现个性化、小众化的定制。二是数据连接的范围更大。除了将设备之间用数据连接，这一阶段的智能制造还将设备与人、市场连接起来，因此才能提供预测性更强、需求满足程度更高的产品，这也进一步提升了生产服务化的程度。通过数据和算法对不同生产环节、步骤的模仿、学习，逐步掌握生产过程的"诀窍"，可以不断调整优化每一个环节，这是网络化阶段所不具备的属性。同时，数据的存储环节也跳脱了本地存储的单一模式，可以选择存储在云平台中，减少了中小企业购买数据存储设备的成本和实体空间。三是具有初步的自主决策能力。随着人工智能技术的发展，在一些生产场景中智能制造可以根据数据和算法自主调整生产的进度，自主对资源进行调配，更有甚者可以根据消费者的要求自主进行产品创新。根据马克思的论断，"它们（机器）是人的手创造出来的人脑的器官；是对象化的知识力量"（孙乐强，2021）。随着人工智能技术的发展，智能制造的自主化程度会逐步提升，同时具备比人类器官更多的属性，从人类手的功能、脚的功能延伸到掌握大脑的功能，将制造业生产的被动属性改为主动属性，因此也会对生产组织形式产生更深远的影响。

（二）智能制造对我国的重要意义

制造业是实体经济的根基，强国的利器。从发达国家的工业化历程来看，每一次技术革命均会产生新的关键要素，形成新的支柱产业，孕育新的分工模式，在全球范围内重构产业竞争格局。2019年，习近平主席在给世界智能大会的贺信中指出，"把新一代人工智能作为推动科技跨越发展、产业优化升级、生产力整体跃升的驱动力量，努力实现高质量发展"，定义了人工智能技术对全球产业体系和国家竞争实力的革命性影响。从技术视角来看，以人工智能为代表的新技术是新一代信息技术的核心，是创新动能最为活跃，新产业、新业态、新模式最为蓬勃发展的领域。无论是已经形成新业态的无人驾驶技术，上年引发全球投资浪潮的生成式人工智能大模型，还是谷歌DeepMind团队和斯坦福合作研发的Mobile ALOHA通用机器人，人工智能技术已经广泛渗透到人类生活的方方面面，展现出未来智能社会的新图景。在智能技术的影响下，制造业的要素结构、分工模式、产业体系、竞争格局等经济社会各个层面将会发生深刻改变。作为制造业大国，制造业的现代化是中国式现代化的重要环节，制造业的智能化变革不仅是我国抢抓新一轮科技革命制高点的必然选择，也成为我国新发展阶段构建发展新动能新优势的关键路径。

1. 智能制造是抢抓新一轮科技革命的必然选择

新一轮科技革命和产业变革正在重构全球产业体系，其中以新一代信息技术为代表的先进技术是科技革命的主要推动力。世界银行的报告显示，2000~2022年全球信息技术服务业的增加值的年均复合增长率达到8%，带动就业人数的增长率达到6.7%，远超同时间段全球GDP和就业的增长率（World Bank，2024），数字经济成为拉动全球增长的新引擎已经成为全球的共识。并且在2008年金融危机之后，发达国家更加注重先进制造业发展，积极布局半导体、量子计算、智能制造等重点产业，并借助人工智能技术解决发达国家劳动力成本高的问题。发达国家"再工业化"的同时，还在芯片、人工智能、量子计算等众多领域对中国进行技术封锁，遏制中国制造业崛起，因此我国必须通过做强做优做大智能制造业，率先培育我国制造业的竞争优势，获得发展的先机。

2. 智能制造是我国构建现代化产业体系的必由之路

虽然我国以"世界工厂"闻名于世，但制造业大而不强、全而不精的问题始终困扰我国制造业发展。人工智能技术为我国制造业转型升级提供了技术助力，一方面智能技术在制造业的大规模普及可以重塑我国因"人口红利"消失而失去的部分劳动密集型产业比较优势，保持产业链供应链的完整和稳定；另一方面智能制造可以塑造我国制造业新优势，我国目前具备世界上最为完备的制造业门类，为智能制造发展提供了充足的场景储备，是最可能实现全产业智能化升级的国家，智能制造通过场景迭代积累大量的数据，可以利用场景优势、数据优势进一步提升制造业的效率、降低能耗，实现从工业化阶段的大规模、定制化生产升级到小批量、定制化、绿色化生产，这也成为我国在新发展阶段发展新动能新优势的依据。

二 人工智能赋能制造业的路径

制造业是提供物质生产的领域，人工智能技术赋能制造业的路径不仅依赖制造业具体的物质形态，还受到生产力的时代限制。根据 2021 年国务院印发的《"十四五"数字经济发展规划》中的定义：数字经济是继农业经济、工业经济之后的主要经济形态，是以数据资源为关键要素，以现代信息网络为主要载体，以信息通信技术融合应用、全要素数字化转型为重要推动力，促进公平与效率更加统一的新经济形态。数字经济形态的形成使制造业在要素层面、技术层面、流程层面、市场层面以及产品的价值结构层面多个维度受到人工智能技术的影响，呈现不同方向的智能化升级路径。

（一）人工智能赋能制造业的微观机制

1. 要素层面替代融合

数据要素是智能经济时代的关键生产要素，也是驱动制造业智能化升级的底层动力。与传统的土地、资本、劳动力等生产要素相比，数据要素没有明显的物质形态，但是却能够通过赋能作用对其他生产要素产生替代融合。一是数据要素的高替代性。传统上生产函数是将资本、劳动、知识主要要素驱动生产体系，数据进入生产函数之后，可以将关键生产指标以"0""1"的虚拟形式固定下来，并且相较其他要素具有消耗性的特点，数据要素理论上是零消耗的，从而可以实现对其他要素的低成本替代。从替代的强度来看，数据对传统要素具有非对称替代效应，替代的强度取决于产业的不同类型和生产部门间的替代弹性的对比（郭凯明，2019）。但是实践中一般是对劳动的替代作用更大，根据 Acemoglu 和 Restrepo（2019）的研究，自动化对劳动力的替代作用多年来不断增加，虽然也会产生一些新的岗位，但是制造业直接生产环节对劳动需求不断下降的影响逐年增强。二是数据要素的高融合性。除了直接替代传统生产要素，数据要素还可以与传统要素进行融合。例如在制造业领域大量工业机器人的使用，不仅是对劳动的替代，也是对资本和技术的替代融合，将人工智能技术以固定资产的形式为生产服务；在质检环节，AR、VR 帮助质检员进行更为高效的质检，提升质检员的工作效率，也是对劳动要素的融合。替代融合效应使数据要素成为决定生产体系的关键生产要素，进而引发生产结构的重置。

2. 技术层面溢出渗透

在数据要素和数字基础设施的影响下，在技术层面人工智能技术向制造业技术进行渗透，改进制造业技术。在工业机器人使用方面，根据国际机器人联合会统计，2021 年中国新装工业机器人数量达到 268195 台，超过当年全球工业机器人新装量的 50%，其中电子行业（32.87%）、汽车行业（22.97%）、金属和机械制造业（12.86%）是新装量最多的三个领域，这些领域智能技术已经通过工业机器人的形式改变了传统的制造环节。在工业生产环节，根据工信部的统计，工业企业关键工序数控化率、数字化研发设计工具普及率分别达到 60.1%、78.3%。在专利领域，信息和通信技术（ICT）一直在技术融合领域处于较为重要的地位，成为推动其他行业领域进步的技术动力（Curran and Leker，2011）。这些数据说明智能技术一直在向制造业领域渗透、扩展，推动着制造业数字化转型。

3.流程层面多链交互

数据要素和技术层面的融合为流程层面交互提供了技术支撑。原本线性化的以物质生产为核心的工业流程（见图1），在数据要素和智能技术的推动下呈现以信息价值驱动的网络化、多链交互式的制造新模式（见图2）。传统制造业的组织结构是扁平式、线性分布，根据产业链上下游的情况将不同产业的企业、工厂串联在一起，并根据物资的流向组织生产；而现在智能制造通过数字设备和数据要素将所有的机器设备、所有的内部价值流程以及上下游企业进行连接，形成了一种复杂的网络拓扑结构。在制造环节内部，信息链、资金链、物资链在数据的推动下可以单独循环运行，较少地受到物资循环的时间影响，大幅度提升生产效率。例如研发环节和生产环节就可以通过数据要素的反馈实现实时沟通，通过仿真技术针对需求修改产品设计，以此来生产，不必小批量生产样品后再根据市场需求返工。同时，数据要素具有的非物质性的特性使一个企业使用的数据，在另一个企业也能够同时使用，不受行业、空间的限制，这样也使得生产制造循环可以在多个地点同时展开，进一步提升与资金链、物资链的交互程度。

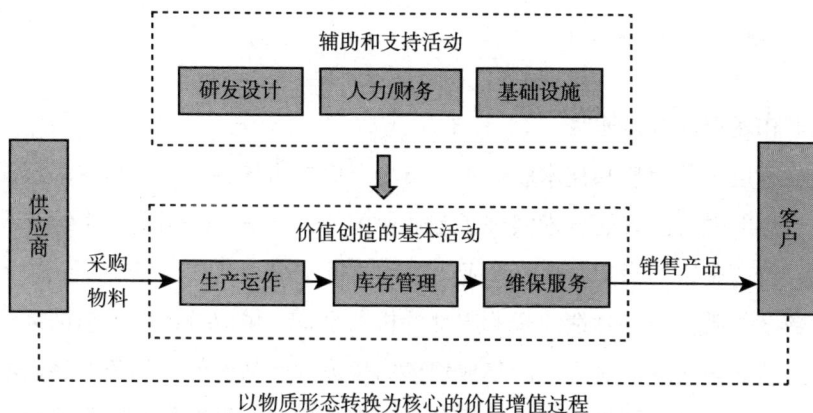

图1　制造业传统以物资循环为主的生产模式

资料来源：杨春立和于明（2008）。

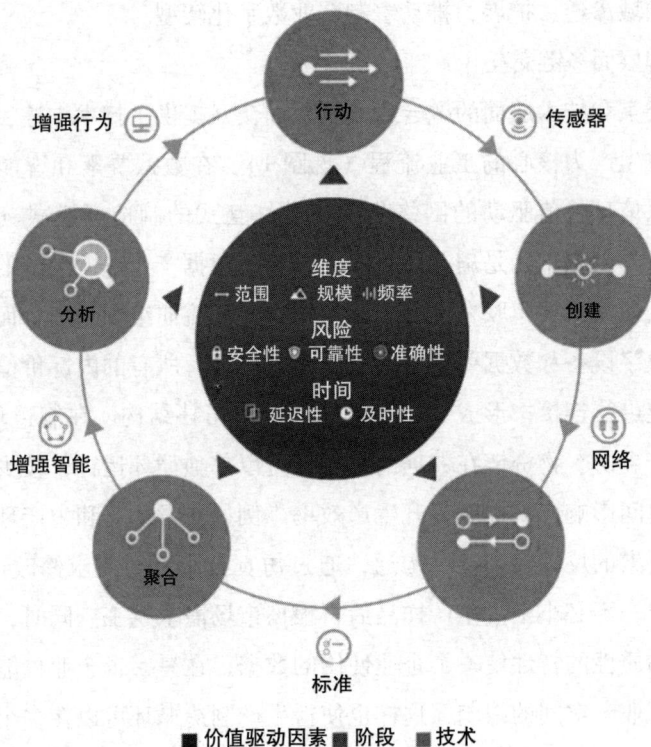

维度
━ 范围 ▲ 规模 ⊪频率
风险
🔒安全性 ◉可靠性 ◉准确性
时间
🗐延迟性 ◑及时性

行动
传感器
分析
创建
增强行为
增强智能
聚合
网络
标准

■ 价值驱动因素 ■ 阶段 ■ 技术

图 2　信息价值环

资料来源：Sniderman 等（2017）。

4. 市场层面边界延展

流程层面的信息和技术联通带来市场层面的边界融合。一是技术层面的集成边界的融合。智能技术实现了制造业的三大集成——制造业系统的纵向集成、价值网络的横向集成、产业上下游之间的纵横集成。其中，纵向集成是指数字基础设施将制造业企业内部的机器设备、供应链系统、辅助运营系统等连接起来实现的流程化的集成；横向集成则是从价值链的角度将创造价值的设计、生产、销售等环节连接起来实现的集成；纵横集成则是将价值链之间、上下游之间连接整合，实现的端到端的集成。在三大集成的作用下，本来泾渭分明的企业与企业间、产业与产业间的界限被打破，尤其是制造环节和服务环节的边界日趋模糊；甚至企业的地域壁垒也逐步松散，强化了企业间的竞争。二是生产端与消费端的融合、产品与服务的融合。人工智能技术拉近了消费者与生产者的距离，消费者的创意成为生产端的重要因素，制造业由供给端驱动变为需求端驱动，改变了大规模工业化制造业的运行逻辑；并且制造出的工业制成品也包含越来越多的服务价值，比如个性化定制、个性化设计等服务产品，从而模糊了生产与消费、生产与服务的边界。现阶段，制造业发展出了更多的服务型制造新模式，如云制造、分布式制造、软件定义制造、社群化制造等，这些新的制造模式拉近了生产和消费端的距离，进一步促进了生产和服务的融合。

（二）人工智能对制造业的影响效应

所有技术的进步都会对社会化大生产产生影响，正如三次工业革命为全世界带来了物质生产的丰富和生产效率的提升。马克思和恩格斯在《共产党宣言》中写道："资产阶级在它的不到一百年的阶级统治中所创造的生产力，比过去一切世代创造的全部生产力还要多，还要大。自然力的征服，机器的采用，化学在工业和农业中的应用，轮船的行驶，铁路的通行，电报的使用，整个整个大陆的开垦，河川的通航，仿佛用法术从地下呼唤出来的大量人口——过去哪一个世纪料想到在社会劳动里蕴藏有这样的生产力呢？"人工智能技术对制造业的影响也是从微观层面的成本节约效应、知识溢出效应，到中观层面的要素配置优化效应，以及宏观层面的生产分散化效应，在一系列影响效应中改变制造业的价值构成、生产组织方式，影响社会经济的改变。

1. 成本节约效应

人工智能技术在制造业的应用会进一步降低要素的使用成本。一是要素本身的生产成本可以大幅度降低。传统要素的形成均有严格的时间限制，例如劳动力的再生产受到生理条件的限制，资本的产生受到商品价值和货币流通转换过程的影响；知识、技术、管理等软性要素的形成也需要时间积累。但是数据要素对这些传统要素进行替代、融合之后，数据要素的生产成本理论上可以趋于零，只要记录、传输、存储数据的基础设施和算法设置得当，数据的产生并不需要多余的成本。二是使用过程中的数据要素的边际成本趋于零。数据具有非消耗性的特性，在使用过程中生产成本随着生产量的增加趋于零。这意味着数据的供应是理论上无限量的，数据的价值随着使用规模的扩大、场景的增加而增大，这不同于其他传统要素生产中边际成本递增的现象，成为驱动制造业生产体系成本下降的主要影响因素。三是信息匹配成本进一步下降。新型数字基础设施使得信息传输成本大幅度下降，人工智能技术可以通过实时反映市场信息进一步降低信息搜寻、匹配、使用的成本，还通过提升企业的信息共享水平促进企业内外部资源传递和交流（戚聿东、肖旭，2020）。

2. 知识溢出效应

作为通用技术，人工智能对制造业的改变是颠覆性的，改变了传统制造业的知识流通、传播渠道，有强大的知识溢出效应。第一，驱动生产制造知识的标准化。制造业流程的复杂性使得大量知识和经验是非结构化的，即"默会知识""隐性知识"，因此在流动传播方面受到相当大的地理限制。人工智能技术将非结构化的制造业知识用"0""1"字符串代替，使之标准化、结构化，将以人和机器使用为知识传播渠道的传统制造业知识变为数据和算法驱动的知识传播模式，便于大幅度提升制造业的生产效率和经验传承准确率，降低传统制造业知识的流动难度。第二，驱动制造业体系的自主性。智能技术赋予制造业各环节更多的自主性，无论是制造业生产环节中使用的智能设备还是智能系统，都可以自主控制生产进程，将智能技术中的预测、深度学习技术溢出到传统的制造环节，变机械化的制造业流程为智能化流程（徐星等，2024）。

3. 要素配置优化效应

从要素配置的角度看，智能技术对制造业的要素改变有以下三种影响。一是优化要素配置效率。智能技术可以辅助制造业库存系统更为精准地预测要素的供需，降低要素的冗余，提升要素的使用效率。二是提升传统要素效率。正如前文所说，智能技术对传统要素具有替代融合作用，尤其是会大量替代劳动，降低了劳动要素因为生理原因造成的各种不稳定，提升生产效率。三是改变行业要素配比。智能技术通过对传统要素的替代融合，改变行业的要素比重，将劳动密集型行业变为资本密集型、知识密集型行业，在不同产业部门间重新配置要素资源，提高全社会的要素使用效率。

4. 生产分散化效应

智能技术对要素的改变可以在宏观区域中实现"大集中、小分散"。"大集中"指的是制造业仍然集聚在几个制造业中心，如高端装备制造业集中在东亚、北美、欧洲三个地区，由于具有较高的门槛，其他地区很难发展高端装备制造业。"小分散"指的是在一定区域内，智能技术可以提供分散化生产，通过 3D 打印、5G 等技术以及平台组织生产活动，实现小批量生产并将对成本不敏感的企业分散到非传统产业集群的区域，以及在更大的范围内调配要素资源，改变原有的制造业区域布局。

三 人工智能赋能制造业的现状与典型案例

（一）智能制造的发展现状

智能制造是各国发展先进制造业的重点领域，无论是德国的"工业4.0"以及"国家工业战略 2030"，美国的"先进制造业领导力战略"，还是日本的"社会 5.0"等，纷纷将智能制造作为先进制造业的重点发展领域，并制定出相应的发展战略。从全球来看，智能制造相关产业规模和增长率成为拉动经济增长的新增长点。根据 Custom Market Insight Team 的估算，2022 年全球智能制造市场规模达到 2556 亿美元，约合人民币 1.78 万亿元，估计到 2030 年将达到 7888 亿美元，年均复合增长率达到 14.1%。① 而根据我国工信部最新统计，我国目前智能制造装备产业规模已达 3.2 万亿元以上，已经培育 421 家国家级示范工厂、1 万余家省级数字化车间和智能工

---

① http：//www.hibor.com.cn/hiborweb/Download/Index？d＝pOrQzRpMpRmOmOqQ&t＝1&p＝r.

厂。①虽然二者统计的口径并不一致，但也可以看出智能制造对全球和我国的重要意义。

智能制造的典型代表就是"灯塔工厂"，作为大量使用人工智能、大数据、5G、3D打印、量子计算等新一代信息技术的智能工厂，"灯塔工厂"代表了制造业细分领域内智能化应用的最高水平。麦肯锡对全球"灯塔工厂"的调研显示，截至2023年1月，全球有132家"灯塔工厂"，其中中国拥有50家，位于世界第一；②而2023年12月世界经济论坛发布的"灯塔工厂"的报告显示，截至2023年底全球共有153家"灯塔工厂"，中国拥有62家，③仍然是全球"灯塔工厂"数量最多的国家，遍布汽车、能源、家电、冶金等制造业各领域。此外，工业和信息化部还提出到2025年70%以上的规模以上制造业企业基本实现数字化、网络化的目标，这为我国智能制造发展提出了明确的发展方向。

（二）人工智能赋能制造业的典型案例——智能家电行业

家电行业是技术较为成熟的行业之一，产业竞争格局较为稳定，传统上以增量型创新、集成性创新为主。在多年的发展中，行业生态已经形成大企业主导、中小企业配套的稳定的上下供应链关系。智能家电指的是将计算机数字化技术、现代通信技术以及智能控制技术引入家电设备后形成的家电产品。除了传统的洗衣机、电冰箱、空调等家电产品，近年来还出现了扫地机器人、智能音箱等新型产品。

据统计，2023年全球智能家电收入约为526亿美元，预计到2028年将增至922亿美元。中国目前是全球智能家电领域最大的消费市场，2022年智能家电的收入约为132亿美元；其次是美国，2022年智能家电收入约为88亿美元。智能家电也是成长性较快的行业之一，目前全球约有7%的家庭拥有智能家电，约1.55亿户；估计到2027年全球将有4.45亿户家庭拥有

① https：//economy. gmw. cn/2024-04/18/content_ 37271083. htm.
② https：//www3. weforum. org/docs/WEF_ GLN_ Next_ Chapter_ CN_ 2023. pdf.
③ https：//zhuanlan. zhihu. com/p/691672490.

智能家电（赛文思，2024）。我国在智能家电领域起步较早，在家电各个细分领域拥有多家龙头企业。此外，鉴于智能家电是直接面向消费者的制造业领域，我国还形成了多个以工业互联网平台为载体的新制造模式，形成我国智能家电行业新生态。其中以海尔的卡奥斯工业互联网平台（COSMOPlat）为代表，不仅实现了家电行业的智能化生产、服务，还将工业互联网平台推广至建陶、服装、农业等其他行业。

海尔的卡奥斯工业互联网平台（COSMOPlat）于 2016 年初正式推出，旨在为用户提供大规模定制化的制造业服务，这一平台理念与家电行业的特性十分契合，因此也率先使用于家电行业。在平台的作用下，传统家电制造业生产的 ERP 管控下的串联模式转变为由平台控制的并联模式，聚合起上下游供应商、生产商、消费者等多个市场主体，在数字技术的作用下，可以实现智能排产、可视化质检、库存动态计算、工步级生产执行管理等多个制造业流程。并且全流程用数据记录，使设计、生产、售后全流程可追溯。在此基础上，海尔形成"人单合一"的商业模式，使生产者直接面对消费者，消费者参与生产环节，大幅度提升了制造产品的服务价值。此外，在生产过程中，海尔还大量使用工业机器人、5.5G 高频定位技术、数字孪生技术等先进的智能技术。在海尔的青岛洗衣机互联工厂中，因采用 5.5G 高频定位技术，该工厂物料配送效率提升了 33%；因采用数字孪生技术，该工厂的工人工作效率提升了 35%，能耗相较传统工厂降低了 20%，碳排放降低了 30%，[①] 真正实现了提质增效减碳。在 2023 年评选的全球"灯塔工厂"中，海尔共拥有 8 家"灯塔工厂"，以及 1 座可持续"灯塔工厂"，是我国拥有"灯塔工厂"最多的制造业企业（见表 1）。除了海尔之外，中国家电制造领军企业美的也拥有 5 家"灯塔工厂"。

除了为智能家电生产赋能，海尔的卡奥斯平台还根据不同行业的特点，将定制化生产模式推广到其他行业。例如在服装行业，卡奥斯平台提供的数

---

① 《踏准智能制造节拍——海尔青岛洗衣机互联工厂生产线见闻》，《经济日报》2024 年 4 月 2 日，http://static.jingjiribao.cn/static/jjrbrss/rsshtml/20240402/516068.html。

字化方案可以覆盖纺纱、织染、服装、新零售等纺织服装全产业链。在卡奥斯平台提供的官方案例中，提到环球服装女装大规模定制智能工厂的历程，通过智能系统 BDC、MES、APS、OMS、TDC、WMS 等各个模块的打通，实现生产系统自动制版、自动裁剪、自动排产、不同工序自动流转，最终实现柔性生产。

表1　海尔入选"灯塔工厂"名单

名称	地点	批次	简介
海尔中央空调互联工厂	青岛市	2018 年 9 月第 1 批	首批入选"灯塔工厂"的中国工厂
海尔沈阳冰箱互联工厂	沈阳市	2020 年 1 月第 4 批	通过部署可扩展的数字平台，实现供应商和用户的端到端连接，从而使其直接劳动生产率提高 28%
海尔天津洗衣机互联工厂	天津市	2021 年 9 月第 7 批	海尔在天津新建的洗衣机工厂将 5G、工业物联网、自动化和先进分析技术结合起来，将产品设计速度提高了 50%，将质量缺陷减少了 26%，将单位产品的能耗降低了 18%
海尔郑州热水器互联工厂	郑州市	2022 年 3 月第 8 批	海尔郑州工厂利用大数据、5G 边缘计算和超宽带解决方案，与供应商、工厂和客户建立了更加紧密的联系，在 2020~2021 将订单响应速度提高了 25%，生产效率提高了 31%，产品质量提高了 26%
海尔青岛冰箱互联工厂	青岛市	2022 年 10 月第 9 批	海尔冰箱工厂借助大数据、数字孪生和先进视觉检测技术，加快研发、升级制造流程和物流调度模式。订单响应周期缩短了 35%，生产效率提高了 35%，质量性能提高了 36%
海尔卡奥斯创智物联合肥互联工厂	合肥市	2023 年 1 月第 10 批	国内智能控制器行业首座"灯塔工厂"
海尔天津洗衣机互联工厂	天津市	2023 年 1 月	入选"可持续灯塔工厂"，是中国本土首个且唯一入选工厂。"可持续灯塔工厂"被誉为"灯塔中的灯塔"。海尔天津洗衣机互联工厂一方面将 5G、AI、大数据等工业 4.0 新技术和工厂先进制造技术深度融合；另一方面打造能源高效利用的工厂及供应链，在节能减排方面做出了突出贡献

名称	地点	批次	简介
海尔合肥空调互联工厂	合肥市	2023年12月第11批	全球首个家庭中央空调"灯塔工厂"。海尔合肥空调厂在家用中央空调系统的研发（R&D）、生产和测试中引入先进算法、数字孪生、知识图谱等尖端技术，实现能效提高33%，缺陷率下降58%，劳动生产率提高49%，单位制造成本降低22%
海尔青岛洗衣机互联工厂	青岛市	2023年12月第11批	全球首个5.5G应用示范的"灯塔工厂"。在该工厂内海尔采用了包括5.5G、高级算法和即用型数字孪生在内的技术。这一举措使产品成本优化了32%，劳动生产率提高了36%，服务投诉率降低了85%

资料来源：海尔官网，https：//www.haier.com/press-events/news/20231215_233808.shtml；https：//zhuanlan.zhihu.com/p/691672490。

四　我国智能制造业存在的问题

我国智能制造虽然在部分领域全球领先，但是也面临核心技术缺乏、数据要素市场培育不足、中小企业转型缓慢、复合型人才缺乏等亟待解决的问题。特别在部分制造业领域，我国并不掌握关键生产环节的核心技术，数字化转型面临困难。随着中美科技竞争加剧，未来我国在使用高性能芯片、吸纳人工智能领域高素质人才方面会受到较为不利的影响，可能损害我国智能制造产业未来的竞争力。

（一）核心技术受制于人，影响未来智能制造竞争力

人工智能赋能制造业的核心是芯片和工业软件，特别是随着工业大数据规模的增加，智算中心、超算中心等算力基础设施在制造业数字化转型中越发重要。美国近几年加大了对中国人工智能技术的对外输出限制，在半导体领域开始实施对华"脱钩断链"，直接影响我国数据中心等重要数字基础设

施的建设，从而影响我国制造业的数字化转型速度。虽然很多制造业领域所使用的芯片并不需要太高的性能，28nm 制程的芯片足以在大部分智能家电中使用，但是随着人形机器人等新型智能家居产品的研发、入市，我国仍须在高端芯片、工业软件领域培育自身的核心竞争力。

（二）数据要素市场培育不足，中小企业数字化转型动力不足

数据要素是支撑制造业数字化转型的关键生产要素，目前我国数据要素市场培育不足，部分制造业中小企业"上云用数赋智"动力不足。第一，数据要素的基础平台、基础制度建设滞后。工业数据数量大、非结构化程度较高，分散在各个系统中，分散化、碎片化现象严重，工业数据的标准化成为影响工业数据公共平台建设的原因之一。另外，数据要素的基础制度尚在探索中，工业数据出于安全等原因难以在上下游实现共享。第二，中小企业使用数字化基础设施的成本较高，转型动力不足。制造业领域存在大量中小企业，在使用数字基础设施方面缺乏意识、缺乏动力。一是购买数字基础设施和网络服务等对中小企业造成成本上的负担；二是部分中小企业对于智能制造的认识不足，不愿意使用工业云、工业互联网平台等数字基础设施；三是部分中小企业对于数据安全有所顾虑，这些都造成大量制造业中小企业难以推广智能制造模式。

（三）中低端生产环节竞争压力加大，中高端生产环节优势难以在短期内塑造

第一，在劳动密集型产业和中低端生产环节，产业转移速度可能超过智能制造优势重塑速度。虽然智能制造可以重塑部分劳动密集型行业和生产环节的比较优势，但是这些劳动密集型生产环节的对外转移一直在进行，外资企业纷纷在东南亚投资建厂，加大了我国在中低端领域的竞争程度。并且智能制造的前期资金投入力度较大，只有龙头企业才有经济实力购买数字化设备，中小企业难以全面铺开数智化升级，短期我国难以依靠智能制造重塑劳动密集型产业的比较优势。第二，在高端装备制造和中高端生产环节，虽然

这些企业具有投资智能化装备的资金实力，但是我国并不掌握这些中高端生产环节的制造诀窍，也无法顺利推进数字化转型。而且高端装备一般适用于下游生产环节，用户更倾向于选择技术先进、性能稳定的国外产品，这进一步降低了国内制造业厂商的开发意愿。

（四）高端复合型人才缺乏，"机器换人"冲击就业市场

我国智能制造领域发展存在高端复合型人才缺乏，低技能型劳动者数量偏多的结构化困境。一是缺乏高端复合型人才。智能制造的发展不仅需要懂人工智能技术，还需要对制造业环节有深刻的理解。但是目前掌握人工智能技术的高端人才普遍缺乏制造业经验，而且不同领域的制造业所需的知识并不通用；在制造业领域，由于年龄和学历限制，掌握人工智能技术的人也不多。这就使培养高端复合型人才的时间拉长，需要花费大量的时间培养具有制造业技能和数字技术的复合人才。二是低技能型劳动者受到"机器换人"的风险加大。人工智能技术的不断进步使得可以替代的人工岗位越来越多，尤其是门槛较低的低技能型岗位，应用无人驾驶技术的"萝卜快跑"遭到抵制即对人工智能替代人工的代表性案例。制造业领域大量岗位随着智能技术应用也会被不断替代，但是从事这些岗位的劳动者一般缺乏高技能，因此会在短期内造成大量失业，冲击我国就业市场，这也成为阻碍我国在部分领域大幅度推广智能技术的重要原因之一。

五 加快我国智能制造发展的政策建议

针对我国智能制造领域发展面临的一些风险和挑战，我国应聚焦制造业产业门类全的场景优势，以及超大规模市场的需求优势，将场景优势、需求优势、海量制造业数据优势等转化为智能制造发展的新动能新优势。

（一）增强核心技术能力，发展智能制造业新优势

一是要利用新型举国体制攻克核心技术。采用"揭榜挂帅"等形式，

加快高端芯片、工业软件、存储器等对我国智能制造未来发展造成阻碍的重大技术的攻关工作，继续兴建智算中心、超算中心等新型算力基础设施，为智能制造发展提供便利的数智化基础设施条件。二是要加快发展人形机器人、工业元宇宙、工业垂类大模型等制造业新领域，将我国在制造业领域的场景优势、海量数据优势转化为智能制造领域的新优势。三是要尽快补齐我国在高端装备制造、新材料领域的短板，重点突破高端机床、伺服驱动器、碳纤维、光学膜、光刻胶等关乎制造业下游发展的领域，增强我国在制造业中高端环节的技术积累，便于将新型工业化和数字化转型一体推进。

（二）加快场景牵引的数据要素制度探索，加大中小企业数字化转型力度

一是继续完善数据要素基础制度，培育壮大数据要素市场。以场景为牵引，研究工业大数据存储、流通、使用的基础制度难点，探索数据采集、储存、分析、使用等不同环节数据要素分配的规则，研究工业大数据的安全保护、监管制度，构建行业性的工业互联网平台，完善工业数据要素标准体系，鼓励不同行业建立分领域的垂类大模型，充分发挥我国海量工业数据的规模优势、行业优势，加快形成数字生产力。二是要加强工业数据安全防护、隐私权属的保护。提升中小微企业的工业数据安全意识，增强企业使用数据的安全性，鼓励中小微企业"上云用数"，保护中小微企业的数据安全。三是要推进 5G 规模化应用，进一步降低电信服务的使用费用，特别是中小企业使用宽带网络等的费用，以园区为载体实施基础设施数字化转型行动，将"灯塔工厂""智能工厂""数字化车间"作为园区考核的重要指标，推动龙头企业、中小企业、产业链上下游等多个层面的数字化转型。

（三）增强企业内生动力，强化企业科技创新主体地位

一方面，要发挥制造业领域龙头企业、链主企业的引领示范作用，创造支持实体经济与数字经济深度融合的创新生态。支持龙头企业、链主企业就行业共性技术、关键技术进行研发工作，培育数字化、智能化转型的典型企

业，利用工信部制造业数字化转型典型案例的契机推广细分领域创新做法、创新模式，强化企业科技创新主体地位。另一方面，要利用新型创新载体，促进智能制造领域大中小企业融通发展。整合国家技术中心、产业创新中心、制造业创新中心三大新型国家级创新中心的资源，以及国家重点实验室、加速器和孵化器等创新平台，深度对接制造业智能化发展的企业需求，利用信息技术建设产业技术与企业需求相匹配的技术对接平台、企业辅导平台，向制造业企业提供前沿技术预判等普惠性服务、技术转化增值性服务，打造大中小企业融通发展的创新生态。

（四）深化教育体系改革，积极应对"机器换人"

针对智能制造对人才的需求，以及智能技术长期对我国就业市场的影响，要深化教育体系改革，合理应对新时期的"机器换人"。一是要统筹推进教育科技人才体制机制一体改革，以智能制造等新兴产业发展的新要求推进普职融通、产教融合，将研究型创新人才与应用型人才培育并重，在此基础上推动高校、科研院所人才评价机制革新。二是要以职业教育为抓手，开展劳动者数字技能提升工程。由教育部、人社部牵头，以职业院校为载体平台，根据人工智能技术的发展特征，结合制造业不同领域的技能特点，分行业领域推出涵盖劳动者全职业周期的各类型数字技能培训课程，加快提升劳动者的职业技能。三是就人工智能技术对就业的影响进行定期研判，有序推广可能大量取代现有工作岗位的智能技术，做好相关岗位人员的技能培训、转岗工作，避免造成社会动荡。

参考文献

冯献、崔凯，2013，《中国工业化、信息化、城镇化和农业现代化的内涵与同步发展的现实选择和作用机理》，《农业现代化研究》第 3 期，第 269~273 页。

郭凯明，2019，《人工智能发展、产业结构转型升级与劳动收入份额变动》，《管理世界》第 7 期，第 60~77+202~203 页。

戚聿东、肖旭，2020，《数字经济时代的企业管理变革》，《管理世界》第6期，第135~152+250页。

赛文思，2014，《2023北美科技品类出海行业报告》。

孙乐强，2021，《马克思"一般智力"范畴的当代重构及其效应评估》，《探索与争鸣》第1期，第50~59+177~178+181页。

胥军，2008，《中国信息化与工业化融合发展的影响因素及策略研究》，华中科技大学博士学位论文。

徐星、惠宁、韩先锋等，2024，《人工智能驱动制造业高质量发展的复合效应研究——基于知识创造与知识地理溢出的双重机制》，《中国科技论坛》第1期，第50~61页。

杨春立、于明，2008，《生产性服务与制造业价值链变化的分析》，《计算机集成制造系统》第1期，第153~159页。

中国社会科学院工业经济研究所智能经济研究组，2021，《智能+：制造业的智能化转型》，人民邮电出版社。

Acemoglu, D., Restrepo, P., 2019, "Automation and New Tasks: How Technology Displaces and Reinstates Labor", *Journal of Economic Perspectives*, 33, 3-30.

Curran, C. S., Leker, J., 2011, "Patent Indicators for Monitoring Convergence-Examples from NFF and ICT", *Technological Forecasting & Social Change*, 78 (2), 256-273.

Sniderman, B., Mahto, M., Cotteleer, M. J., 2017,《工业4.0与制造业生态圈：探索互联企业世界》，德勤。

World Bank, 2024, "Digital Progress and Trends Report 2023".

Zhou, J., Li, P., Zhou, Y., et al., 2018, "Toward New-Generation Intelligent Manufacturing", *Engineering*, 4 (4), 11-20.

B.8
智能金融的发展路径、现状与对策建议

叶秀敏　李　一*

摘　要： 随着智能技术的迅猛进步，智能金融已成为金融行业转型升级的发展方向，推动金融服务的个性化、智能化和全球化发展。本报告深入分析了智慧金融的基本概念、主要应用场景、主要特征与驱动因素，以及我国智能金融的发展现状与面临的挑战，如发展不平衡、数据安全和隐私保护、关键技术受制、高端人才短缺和监管适应性等，这些问题制约了智能金融的健康发展。为加快推动智能金融高质量发展，本报告提出以下几点建议：一是加强政策引导和扶持，促进智能金融的普惠发展；二是强化监管和风险防控，继续完善数据安全保护体系和制度建设；三是加大研发投入，建立产学研合作机制；四是创新监管模式，监控跨部门协调机制；五是改革教育体系，加速人员培养和激励。

关键词： 智能金融　数字金融　金融监管

一　智能金融的基本概念

（一）智能金融快速发展引发广泛关注

随着人工智能技术在大模型领域的突破性进展，人类社会迎来革命性的

---

* 叶秀敏，管理学博士，中国社科院数量经济与技术经济研究所研究员，主要研究方向为电子商务、信息化、互联网经济；李一，中国社会科学院大学博士研究生，主要研究方向为数字金融、智能金融，智能经济。

"AI+"浪潮，人工智能正以前所未有的速度渗透到各行各业以及我们生活的每个角落，成为推动社会进步的重要力量。

在此背景下，人工智能技术与金融行业相融合，推动智能金融快速发展。首先，科研创新投入持续增强。2023年全球金融科技市场规模预计为1975亿美元①，增速高达23.44%。根据预测，全球金融科技市场规模未来五年将继续保持15%的复合增长率。其次，创新型企业数量激增，一批创新型企业快速涌现。截至2022年，全球估值超过10亿美元的金融科技独角兽企业有100余家。最后，用户规模不断增长，科技金融渗透率不断提高。2023年，全球注册的移动支付账户达到17.5亿个②，增速为12%。

面对复杂多变的国内外经济环境，智能金融成为非常耀眼的高成长赛道，引来市场各方和投资界的广泛关注。2023年，全球金融科技投资达到512亿美元③，涉及3973笔交易，平均每笔投资额大致在1300万美元。智能金融同样引起了学术界的关注，在知网上搜索"篇名＝金融+关键词＝人工智能"的文献，近几年已经发表科研成果达到997篇。2021年，中国金融四十人论坛首次发布了"中国智能金融发展指数"，显示出社会各界对智能金融发展的高度关注。④

智能金融的发展，缩短了金融交易的处理时间，降低了运营成本，提高了服务效率和精准度。随着技术的进步和应用场景的创新，智能金融将迎来更广阔的发展前景，将继续推动金融领域的变革和高质量发展。

（二）智能金融和相关概念的辨析

1. 智能金融

智能金融是指利用人工智能、大数据等现代信息技术，对金融服务和管

---

① 《天融信：与国泰君安达成全面战略合作，协同推进金融产业健康发展》，中国商报网，2024年10月28日，https：//www.zgswcn.com/news.html？aid＝225702。

② 《2024年全球移动支付行业状况报告（英文版）》，搜狐网，2024年4月9日，https：//roll.sohu.com/a/770180292_ 121752970。

③ 《全球金融科技投资格局大盘点》，雪球网，2024年4月23日，https：//xueqiu.com/5899108858/287230873。

④ 《〈CF40中国智能金融发展报告2020〉今日发布》，东方财富网，2021年9月1日，https：//finance.eastmoney.com/a/202109012075216115.html。

理进行创新和优化，营造出的一种新的金融形式和业态。智能金融实现了金融与科技的有机融合（查逸扬、宋雨馨，2023），它通过智能技术手段挖掘了金融行业新的增长点，提升了效率和质量，降低了成本和风险（王朝弟、赵晓东，2023）。

智能金融的内涵包括两个关键点：第一，"智"。智能金融产生是技术驱动的结果，它是基于 AI、大数据分析、区块链、机器学习等智能技术的创新成果。第二，"新"。智能金融是一种全新的金融服务形式，它的目标有两个：服务创新和管理创新，即通过技术手段创新金融服务和管理，提升用户体验，提高风险识别和管控能力。

2. 相关概念辨析

值得注意的是，智能金融与智慧金融、科技金融、数字金融三个概念有一些异同，需要进一步进行区分。

智慧金融是一个更广泛的概念，包括了智能金融的内容，但同时也涵盖了金融服务的人性化、生态化等多个方面。智慧金融更注重整体的服务体验和生态构建，而智能金融更侧重于技术应用和效率提升。

科技金融是指科技在金融领域的应用，涵盖的范围也比智能金融更加广泛，它不仅包括了智能金融，还涵盖了其他科技手段，如互联网、移动通信等技术在金融领域的应用。可见，智能金融是科技金融的一部分，更强调智能技术的应用，而科技金融则涵盖了更广泛的科技手段在金融领域的应用。

数字金融是指金融服务的数字化转型，它包括了金融产品、服务、管理的数字化，以及数字货币等新兴形态。可见，智能金融是数字金融发展的一个高级阶段，更侧重于智能技术的应用，而数字金融侧重于整个金融体系的数字化。

综上，智能金融、智慧金融、科技金融、数字金融四个概念从不同角度描述了金融与科技结合的侧重点和发展阶段。

二　智能金融的主要应用场景

智能金融目前正处于快速发展期，应用场景不断推陈出新。智能金融的应用场景从最初的智能投顾、智能信贷等领域，逐步向智能支付、智能风控、智能客服等更多领域拓展。

（一）智能投顾

智能投顾是指利用人工智能和大数据分析、云计算等技术，为用户量身提供个性化的投资或资产配置建议的金融服务。智能投顾能根据用户的资产状况、投资经历、风险偏好、投资目标等信息，结合金融市场和宏观环境的状况，运用机器学习算法构建投资组合优化模型，为用户提供满足需求的投资方案。并且，在用户允许的情况下，方案可以与交易平台直接对接，实现投资建议的自动化执行。

最早做智能投顾服务的是美国的公司 Wealthfront，其自 2011 年起就能在线为用户提供个性化的股票、期权、债券、房地产等的资产配置建议服务。我国的蚂蚁金服也在 2020 年 4 月，与基金公司 Vanguard 集团合作推出基金智能投资顾问服务"帮你投"，旨在为非专业用户提供最优投资建议服务。中信证券也投入使用了智能投顾平台，该平台整合了大数据分析、机器学习模型，为投资研究人员提供市场分析、股票推荐、风险评估等服务。

智能投顾优势明显，增强了投资决策的科学性。首先，它能够降低投资的专业门槛，让普通投资者享受到专业的投资顾问服务。其次，整个服务流程从信息采集、建模、运算到交易执行全部实现了自动化，降低了人工成本，提高了服务效率。最后，用户能够根据个人具体情况，享受到有针对性的个性化投资建议，提高了服务的满意度。

（二）智能信贷

智能信贷是指利用人工智能技术，对借款人的信用状况进行科学评估和预测，以自动化方式完成贷款申请、审批、发放和监控的全流程金融服务。智能信贷通过大数据和机器学习技术分析借款人的历史信用情况、消费行为和个人背景等多维度信息，通过模型计算评估信用和风险等级，有针对性地调整贷款利率，制订个性化贷款方案，对满足条件的用户实现在线实时审批并在线投放贷款。

智能信贷极大地方便了借款人，他们不用填报大量的纸质表格，降低了贷款门槛，缩短了申请审批时间，整个贷款过程更加透明高效，贷款人可以实时查询进展。金融机构同样收益颇丰，一方面减少了服务成本，另一方面提高了服务效率和风险控制能力。

2017年9月，工行推出针对中小微企业贷款需求的"工财e贷"服务。企业贷款的全流程，包括申请、授信、签约、提款都可以实现线上办理，提高了办事效率。工行利用多维度数据，通过模型科学评估贷款企业的信用和企业经营能力，制订贷款方案。工行还针对个人用户推出"工银融e借"服务，个人用户可以在线申请贷款，针对符合条件的用户，1~3小时就可以收到所需资金。

（三）智能支付

智能支付是指利用人工智能技术，提高支付系统的安全性、便捷性和智能化水平的支付服务。利用指纹、面部识别、语音等生物识别技术，智能支付采取对应的无接触支付方式。

生物识别技术方便消费者不用记忆更多的密码，减少了欺诈风险，提高了支付安全性。5G网络和移动设备的发展，有助于使用移动终端随时随地完成支付，提高用户支付体验。此外，还提高了实时清算的效率，互联网支持7×24小时随时随地完成支付，利用区块链等技术实现支付安全和实时计算，提高了支付效率。

2018年，摩根大通就专门针对企业客户推出AI虚拟助理，高效满足用户资金结算和汇款需求。当前，我国很多银行已经采用以生物识别技术为核心的智能支付服务。支付宝等第三方支付平台也纷纷采用智能支付服务。

（四）智能风控

智能风控是指利用人工智能技术，对金融活动进行实时监控和风险评估，通过预警和协同等方式预防和控制金融风险的管理系统。利用大数据和机器学习技术，可以实时监控市场动态，预测市场波动和异常行为，及时发现潜在风险，采取应急措施；构建风险预警模型，可以对潜在风险进行提前预测和评估；建立协同反应机制，可以多方共享信息，对风险进行快速响应，进行协同治理。

智能风控为金融企业提供了科学的风险评估和决策支持，提高了风险识别的准确性和时效性，降低了风险，减少了损失。智能风控系统还有助于金融机构更好地遵守监管要求，提高合规性。

各大金融公司基本都建设了智能风控系统。例如，中国人寿在建设了"安心防"智慧防灾防损云平台。该平台基于地理信息和客户信息大数据，能够实时推送灾害预警信息，提前对风险进行精准防范，减少灾害造成的损失。又如，中国工商银行也投入使用了智能风控系统，利用大数据和机器学习技术，实时监控和预测金融风险，包括信贷风险、市场风险和操作风险。

（五）智能客服

智能客服是指利用自然语言处理和机器学习等人工智能技术，实时为客户提供服务，包括回复个性化问题、处理交易问题。智能客服减少了成本，提升了效率，提高了用户满意度，相比人工客服具有明显的优势：可以提供7×24 小时全天候服务；可以实时响应，实时服务；回复问题准确率高，避免人为错误；可以精准识别方言和多种语言，扩展适用人群；服务内容便于形成大数据，用于改进产品和服务。

智能客服已经较广泛地应用在了金融行业。金融机构已经开始使用智能客服来处理账户查询、业务进展等。例如，中国工商银行的"工小智"和中国建设银行的"建行小智"都具有相应功能。又如，中国平安的"平安好医生"也采用智能客服处理索赔查询、政策咨询、保单更新等。

三　智能金融发展的主要特征与驱动因素

智能金融是将智能技术作为新质生产力，驱动金融服务创新、管理升级，推动金融高质量发展。智能金融的特点突出在"智能"两个字上，意味着具备能够全面感知、深刻记忆和学习、科学推理并决策，从而具有快速解决问题的能力。这些能力与金融行业深入融合，使金融行业具有服务便捷性、成本效益性、创新性、个性化、服务安全性、普惠性的特点，有助于实现更加公平和健康发展的金融体系。

（一）智能金融的主要特征

1. 服务便捷性

智能金融通实现服务流程的全自动化和智能化，减少了人工参与，使用户可以随时随地通过电子设备使用金融服务，不必去金融网点排队。通过与智能客服对话，用户可以针对个人问题快速获得解答和服务，提高了服务的即时性和便利性。

2. 成本效益性

智能金融大大缩减了人工服务流程和环节，降低了运营成本，通过大数据分析提高了决策效率。同时，智能金融还能够向用户提供更多低成本的金融服务和产品，一方面方便了用户，另一方面也提高了经营收益。

3. 创新性

智能金融利用人工智能等现代信息技术不断推动金融行业创新，新模式、新产品、新服务、新场景不断涌现，如基于人工智能和区块链技术推出的数字货币、智能投顾等。这些金融创新更好地满足了用户的需求，推动了金融行业更快更健康发展。

4. 个性化

智能金融可以基于大数据和机器学习能力，帮助用户分析消费习惯、投资偏好和风险承受能力，并根据用户的需求，提供更加个性化和有针对性的科学投融资计划。个性化服务不仅提升了用户的满意度，还有助于金融机构提高收益、科学防控风险。

5. 服务安全性

智能金融通过先进的安全技术，如生物识别、加密技术、机器学习、区块链等，提高了金融交易的可追溯性和安全性，最大限度地保护用户的资金和信息安全。智能风控系统也能实时监测和分析金融市场状况，及时发现、预警和应对欺诈和风险事件。

6. 普惠性

智能金融通过智能技术降低了金融服务的门槛，让更多的普通人能够享受更多样的金融服务。智能服务减少了中间环节，降低了服务成本，小微企业、农村居民群体也能享受到专业的金融服务。智能金融缩减了数字鸿沟，促进了金融的普及和包容性发展。

（二）智能金融发展的驱动因素

智能金融是多种因素共同叠加作用的结果，其中包括技术创新、市场驱动、竞争压力和政策扶持。

1. 技术创新

技术创新是智能金融发展的关键动力。人工智能、大数据、云计算、区块链等技术是驱动智能金融发展的核心技术。人工智能，尤其是生物识别、自然语言处理和机器学习技术的应用，使智能客服、风险评估、自动交易等金融服务成为现实。大数据技术使得金融机构能够从积累的海量数据中提取有价值的信息，通过构建模型和计算，为用户提供个性化的服务，实现精准营销，防范风险。云计算使金融机构能够低成本使用计算和存储资源，降低了金融机构研发和运营的成本，提高了数据处理能力。区块链技术采用去中心化、安全性高的交易记录方式，广泛应用于数字货币、供应链金融、跨境支付等业务，提高了交易的透明度和安全性。

2. 市场驱动

消费者需求和市场趋势同样推动了智能金融的快速发展。随着收入的提高和生活方式的改变，消费者需要更加便捷、安全、个性化和即时化的金融服务。智能金融的特点恰恰能够规避传统金融服务的弊端，满足消费者的更高需求。

3. 竞争压力

金融机构面临来自同行业和跨行业的日趋严峻的竞争，迫使它们不断创新和改进服务，从而推动智能金融的快速发展。一方面，传统金融机构之间的竞争日益激烈，为了保持市场份额，它们需要不断引入新技术，提升服务质量和效率。另一方面，随着市场的不断放开，科技公司和其他非传统金融机构也在不断进入金融领域。例如，支付宝和微信的支付服务已经对传统金融机构形成了严峻挑战。

4. 政策扶持

政策的不断利好为智能金融的发展提供了良好的商业生态环境。一方面，政府不断出台支持智能金融和金融科技发展的政策，包括税收优惠、资金扶持、研发支持等，为智能金融的发展提供了适宜的发展空间。另一方面，监管机构也随着技术的进步，不断创新监管模式，推出行业标准，如沙盒监管、创新试点等，为智能金融的创新和普及奠定了坚实的基础。近些年，我国为推动智能金融的健康发展，出台了一系列政策和措施，如表1所示。

表1　我国近年出台的有关智能金融的政策和规范

年份	名称	主要内容
2017	《关于促进互联网金融健康发展的指导意见》	明确了互联网金融的定义、发展原则和监管框架，为智能金融发展提供了政策支持
	《新一代人工智能发展规划》	抢抓人工智能发展的重大战略机遇，构筑我国人工智能发展的先发优势，加快建设创新型国家和世界科技强国
2018	《北京市促进金融科技发展规划（2018—2020年）》	提出北京市金融科技发展的总体目标、重点任务。强调人工智能、大数据、云计算等技术在金融领域的应用
2019	《金融科技（FinTech）发展规划（2019—2021年）》	明确了金融科技的发展方向，提出加强金融科技基础设施建设、推动金融科技与实体经济深度融合等目标

续表

年份	名称	主要内容
2020	《关于进一步加快推进上海国际金融中心建设和金融支持长三角一体化发展的意见》	提出要推动金融科技的创新应用，支持上海在智能金融等领域的发展
	《个人金融信息保护技术规范》	加强个人金融信息保护，规范金融机构对个人金融信息的收集、存储、使用、传输、删除等行为
	《金融科技创新监管试点工作方案》	在北京等地开展了金融科技创新监管试点，为智能金融的创新提供了更加宽松的监管环境
	《商业银行互联网贷款管理暂行办法》	规范了商业银行互联网贷款业务，强调风险管理，保护消费者权益
	《金融数据安全　数据安全分级指南》	为金融机构在数据安全管理中进行数据安全分级提供了指导，以确保金融数据的安全
	《金融消费者权益保护实施办法》	加强金融消费者权益保护，规范金融机构的行为，提升金融服务质量
	《网络小额贷款业务管理暂行办法（征求意见稿）》	规范网络小额贷款业务，防范金融风险，保护消费者权益
2021	《"十四五"数字经济发展规划》	提出了加快数字经济和实体经济深度融合的目标，其中包括推动金融科技的发展，支持智能金融等新兴业态
2022	《金融科技发展规划（2022—2025年)》	推动金融科技健康有序发展，明确了未来五年金融科技发展的指导思想、发展目标和重点任务等
	《关于加快场景创新　以人工智能高水平应用促进经济高质量发展的指导意见》	着力打造人工智能重大场景，提升人工智能场景创新能力，加快推动人工智能场景开放
	《关于支持北京金融科技与专业服务创新示范区建设的若干措施》	支持北京在金融科技领域的创新发展，包括智能金融在内的多个领域
2023	《人工智能算法金融应用评价规范》	规定了人工智能算法在金融应用的基本要求和评价方法
2024	《资本市场服务科技企业高水平发展的十六项措施》	为服务科技创新，促进新质生产力发展，从上市融资、并购重组等全方位提出支持性举措

四　我国智能金融发展现状与面临的挑战

（一）我国智能金融发展的若干特点

与世界同步，我国智能金融领域也取得了突飞猛进的发展。金融与科技的融合在经历了电子金融、网络金融、数字金融三个发展阶段后，正加速进入智能金融发展阶段。数据成为金融行业的关键生产要素，AI 大模型已经融入金融企业的日常业务之中。

1. 金融机构加大科技投入，金融大模型专利全球领先

近年来，我国在金融科技领域的研发投入大幅度提高。2023 年，我国金融科技市场规模达到 6183.4 亿元[①]，同比增长 16.2%。传统金融机构纷纷加大数智化转型力度，工商银行等六大银行 2023 年的科技投入达到 1228.22 亿元，同比增长 5.38%。

在金融大模型研发方面，我国机构取得一系列亮眼的科研成果。尤其在专利成果申请方面，我国具有绝对领先优势。我国金融大模型专利申请量为 1909 件[②]，在全球范围内占比达到 3/4。主要金融机构在高强度投入下，也取得了丰硕的成果。金融大模型专利申请量较高的有蚂蚁集团（474 件）、平安集团（327 件）、中国工商银行（290 件）。

2. 金融大模型不断涌现，市场竞争日趋激烈

在金融大模型建设方面，各大机构竞相角逐，纷纷推出各自的产品，抢占市场先机。一些具有代表性的机构推出的金融大模型如表 2 所示。

---

① 《洞见 2024 | 2024 年中国金融科技产业创新与投资趋势》，赛迪顾问，2024 年 4 月 29 日，https：//www.sohu.com/a/775108042_ 378413。

② 《洞见中国数字优势新格局，全球金融机构大模型创新成果》，MIT 科技评论，2024 年 7 月 10 日，https：//www.mittrchina.com/news/detail/13525。

表2　代表性机构及其金融大模型

机构	奇富科技	度小满	恒生电子	腾讯	蚂蚁金融	同花顺	东方财富	农行	马上消费
大模型	奇富GPT	轩辕	LightGPT	混元	百灵	问财	妙想	ChatABC	天镜

这些金融大模型都是在机器学习、人工智能、大数据等技术的基础上，提供市场预测、风险管理和投资决策等服务。在此基础上，各大模型加大研发和市场推广力度，在定位和服务特色上各有侧重。它们通过不断的技术创新、数据整合和市场拓展，努力在金融科技领域保持领先地位。

蚂蚁金服大模型能够基于阿里巴巴旗下平台交易大数据和芝麻信用评分系统，为用户提供信用评分，并且在此基础上建立风险评估和管理模型。蚂蚁金服的优势是大数据驱动和完善的商业生态系统。

东方财富大模型具有较强的专业性，能够为投资者提供股票、基金等金融产品的投资策略和建议。东方财富的优势是内容资源的整合能力和市场情绪分析模型，能够基于媒体信息和舆情，分析市场情绪，帮助投资者把握市场趋势。

恒生电子作为IT巨头，具有雄厚的技术开发能力，它开发的交易系统和风险控制模型具有较强的稳定性和迭代能力，可以满足中小金融机构的需求。它还可以根据客户需求提供一对一服务解决方案。

3.智能应用不断涌现，推动金融机构高质量发展

智能技术和大模型赋能传统金融业务，拓展金融服务的广度和深度，一批创新型应用大量涌现，为行业发展带来新的机遇。智能投顾、自动化交易、大数据分析、智能风险管理、智能客户服务等新应用不仅吸引了新用户，还增强了现有用户的黏性，不断满足着人民群众的金融服务需求；新应用为用户提供了更加专业的服务，有效提升了金融支持和服务实体经济的能力；智能金融还减少了中介环节和交易成本，增强了金融机构的营销和风险管控能力，为金融强国建设提供了有力支撑（马丹等，2022）。

（二）智能金融发展存在的问题与面临的挑战

近年我国在发展智能金融方面取得了突出成绩，但同时也面临一系列困

难和挑战。当前，我国发展智能金融面临的挑战主要集中在数据安全、技术创新、监管适应和人才培养等方面。这些挑战的产生既有技术发展阶段的限制，也有制度和市场环境的因素。

1. 发展不平衡性带来的挑战

虽然智能金融的发展还处在成长期，但是在多个方面已经展现出发展的不平衡性。首先是区域发展差异较大，东部沿海地区发展水平明显高于其他区域，在智能金融区域排名中，前十位的有八位是东部省份。[①] 其次是机构间差异较大，大型金融机构和 IT 公司在智能金融应用上投入大，成果和应用水平都绝对领先，而中小金融机构则相对落后。最后是服务对象差异较大，城市居民和高净值客户的智能化应用水平相对较高，而农村居民和低收入群体采用智能金融服务的比例相对较低。

发展不平衡性的原因大致有三个方面：一是东部沿海地区经济发达，科技、人才和金融资源丰富，为智能金融的发展奠定了坚实的基础。二是各地对智能金融的支持力度不同，导致地区发展的差异性。三是市场认知、需求、能力不同，城市居民和高净值客户对智能金融服务更为好奇，需求更加强烈，使用门槛相对较低，推动了智能金融在这些人群中的快速普及。

2. 数据安全和隐私保护的挑战

随着金融数据规模的爆炸式增长，数据安全和用户隐私保护成为智能金融发展的重要问题。数据泄露、信息滥用和非法访问等问题频繁发生，严重影响了用户对智能金融服务的信任，制约了智慧金融的健康发展。

分析安全问题产生的原因，主要是当前数据量激增，数据处理的高成本和复杂性导致脆弱性和漏洞不可避免，这些都会提升安全风险等级。而且，我国相关法律法规和标准体系尚不完善，监管智能化水平还不能满足现实需要。

[①] 《〈CF40 中国智能金融发展报告 2020〉发布 首次以指数勾勒中国智能金融发展图谱》，金融界，2021 年 9 月 1 日，https：//baijiahao．baidu．com/s？id＝1709691772574882107&wfr＝spider&for＝pc。

3. 技术成熟度和创新能力的挑战

智能金融高度依赖先进信息技术的创新发展，但相比发达国家，我国在某些核心技术上仍然依赖国外，研发能力有待提高。

分析关键技术研发及创新能力落后的原因：一是我国在人工智能、区块链等领域的研究起步较晚，基础研究相对薄弱。二是技术研发投入大、周期长，很多企业创新动力不足。三是知识产权保护体系不健全，创新成果转化难。

4. 监管适应性和合规性的挑战

智能金融的快速发展对传统金融监管体系提出了较高的要求，如何建立适应智能金融特点的监管框架、确保金融市场的稳定和合规运营是一大挑战。

监管的挑战来源于三个方面。首先，智能金融业务呈现多元化发展，监管对象复杂，监管内容覆盖广泛，问题多种多样，监管难度越来越大。其次，传统监管手段难以适应实践的需要，监管体系和系统有待持续完善。最后，监管的复杂性也要求建立多主体协同监管体系，然而当前多主体信息共享和协同监管意愿和能力都不足。

5. 人才短缺和培养机制的挑战

智能金融的发展需要大量既懂金融又懂技术的复合型跨界高端人才，但目前市场上这类人才相对短缺。

高端人才短缺的问题在于我国教育体系与市场需求脱节，高校和研究机构在智能金融领域的教育和研究相对滞后；并且，企业内部培训体系不完善，难以快速培养所需人才；人才流动和竞争激烈，企业难以留住高端人才。

五 推动我国智能金融发展的对策建议

发展智能金融有助于促进金融创新，提升效率，提高风险管理能力，促进普惠金融。另外，发展智能金融有助于提升我国金融业的国际竞争力，抢占全球金融科技制高点。为此，政府、金融机构和科技公司需要共同努力，合力推动我国智能金融健康发展。

（一）加强政策引导和扶持，促进智能金融的普惠发展

针对中西部地区和农村地区出台更多的智能金融发展扶持政策，提供税收优惠、财政补贴等激励措施。鼓励大型金融机构和互联网公司与中小金融机构合作，推动建立合作共赢的商业生态。加大对农村和低收入群体的智能金融服务投入，通过移动支付、线上信贷等方式扩大金融服务的覆盖面。

（二）强化监管和风险防控，继续完善数据安全保护体系和制度建设

强化顶层设计，建立国家智能金融产业目录体系，明确规范标准，规范各类市场主体的行为。创新数据产权理论，不断完善数据安全和隐私保护的法律、法规和标准，加大对违法行为的处罚力度。采用先进的加密技术、访问控制和数据脱敏技术，建立全面的数据安全防护体系。提高用户对数据安全和隐私保护的意识，教育用户如何安全使用智能金融服务。

（三）加大研发投入，建立产学研合作机制

制定国家鼓励研发的重点技术指导目录，支持基础性研究。激发企业创新活力，引导和鼓励企业对核心技术进行科研攻关。鼓励科研机构与企业牵手，建立产学研合作机制，加快科研成果转化。建立多层次的人才培养体系，加强国内人才培养，通过政策吸引海外高端人才。

（四）创新监管模式，健全跨部门协调机制

鼓励先行先试，在智能金融发展成长期营造更加包容的营商环境。加强用户、机构和管理部门之间的协调合作，形成统一的监管标准和框架，明确多主体职责，建立信息共享、协同监管的安全防护体系。创新监管模式，利用大数据、人工智能等技术提高监管效率和准确性。积极参与国际合作交流，学习借鉴国际先进经验，提升我国监管水平。

（五）改革教育体系，加速人员培养和激励

优化教育体系，调整课程设置，增设智能金融相关课程和内容，培养学生的跨学科能力。企业应建立完善的内部培训体系，提供实践机会，加速人才培养；建立合理的薪酬和晋升机制，吸引和留住高端人才，激发人才的创新活力。

参考文献

查逸扬、宋雨馨，2023，《我国智能金融发展的机遇、挑战和趋势》，《投资与创业》第 4 期，第 11~13 页。

马丹、张川、郭婕，2022，《中国智能金融发展评价及提升路径分析》，《投资研究》第 10 期，第 142~159 页。

王朝弟、赵晓东，2023，《关于智能金融发展及监管的几点认识与思考》，《中国银行业》第 12 期，第 10~13 页。

专题篇 ▷

B.9
中国人工智能发展的空间分布

朱　兰*

摘　要：　本报告在技术-产业框架内讨论人工智能内涵，选取人工智能专利指标、人工智能企业数衡量人工智能技术和产业发展，分析新发展格局下中国人工智能区域发展现状与特征。国内跨区域比较发现，人工智能技术和产业分布高度不均衡，具有"东强西弱、南多北少、高度集中、梯度分布"特征，且技术集中度高于企业集中度，存在空间极化现象。具体到制造业，区域差距进一步拉大，大多数企业处于初步发展甚至空白阶段。在新发展格局下推动人工智能发展，有必要平衡区域人工智能发展水平，多措并举缩小区域"技术鸿沟"，因地制宜发展新质生产力。

关键词：　人工智能　技术鸿沟　空间分布

---

* 朱兰，经济学博士，中国社会科学院数量经济与技术经济研究所副研究员，主要研究方向为发展经济学。

发展新质生产力是推动高质量发展的内在要求和重要着力点。新质生产力以全要素生产率大幅提升为核心标志，特点是创新，关键在质优，本质是先进生产力。人工智能作为发展新质生产力的重要引擎，能够催生新产业、新模式、新动能，是世界各国数字技术创新和大国竞争的焦点与重点。习近平总书记指出："把新一代人工智能作为推动科技跨越发展、产业优化升级、生产力整体跃升的驱动力量，努力实现高质量发展。"2024年《政府工作报告》强调，要"深化大数据、人工智能等研发应用，开展'人工智能+'行动"。

虽然我国人工智能起步较晚，但是整体发展速度较快，人工智能专利数已经位居全球第一。从世界领域来看，中国人工智能发展居于世界前列，仅次于美国，处于"追赶"和"并跑"并行阶段（彭绪庶，2024；朱兰，2024）。但具体到我国不同地区，由于早期区域不均衡发展战略，我国不同地区之间经济发展水平、技术水平和产业结构等存在较大差异，人工智能在不同地区的开发和应用程度存在较大差距。2024年3月5日，习近平总书记在参加十四届全国人大二次会议江苏代表团审议时强调，要牢牢把握高质量发展这个首要任务，因地制宜发展新质生产力。"因地制宜"不仅强调发展的特殊性、自主性，也强调发展的协调性、平衡性和灵活性（盛朝迅，2024）。因此，有必要对中国人工智能发展的区域分布现状、特征进行分析，了解人工智能技术和产业发展客观规律，从而有针对性地提出政策建议，为后续深入开展人工智能研究、因地制宜发展新质生产力提供数据支撑和决策参考。

一　人工智能概念与指标测度

随着人工智能技术的发展，人工智能的概念内涵也在不断变化（Montagnier and Ek，2021）。Cockburn等（2019）认为，人工智能包括机器人、神经网络和机器学习等，其关键特征在于人工智能通过处理数据而做出决策，而非简单地执行给定的操作和任务集。陈凤仙（2022）梳理已有文献，认为人工智能定义包含主体、能力、活动和品质四个关键词，且不同关键词之间层层递进。朱兰（2024）从科技创新和产业发展两个方面对人工智能概念内涵进行探讨，认为人工智能具有技术和产业双重属性，它不仅是新一代信息技术的"领头雁"，也是战略性新兴产业、未来产业的重要组成部分。人工智能是计算机科学的一个分支，它能感知环境并采取行动，最大限度地提高成功机会。[①] 国内外学术界和政策界最常用的反映人工智能技术水平的指标便是专利数量（陈楠、蔡跃洲，2022；尹志锋等，2023）。

人工智能产业则是由 AI 芯片、计算能力平台、数据生成、存储器、软件开发等各种技术和产品共同支撑而形成的复杂系统，系统内各种产业及服务形成了一个独立复杂的产业生态。企业是推动人工智能产业发展的关键主体。一个行业进入和存活的企业数越多，说明该行业的发展越有活力和竞争力。因此，本报告将使用地区人工智能企业进入数、退出数和存活数来反映区域间人工智能发展水平。其中，人工智能企业存活数体现了该地区人工智能企业的竞争力；人工智能企业进入数体现了该地区人工智能产业发展的活力；人工智能企业进入-退出比值则体现了地区人工智能企业更新换代的速度。

本报告在借鉴已有研究的基础上，尝试使用年度-城市-人工智能专利数和年度-城市-人工智能企业数，作为区域人工智能发展水平的代理指标，衡量不同地区人工智能发展程度。选取该变量的原因主要是：一是聚焦人工智能技术，有效区分大数据、区块链、机器人、信息化等其他技术，凸显人工智能技术的独特性和重要性。人工智能虽然属于新一代信息通信技术，但与工业机器人、元宇宙、区块链等其他数字技术的特性存在差异（蔡跃洲、陈楠，2019；彭刚等，2022）；二是从城市-人工智能技术以及城市-人工智能企业数据综合考虑地区异质性，研究不同区域人工智能发展的现状和特征，并选取重点城市进行具体分析；三是进一步聚焦制造业领域，详细分析不同区域制造业人工智能专利数和企业数，展现具体行业的区域人工智能发

---

① 维基百科。

展差距。

　　数据主要来源于企研·学术大数据，涵盖 2010~2020 年全国城市-行业-人工智能企业存活数和死亡数，以及城市-行业-人工智能专利数和类别，包括专利申请总数、专利授权总数以及发明专利、实用新型专利、外观设计专利三类专利的申请和授权数。基于人工智能产业智能感知、数据标签与标注、深度学习、决策与执行、AI 能力评价 5 个关键技术要素，将人工智能产业划分为基础设施、基础理论和核心技术、智能应用三个部分。然后从企业基本信息、创新知识产出、产品应用平台和人力资本投入等多个维度的企业信息，梳理并筛选出人工智能产业相关企业，构建人工智能产业专题数据库。①

二　中国人工智能技术发展的空间特征

（一）中国人工智能技术整体空间分布

　　一般来说，专利申请量表示专利数量，专利授权量表示专利质量，本报告从专利数量和质量角度衡量地区人工智能发展的技术水平。表 1 列出了 2020 年我国不同省份人工智能领域的专利申请量、专利授权量情况。概括而言，我国人工智能技术发展具有以下三个特征。

　　第一，全国人工智能技术分布高度集中，前五地区技术集中度超过 50%。以 2020 年为例，全国人工智能专利申请总数是 106172 件，广东和北京人工智能专利申请量占全国的比值分别达到 36.7% 和 18.9%，加起来接近 56%，超过全国的一半，排名前五的地区人工智能专利申请量占比达到 78.4%，超过 3/4。人工智能领域整体技术水平偏高。在人工智能专利方面，专利申请和授权均以发明专利为主。发明专利申请量和授权量占比基本处于 50% 以上（除了河南和云南）。

---

① https://www.163.com/dy/article/GR6OE79O051480KF.html.

表1 2020年我国各省份人工智能领域专利申请量、授权量情况

单位：件，%

省份	申请专利总量	地区专利申请量占全国比重	授权专利总量	地区专利授权量占全国比重
广东	38975	36.7	4632	39.5
北京	20053	18.9	1905	16.2
浙江	8569	8.1	1214	10.3
江苏	7840	7.4	743	6.3
上海	7777	7.3	847	7.2
山东	3582	3.4	315	2.7
安徽	2895	2.7	364	3.1
湖北	2229	2.1	179	1.5
福建	2087	2.0	290	2.5
四川	2011	1.9	174	1.5
湖南	1468	1.4	199	1.7
重庆	1456	1.4	208	1.8
辽宁	1188	1.1	47	0.4
天津	1187	1.1	92	0.8
陕西	1100	1.0	87	0.7
江西	1026	1.0	74	0.6
河南	865	0.8	142	1.2
河北	609	0.6	113	1.0
黑龙江	307	0.3	47	0.4
广西	285	0.3	10	0.1
吉林	128	0.1	6	0.1
云南	122	0.1	41	0.3
贵州	105	0.1	2	0.0
山西	96	0.1	4	0.0
宁夏	72	0.1	2	0.0
甘肃	38	0.0	0	0
新疆	34	0.0	1	0.0
海南	30	0.0	1	0.0
内蒙古	26	0.0	0	0
西藏	9	0.0	0	0
青海	3	0.0	0	0

注：专利授权量是截至2020年专利授权累计量，而不是当年专利授权量。

资料来源：企研·学术大数据平台。

第二，省份之间人工智能技术发展差距较大，整体呈明显的方阵分布。整体来看，广东和北京人工智能专利申请量遥遥领先，处于第一方阵；浙江、上海、江苏、山东人工智能专利申请量在 3000 件到 9000 件之间，处于第二方阵；安徽、湖北、天津、陕西等地区人工智能专利申请量在 1000～3000 件，处于第三方阵；河南、河北、青海、西藏、新疆等地区则低于1000 件，属于第四方阵。按照专利授权量的排名整体变化不大，仅有部分地区排名先后出现调整，比如上海与江苏、山东与安徽。但是，广东和北京的专利授权量差距明显扩大，体现出二者在人工智能领域布局的时间长度和技术深度的区别。仅从专利申请量来看，2020 年广东人工智能专利申请量是北京市的 1.9 倍，广东人工智能专利授权量是北京的 2.4 倍，这说明广东在人工智能领域的技术前沿，技术创新活力更强，可获得授权的人工智能专利数量更多，技术研发和专利布局时间更长。

第三，区域之间人工智能技术发展不平衡，呈现"东强西弱、南强北弱"的特征。首先，从东西部区域划分来看，人工智能专利申请量前五的地区分别是广东、北京、浙江、上海、江苏，均位于经济发达的东部地区。而专利申请量排名后五的地区分别是新疆、海南、内蒙古、西藏和青海，除了海南，均属于西部地区。而且从专利申请量来看，东部与西部人工智能技术发展悬殊，东部一个省份或者直辖市的专利申请数几乎是西部地区所有省份专利数量的总和。其次，从南北区域划分来看，人工智能专利申请量处于前五的地区除了北京，其他均处于南方地区。排名前十的地区里面除了北京市和山东省，其他全部位于南方地区，比如广东、浙江、上海、江苏、福建等。最后，从三大流域来看，长三角、京津冀和珠三角地区人工智能处于"三足鼎立"态势，但是长三角地区整体技术水平更加均衡，京津冀和珠三角则属于"一家独大"态势。长三角浙江、上海和江苏的人工智能申请总量是 24186 件，低于广东的 38975 件，但是高于北京的 20053 件。京津冀地区人工智能技术发展差距较大，北京的人工智能申请量远高于天津的 1187件和河北的 609 件。

（二）重点城市人工智能技术发展水平

主要城市人工智能专利的动态变化，可以在一定程度上体现我国人工智能技术发展的态势。图 1 描绘了 2010～2020 年北京、深圳、上海和杭州的人工智能专利申请量和授权量。从专利申请时间和数量来看，深圳市在人工智能领域布局最早，2010 年深圳人工智能专利申请量已经达到 11704 件，远高于北京的 4485 件、上海的 3051 件和杭州的 1223 件，处于遥遥领先地位。2010～2020 年，深圳人工智能技术整体处于稳步上升态势，人工智能专利年申请量逐年增加，从 2010 年的 11704 件上升到 2019 年的 42793 件，年均增速达到 36%。北京人工智能技术呈现快速赶超态势，2010 年仅为 4484 件，但是 2015 年和 2016 年分别达到 26976 件和 35070 件，超过深圳市，但是 2017～2018 年深圳再次反超北京，成为全国专利申请量第一的城市。上海和杭州排名相对稳定，始终处于第三和第四，与北京和深圳专利申请总量具有一定差距，处于国内第二梯队。

从专利授权量来看，深圳、北京、上海和杭州的排名保持不变，四个城市专利授权量均处于上升态势，但是上升速度略有不同。受基数影响以及技术进步、资源汇聚等因素，2010～2019 年杭州和北京人工智能专利授权量增速最快，分别达到 9% 和 8%，上海和深圳的增速相对较慢，分别是 5% 和 3% 左右。总体而言，2010～2020 年国内人工智能技术取得了快速发展，主要城市专利申请量和授权量均呈较快增长速度，尤其是北京市和杭州市。但是，国内人工智能技术布局基本不变，深圳和北京处于第一梯队，上海和杭州处于第二梯队，四个城市属于国内人工智能技术的核心区和"领头羊"。

比较主要城市专利数量占整个省份专利数量比重，可以发现，广东省内人工智能技术主要由深圳驱动，深圳市 2020 年专利申请量占广东省申请总量的 49%，其次是珠海、东莞、广州、佛山和惠州，分别占广东申请总量的 17%、11%、8%、4% 和 1%。尽管广东省内人工智能专利申请数进入全国前三十的城市数目最多，达到 6 个，占据 20%。也就是说，虽然广东整体已经属于国内人工智能技术分布相对均衡的城市，但从省内比较来看，省内不同地级市之间人工智能技术发展依旧差距较大，深圳人工智能技术申请量占据"半壁江山"，发挥着明显的"领头羊"和"龙头"作用。

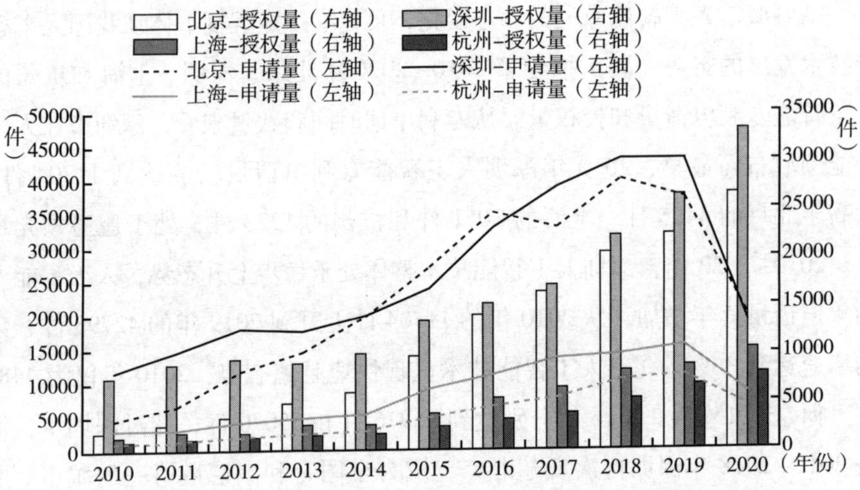

图1 2010~2020年主要城市人工智能专利申请量、授权量演变趋势

注：专利申请量为当年申请量数据，授权量是当年专利授权累积量。

资料来源：企研·学术大数据平台。

综上所述，区域之间比较，不论是按照省份划分还是按照城市划分，中国人工智能技术分布呈现明显的空间高度集中现象，主要集中分布在深圳、北京、上海、杭州、东莞、广州和珠海等城市。人工智能技术发展"两极分化"明显，北方以北京为龙头，南方以深圳为龙头，呈现"双雄称霸"局面。如果按照主要区域划分，长三角集体作战，与京津冀、珠三角呈现"三足鼎立"态势。2010~2020年，北京和深圳人工智能技术发展最为迅速，上海和杭州相对较慢，人工智能技术进一步向前沿地区集中，出现"极化"现象。

三 中国人工智能产业发展的空间特征

（一）中国人工智能产业整体空间分布

我国不同地区之间经济发展水平、技术水平和产业结构等存在较大差异，人工智能产业在不同地区的应用程度存在较大差距。企业是人工智能技术和产业发展的主要载体。因此，为了体现区域之间人工智能产业发展情况，图2描绘了2020年我国31个省份（直辖市/自治区）人工智能企业存活数。从图中可以明显看出，我国人工智能企业分布与技术分布较为相似，存在区域发展不平衡现象。具体如下。

第一，人工智能存活企业数分布高度集中，区域首位度较高。从图2可知，2020年人工智能企业数目最多的地区分别广东省、北京市、江苏省、上海市和浙江省，分别是6864家、4803家、3487家、3118家和2165家，排名前五地区的企业数占全国企业总数的63%，超过了全国剩余地区的总数。其中广东省人工智能存活企业数遥遥领先，广东省人工智能企业数占全国人工智能企业总数的21%，达到了1/5，这与广东省人工智能专利申请量占比基本一致。

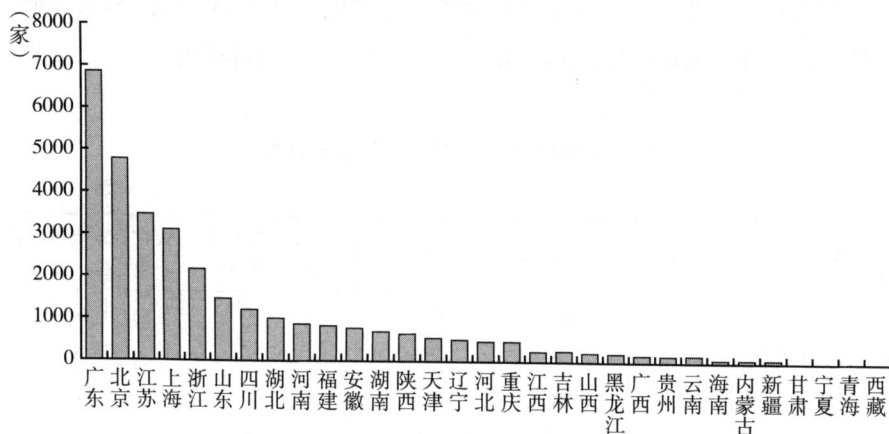

图2　2020年各省份人工智能企业存活数

资料来源：企研·学术大数据平台。

第二，从区域分布来看，人工智能存活企业具有东部地区相对发达、中西部地区相对落后的特征，人工智能企业集中分布在长三角、珠三角和京津冀地区，其中长三角分布相对均衡，京津冀则集中分布在北京市，河北和天津的人工智能企业数较少。总体而言，人工智能存活企业分布与专利分布较为相似，都存在区域发展不平衡现象。

（二）重点城市人工智能企业动态变化

为了清晰展示地区人工智能企业的动态变化，表2列出了2020年主要城市的企业新成立数、死亡数和存活企业数。可以看出，2020年我国人工智能企业存活数较多的城市分别是北京、深圳、上海、广州、杭州、南京、苏州、成都、武汉和郑州，其中北京、深圳和上海三个地区排前三，且企业数明显高于其他地区，企业数在3000个以上。但是，广州、杭州等地人工智能企业数均在1000以上，排名第九和第十的武汉与郑州人工智能企业存活数不到1000。另外，比较新成立企业数占存活企业数的比重发现，杭州、南京和苏州新成立企业较多，占比超过1%，但是从新成立企业数和死亡企业数的差值来看，2020年仅有苏州人工智能企业净成立数增加，其他城市企业数均有所下降，尤其是北京和深圳，这可能是由于2020年新冠疫情带来的冲击以及全球供应链收缩对人工智能企业产生了不利影响。

表2　2020年主要城市人工智能企业变化

单位：家，%

城市	成立企业数	死亡企业数	存活企业数	成立企业数与存活企业数的比例	死亡企业数与存活企业数的比例
北京	21	83	4803	0.44	1.73
深圳	20	56	4054	0.49	1.38
上海	15	33	3118	0.48	1.06
广州	8	28	1716	0.47	1.63
杭州	16	20	1453	1.10	1.38
南京	16	16	1260	1.27	1.27
苏州	20	16	1142	1.75	1.40
成都	1	27	1070	0.09	2.52
武汉	5	22	919	0.54	2.39
郑州	3	9	673	0.45	1.34

资料来源：企研·学术大数据平台。

进一步纵向比较主要城市的人工智能企业发展历程，图3描绘了2010～2020年五个主要城市人工智能企业存活数量变化趋势，可以看出，2010～2020年北京人工智能企业存活数始终处于领先地位，其次是深圳、上海、广州和杭州。2010～2020年，不同城市之间的相对顺序保持不变。从增速来看，北京、上海和深圳的增长速度在2015年前后出现明显的加速态势，然后在2018年趋于平缓，而广州和杭州相对而言发展趋势较为平稳。

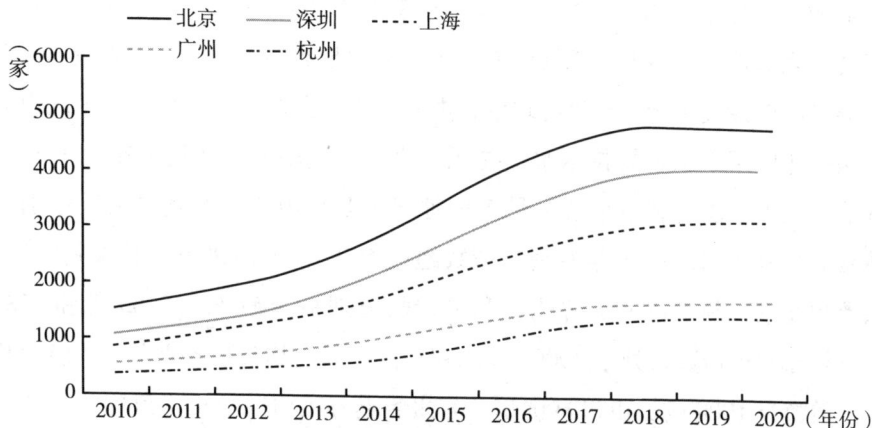

图3　2010～2020年主要城市人工智能企业存活数

资料来源：企研·学术大数据平台。

总体而言，人工智能技术和产业发展存在明显的不均衡现象，区域分布具有"东强西弱、南强北弱、高度集中、梯次分布"的特征。人工智能发展的空间极化现象严重，全国排名前五省份人工智能专利申请量占比达到78%，人工智能企业数占比63%，省份层面人工智能技术集中度比企业集中度还高15个百分点。

四　中国制造业人工智能发展的空间特征

（一）中国制造业人工智能技术整体空间分布

《中共中央关于制定国民经济和社会发展第十四个五年规划和二〇三

157

五年远景目标的建议》明确强调，保持我国制造业增加值占 GDP 的比重基本稳定。随着制造业传统比较优势的逐渐丧失，其向高端化、智能化、绿色化转型的需求日益迫切。"人工智能+制造业"成为推进新型工业化、建设现代化产业体系的重要路径。因此，本报告进一步使用地区制造业人工智能专利申请数和授权数反映地区人工智能发展水平。

不论是专利申请数还是授权数，全国制造业人工智能技术渗透率都存在明显的空间分布不均衡现象，具有"东多西少、高度集中"的特征。具体来说，东部地区制造业人工智能专利申请数明显高于西部地区，制造业人工智能专利申请集中于东部沿海地区，尤其是珠三角和长三角地区。地级市之间制造业应用人工智能技术水平差距较大，呈现明显的队列分布。2020 年制造业人工智能专利申请总数最多的地级市是珠海市，专利申请数分别是5838 件，也是唯一一个年专利申请数超过 5000 件的地级市。其次是深圳、东莞和北京，制造业人工智能专利申请数分别是 4651 件、3185 件和 3185件，年专利申请数目处于 3000 件与 5000 件之间。其余制造业人工智能专利申请数超过 1000 的城市仅有杭州、苏州和上海，均位于长三角地区。其余132 个地级市制造业人工智能专利申请数处于 1 件到 1000 件之间，剩下 228个地级市制造业人工智能专利申请数为 0。也就是说，如果按照地区制造业人工智能专利申请数来看，由于技术具有外溢性，2020 年我国有超过半数的地级市在制造业领域没有取得任何关于人工智能方面的技术进步，人工智能技术研发主要在珠三角、长三角和北京市等少数城市。

如果从专利授权数来看，制造业人工智能技术空间分布整体与申请数类似，也是具有"东多西少、高度集中"的特征，制造业人工智能技术研发主要集中在珠三角、长三角和北京市。但是，区别在于，截至 2020 年制造业人工智能专利授权数排名第一的是深圳市，达到 17011 件，远高于排名第二和第三的珠海和东莞。珠海和东莞制造业人工智能专利授权数分别是9293 件和 6713 件，加起来与深圳市的专利授权数几乎相同，深圳遥遥领先。而且，深圳、东莞、珠海也是全国仅有的制造业人工智能授权数超过5000 件的地级市，专利授权数分别占全国专利授权总数的 24%、13% 和

9.6%，加起来接近全国专利授权数的一半。排名第三的是北京市，2020 年制造业专利授权数是 4382 件，其他地级市专利授权数均低于 3000 件。具体来说，制造业人工智能专利授权数处于 1000~3000 件的地级市共有 7 个，分别是杭州市、苏州市、上海市、合肥市、佛山市、广州市和惠州市，集中在长三角和珠三角。另外 143 个地级市制造业人工智能专利授权数处于 1~1000 件，剩下 213 个地级市制造业人工智能专利授权数为 0。

总体来说，不论是专利申请数还是专利授权数，我国人工智能与制造业的融合程度均存在明显的空间分布不均衡现象，具有"东多西少、高度集中"的特征，主要聚集在珠三角、长三角和北京市，呈现"三足鼎立"态势。部分地区制造业人工智能技术尚处于初步发展阶段，西部绝大多数地区仍处于空白状态。

虽然人工智能发明专利占比不一定能够体现不同发展阶段地区人工智能专利质量的差距，但是可以明确区分人工智能发明专利有无，反映我国不同地区在制造业与人工智能领域是否实现零的突破。从制造业人工智能发明专利申请数占专利申请总数比重来说，绝大多数地级市制造业人工智能领域原创性创新仍处于零进展，且大部分处于中西部和东北地区。具体来说，2020年全国有 241 个地级市制造业人工智能发明专利申请数为 0，占全国地级市总数的 65.6%。从制造业人工智能发明专利授权数占专利授权总数比重来说，全国有 255 个地级市发明专利授权数为 0，占全国地级市数目的近七成。这说明，截至 2020 年，全国有近七成的地级市没有在制造业人工智能领域取得原创性的技术进步，相关技术积累为零。

我国制造业人工智能渗透率存在空间分布不均衡，"东多西少、集中分布"特征。各地区制造业人工智能企业存活数整体较少，人工智能企业存活数超过 200 的城市仅有深圳市，达到 643 家，其次是苏州、广州、东莞、上海，制造业人工智能企业存活数为 100~200，170 个地级市人工智能企业存活数为 1~100，人工智能企业存活数在个位数的有 124 个地级市，192 个地级市人工智能企业存活数为 0。也就是说，超过半数地级市制造业没有人工智能企业，且这部分地级市大多数属于西部和东北地区。制造业人工智能企业分布高度集中，仅深圳市集中分布了全国 22% 的制造业人工智能企业，排名前五的地级市人工智能存活企业数占比达到 41.5%，接近半数。总体而言，人工智能在制造业渗透率较低，距离全面普及的目标较远，大部分地区仍处于空白阶段，仅有少数地区处于初步探索阶段。

（二）重点城市人工智能企业行业分布结构

进一步分析全国不同地区主要城市人工智能企业分布，可以反映地区人工智能应用的行业偏向性。图 4 列出了北京、深圳、沈阳、长春、郑州、贵阳、西安和成都不同行业的人工智能企业分布结构。具体如下。

2020 年，北京市的人工智能企业共计 4803 家，主要分布在科学研究和技术服务业，信息传输、软件和信息技术服务业，其次是租赁和商务服务业，文化、体育和娱乐业，批发和零售业。其中，科学研究和技术服务业人工智能企业存活数占比高达 80.66%，远高于其他行业，呈现"一业独大"分布。其他行业中人工智能企业分布较少。值得注意的是，制造业中人工智能企业的数量仅为 35 家，占比仅为 0.73%。金融业中的人工智能企业数量仅为 10 家，占比为 0.21%。北京市人工智能企业主要分布在科研行业中，以研发创新、技术驱动为主要特征，人工智能企业行业分布高度集中。

2020 年，深圳市人工智能企业的存活数量为 4052 家，主要分布在信息传输、软件和信息技术服务业，批发和零售业，制造业。其中，信息传输、软件和信息技术服务业为 1395 家，科学研究和技术服务业为 1025 家，制造业为 643 家。人工智能企业在行业间的分布较为均衡，制造业中人工智能企业的数量在行业中排名前三，与科学研究和技术服务业中人工智能企业的数量相当，说明深圳市人工智能技术在制造业中的应用较为广泛。

2020 年，沈阳市人工智能企业的存活数量为 310 家，主要分布在科学研究和技术服务业，信息传输、软件和信息技术服务业，制造业。其中，科学研究和技术服务业为 106 家，信息传输、软件和信息技术服务业为 100 家，制造业为 37 家。总体而言，沈阳市人工智能企业的总量较少，制造业中人工智能企业的占比虽然达到 11.94%，但仅有 37 家，说明沈阳市的制造业结构仍较为传统。

北京市

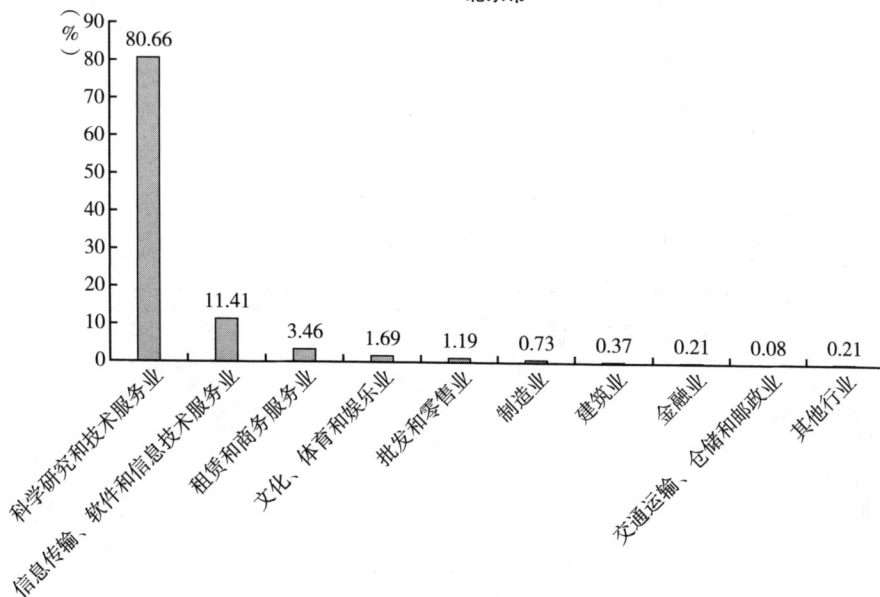

深圳市

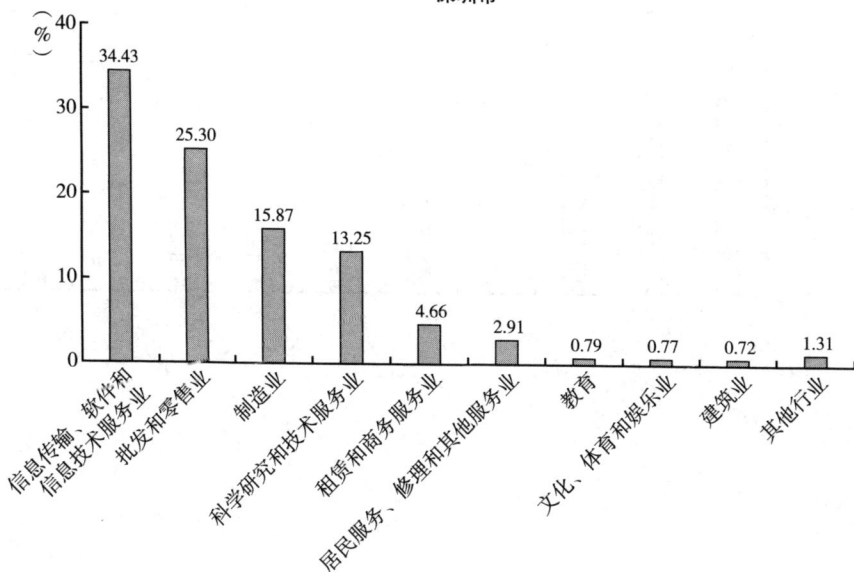

沈阳市

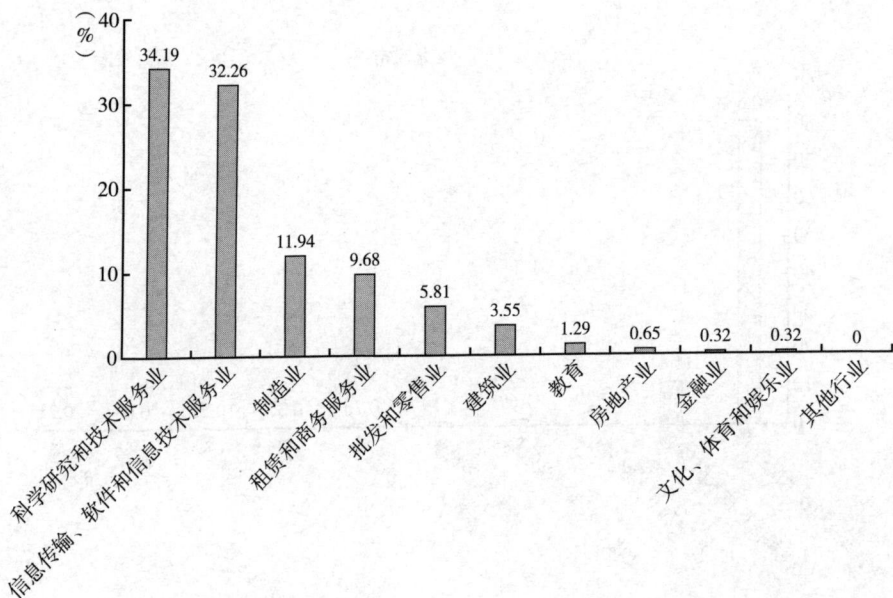

长春市

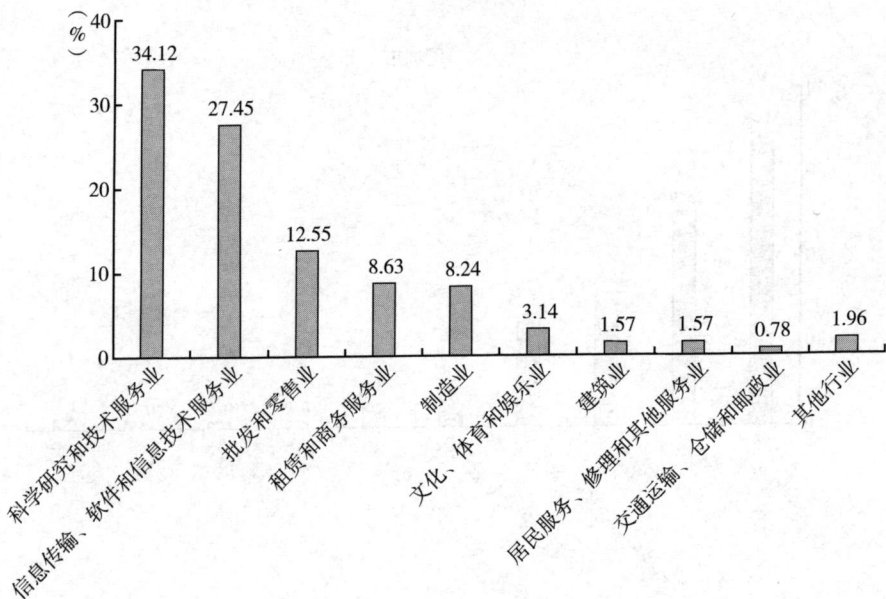

郑州市

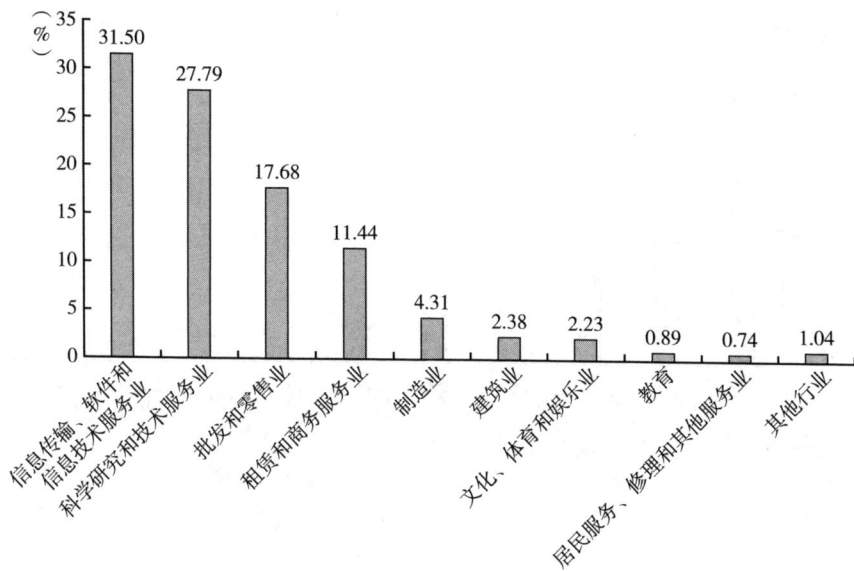

行业	百分比(%)
信息传输、软件和信息技术服务业	31.50
科学研究和技术服务业	27.79
批发和零售业	17.68
租赁和商务服务业	11.44
制造业	4.31
建筑业	2.38
文化、体育和娱乐业	2.23
教育	0.89
居民服务、修理和其他服务业	0.74
其他行业	1.04

贵阳市

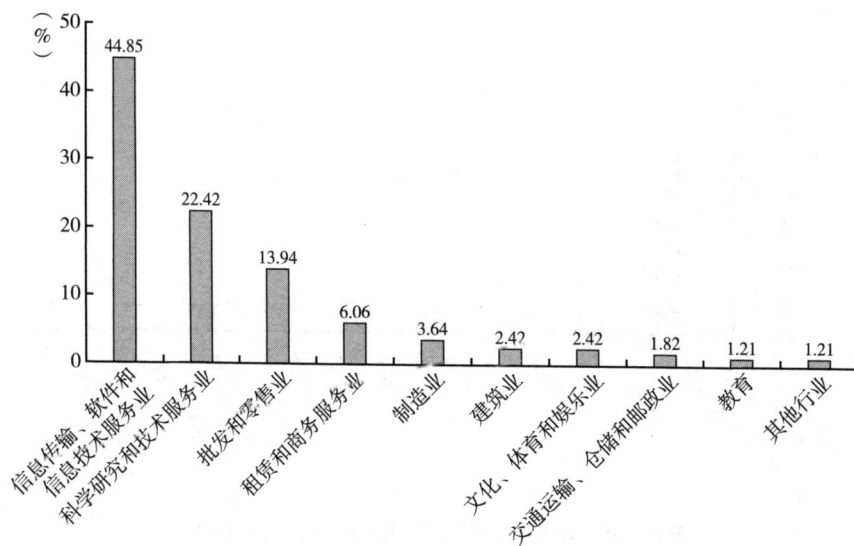

行业	百分比(%)
信息传输、软件和信息技术服务业	44.85
科学研究和技术服务业	22.42
批发和零售业	13.94
租赁和商务服务业	6.06
制造业	3.64
建筑业	2.42
文化、体育和娱乐业	2.42
交通运输、仓储和邮政业	1.82
教育	1.21
其他行业	1.21

西安市

成都市

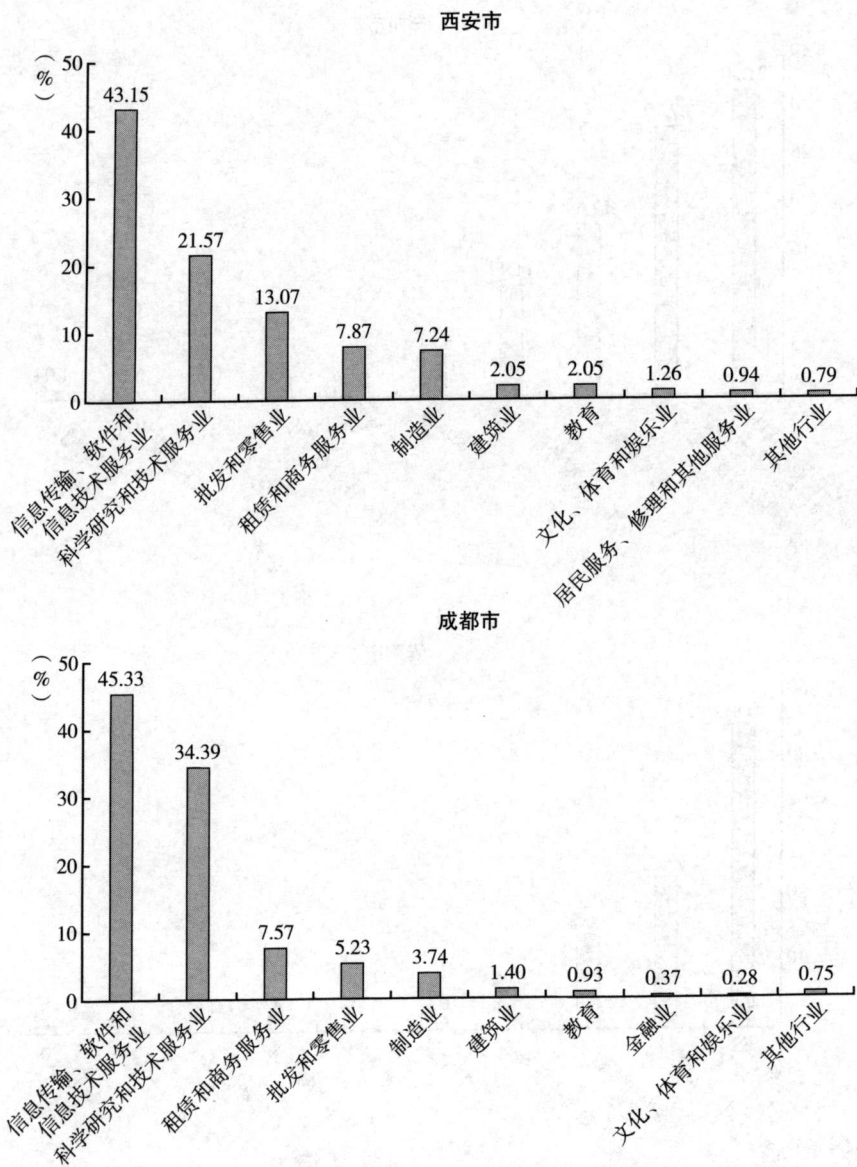

图4 2020年8个城市人工智能企业行业分布结构

资料来源：企研·学术大数据平台。

2020 年，长春市人工智能企业的存活数量为 255 家，主要分布在科学研究和技术服务业，信息传输、软件和信息技术服务业，批发和零售业，占比分别为 34.13%、27.45% 和 12.55%，其次是租赁和商务服务业、制造业，占比分别为 8.63% 和 8.24%，其他行业中的人工智能企业数量较少。其中，制造业中人工智能企业占比低于批发零售等第三产业，这说明传统产业尚未大规模引入人工智能新技术实现产业转型。

2020 年，郑州市人工智能企业存活数量为 673 家，排名前三的行业分别为信息传输、软件和信息技术服务业，科学研究和技术服务业，批发和零售业，人工智能企业存活数占比分别是 31.50%、27.79% 和 17.68%。其次是租赁和商务服务业、制造业，占比分别是 11.44% 和 4.31%，制造业人工智能企业存活数仅为 29 家，占比很低。这说明郑州市人工智能企业主要分布在科研和第三产业，制造业人工智能企业数目和占比均较低，制造业智能化转型程度较低。

2020 年，贵阳市人工智能企业存活数量为 165 家，排名前三的行业分别为信息传输、软件和信息技术服务业，科学研究和技术服务业，批发和零售业，人工智能企业存活数目占比分别是 44.85%、22.42% 和 13.94%。其次是租赁和商务服务业、制造业，占比分别是 6.06% 和 3.64%，制造业人工智能存活企业数仅为 6 家，制造业人工智能企业数很少。

2020 年，西安市人工智能企业存活数量为 635 家，排名前三的行业分别为信息传输、软件和信息技术服务业，科学研究和技术服务业，批发和零售业，人工智能企业存活数占比分别是 43.15%、21.57% 和 13.07%。制造业的人工智能企业仅为 46 家，占比为 7.24%。西安市人工智能企业的行业分布与郑州市相近，但制造业中人工智能企业的占比较高。

2020 年，成都市人工智能企业共计 1070 家，排名前三的行业分别为信息传输、软件和信息技术服务业，科学研究和技术服务业，租赁和商务服务业，人工智能企业存活数占比分别是 45.33%、34.39% 和 7.57%。制造业中人工智能企业仅为 40 家，占比为 3.74%。人工智能技术的应用主要集中于第三产业，在制造、金融等行业中的占比较少。

整体来说，不论经济发达地区的北京、深圳，还是东北的老工业基地沈阳、长春，中部数字经济新秀郑州，还是西部经济龙头西安、成都，全国制造业人工智能企业存活数整体较少，大多数人工智能企业分布在科研和信息技术行业，这与全国人工智能企业的行业分布保持一致。具体到不同地区，人工智能结构分布略有差异，这一差异不是体现在人工智能排名前二的行业，而是体现在制造业人工智能企业数的绝对值和占比排名。除了深圳与沈阳制造业人工智能企业数目占比进入前三，除北京外其他城市制造业人工智能企业存活数占比均在第五，处于批发和零售业、租赁和商务服务业之后，这说明我国人工智能企业目前主要集中分布在第三产业，制造业人工智能企业数较少，整体制造业智能化转型程度较低。

五　促进人工智能产业均衡发展的政策建议

本报告利用 2010~2020 年各地区人工智能专利数和企业数，衡量中国不同区域的人工智能技术和产业发展水平，并选取重点城市进行研究。研究发现，中国人工智能技术和产业空间分布高度不均衡，具有"东强西弱、南多北少、高度集中、梯度分布"特征，且技术集中度高于企业集中度。不论是企业数还是专利数，中国不同区域人工智能发展呈现断层分布，大部分人工智能技术和企业聚集在珠三角、长三角和北京市，呈现"三足鼎立"态势，而中西部地区大多处于初步发展甚至空白状态。具体到制造业行业，人工智能空间极化现象更为突出。

新一代信息技术革命和产业变革背景下，人工智能发展带来的"技术鸿沟"可能进一步加剧地区间经济发展不均衡，这不利于区域均衡发展和高水平共同富裕的实现。因此，有必要采取措施促进人工智能发展，缩小区域间"技术鸿沟"，提升数字产业整体竞争力。2024 年 4 月 22~24 日，习近平总书记在重庆考察时强调，充分发挥比较优势、后发优势，并指出各地支柱产业是发展新质生产力的主阵地。这就需要根据中国不同省份人工智能发展水平，采取差异化的发展路径。

第一，尊重人工智能技术发展规律，继续提升发达地区人工智能技术的原创性研究优势，发挥技术进步和产业变革引领作用。人工智能技术具有高资本、高技术、高人力资本、高数据密集特征，这就决定了人工智能技术的研发和创新集中于发达地区。尊重科学创新和数字经济发展规律，培育京津冀、长三角、粤港澳数字经济产业集群，打造人工智能发展高地（李海舰等，2023）。东部地区科技与经济基础较好，要更加注重人工智能原始创新能力和集成创新能力的提升，建立有利于集聚全球创新要素的开放合作机制，推动原创性、颠覆性技术快速涌现。

第二，加强欠发达地区数字经济发展支持力度，缩小区域间"数字鸿沟"。加大经济欠发达地区数字基础设施建设力度，鼓励适度超前建设，补齐基础设施短板。加强与发达地区的部门、技术、人才交流，借助对口支援等区域互助模式，快速吸收企业数字化转型、数字农业、数字治理、在线教育等经验，发挥欠发达地区后发优势。立足地区支柱产业，通过研发补贴、税收优惠等政策引导产业转型升级，跨越高端制造业门槛（朱兰等，2024）。总结贵阳、宁夏等欠发达地区数字经济、数实融合发展经验，结合地区禀赋结构和发展目标，探索地区数字经济发展新模式。加强欠发达地区数字政府建设，改善数字营商环境，强化数字经济发展新思维，夯实数字经济发展的底层基础。

参考文献

蔡跃洲、陈楠，2019，《新技术革命下人工智能与高质量增长、高质量就业》，《数量经济技术经济研究》第 5 期，第 3~22 页。

陈凤仙，2022，《人工智能发展水平测度方法研究进展》，《经济学动态》第 2 期，第 142~158 页。

陈楠、蔡跃洲，2022，《人工智能、承接能力与中国经济增长——新"索洛悖论"和基于 AI 专利的实证分析》，《经济学动态》第 11 期，第 39~57 页。

李海舰、朱兰、孙博文，2022，《新发展格局：从经济领域到非经济领域——加速启动"五位一体"新发展格局的构建》,《数量经济技术经济研究》第 10 期,第 5~25 页。

彭刚、彭肖肖、陈丹丹,2022,《人工智能统计与核算问题研究》,《经济学动态》第 9 期,第 32~50 页。

彭绪庶,2024,《中美人工智能创新比较研究——国家创新能力理论视角的分析》,《当代经济管理》第 5 期,第 1~12 页。

盛朝迅,2024,《因地制宜发展新质生产力》,《经济日报》6 月 11 日。

尹志锋、曹爱家、郭家宝,2023,《基于专利数据的人工智能就业效应研究——来自中关村企业的微观证据》,《中国工业经济》第 5 期,第 137~154 页。

朱兰,2024,《中国人工智能发展的空间极化与国际追赶——基于技术-产业双重视角》,《农村金融研究》第 3 期,第 67~80 页。

朱兰、吴紫薇、王勇,2024,《经济高质量发展的"引擎"——高端制造业发展、人力资本配置和经济增长》,《数量经济技术经济研究》第 4 期,第 1~21 页。

Cockburn, I. M., Henderson, R., Stern R., 2019, "The Impact of Artificial Intelligence on Innovation: An Exploratory Analysis", NBER Working Paper, No. 24449.

Montagnier, P., Ek, I., 2021, "AI Measurement in ICT Usage Surveys: A Review", OECD Digital Economy Papers, No. 308.

B.10
技术和需求驱动的智能制造
人才培养挑战与路径

石　泰[*]

摘　要： 人工智能为智能制造拓展了产业技术边界，也对人才发展提出了新的要求和挑战。针对国内人工智能人才培养现状和面临的挑战，研究基于环球优路公司在人才培养中的创新实践，提出可以利用数字孪生等人工智能技术创新智能制造人才培养，包括因材施教为学生提供个性化教学学习，利用三维仿真和虚拟现实技术为学生提供"真实"环境下无风险的实际操作练习，利用数字孪生让教师和学生实时监控和调整制造过程等。

关键词： 人工智能　智能制造　智能人才　人才培养

一　以人工智能驱动智能制造发展

（一）全面推动人工智能与智能制造等实体经济结合

制造业是国民经济的主体，也是今后我国经济"创新驱动、转型升级"的主战场。自 18 世纪中叶开启工业文明以来，世界强国的兴衰史和中华民族的奋斗史就一再证明，没有强大的制造业，就没有国家和民族的强盛。打造具有国际竞争力的制造业，是我国提升综合国力、保障国家安全、建设世界强国的必由之路。

---

[*] 石泰，北京优路教育集团创始人兼董事长，主要研究方向为职业教育发展与战略研究。

在当前全球工业化快速演进的背景下，人工智能与智能制造的深度融合已经不仅仅是技术发展的必然趋势，更是推动实体经济创新与发展的核心动力。

首先，人工智能的整合能极大地提高生产流程的自动化与智能化水平，促使制造业的运作效率和产品质量实现质的飞跃。例如，西门子在其电子制造工厂的自动化系统中集成了 AI，通过动态优化生产线配置和运行参数，成功提高了操作效率和能源利用率。这一改革使工厂在保持高产出的同时，实现了能源消耗的显著降低，具体表现为整体能效提升约 20% 以上，而相应的生产成本也因此下降。

其次，通过机器学习、深度学习以及复杂数据分析技术的应用，智能制造已能支持高度个性化的产品生产与适应快速变化的供应链需求，以灵活应对市场的不断变化和不确定性。例如，特斯拉公司采用的 AI 驱动自动化生产线，能够根据实时的市场数据和技术反馈调整其制造流程，这不仅极大地增强了其对新型电动汽车技术的适应能力，也显著提升了企业的市场敏感度和创新速度。

最后，AI 技术在数据驱动的决策支持系统中的运用，已经为实体经济提供了前所未有的决策精确性和操作效率。这一技术的支持使企业能够进行实时的市场监测和趋势预测，从而科学地优化战略部署。以亚马逊为例，该公司运用 AI 技术进行精准的需求预测和仓库管理，通过高效的库存控制和物流优化，显著提升了整个供应链的响应速度和客户满意度。

在环境可持续性方面，AI 与智能制造的结合也为企业的绿色发展提供了强有力的技术支撑。智能算法通过优化能源消耗和减少生产废物，帮助企业在加强市场竞争力的同时，有效履行其环保责任。荷兰皇家帝斯曼集团便是通过 AI 技术调整化工生产过程，实现了能源和原料的最大节约，同时显著降低了环境排放。

从战略角度分析，深度融合人工智能与智能制造对于任何追求在全球产业竞争中保持领先地位的国家来说，都是至关重要的战略选择。这不仅有助于推动国内产业结构的战略性升级，还能通过技术创新和系统性人才培养，为经济的持续增长和社会的全面发展提供坚实的支撑。

因此，有效整合 AI 技术与智能制造不仅直接推动了实体经济的高质量发展，更是构建现代经济体系、实现持续繁荣的关键路径。这一过程要求政策制定者、产业界与学术界的密切合作，通过制订促进技术研发和创新转化的政策、投入必要的研发资源，构建一个支持创新的生态系统，确保技术潜能的全面发挥和社会经济价值的持续增长。

（二）人工智能技术对智能制造发展的重要意义

在当前技术革新和产业变革的背景下，人工智能与智能制造领域的融合迎来了前所未有的机遇。这种融合不仅推动了产业的技术疆界，也对培养相关领域的人才提出了新的要求和挑战。具体来说，利用人工智能培养智能制造人才，对于推动人工智能的进一步发展和优化智能制造工业的实践具有深远的意义。

1. 在人才培养方面

人工智能技术的应用使教育和训练过程能够更加精准和高效。通过数据驱动的学习路径和个性化的学习计划，AI 可以根据学生的学习进度和理解能力调整教学内容和节奏，从而极大地提高教育的针对性和效率。此外，AI 技术如模拟和虚拟现实（VR）工具的使用，为学生提供了在风险较低的环境中进行实践和操作的机会，这对于智能制造领域的技能培养尤为重要。

2. 从智能制造发展的角度

通过人工智能培养的人才能够更好地适应智能化生产线的需求。这些通过 AI 加强教育的人才不仅掌握了必要的技术技能，更具备了创新思维和解决复杂问题的能力。例如，智能制造环境中的问题往往需要跨学科知识的综合运用和快速准确的决策能力，AI 在此过程中的训练可以极大地增强学生的这些能力。

3. 促进了 AI 技术自身的发展

教育和实际操作的反馈带来了大量的数据，这些数据被用来训练和优化 AI 算法，使其更加精准地服务于教育和生产实践。这种自我迭代的过程不仅提升了 AI 的应用性能，也推动了 AI 技术在更广泛场景下的创新和应用。

4. 在经济和社会层面

通过人工智能系统培养的智能制造人才能够直接对接行业需求，缩小教育与产业之间的距离。这种紧密的联系不仅提高了教育的社会经济价值，也加速了智能制造技术的产业化和市场化进程，促进了经济结构的优化和升级。

因此，利用人工智能培养智能制造人才是一个多方面推动技术和社会发展的战略举措。这种互利共赢的模式不仅在教育领域产生了革命性的影响，也为智能制造和人工智能技术的进步提供了动力和人才支持，预示着未来工业和技术发展的新趋势。

二 智能制造是新一轮工业革命的焦点

（一）智能制造的发展内涵

制造业数字化网络化智能化是新一轮工业革命的核心。智能制造是一个大系统工程，要从产品、生产、模式、基础设施四个维度系统推进（见图1）。其中，智能产品是主体，智能生产是主线，以用户为中心的产业模式变革是主题，以信息物理系统（Cyber-Physical System，CPS）和工业互联网为基础，如图2所示。

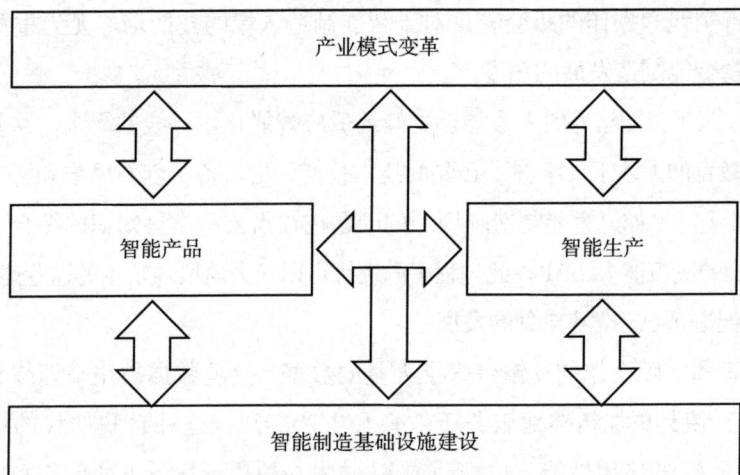

图1 智能制造推进的四个维度

资料来源：中研普华产业研究院《2022-2027年中国江苏省智能制造行业投资潜力及发展前景分析报告》，2022。

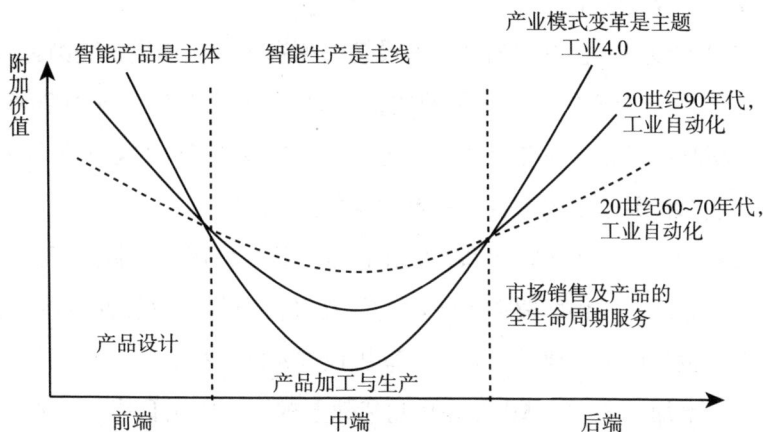

图2 智能制造微笑曲线

资料来源：中国高科技产业化研究会等《中国智能制造产业发展报告（2023–2024年度）》，2024。

（二）智能产品是主体

制造业数字化网络化智能化是实现机械产品创新的共性使能技术，使机械产品向"数控一代"乃至"智能一代"发展，可从根本上提高产品功能、性能和市场竞争力。

传统机械产品的构成包括：动力装置-传动装置-工作装置。机械产品创新的主要途径有二：一是创新工作原理或者说工作装置；二是创新运动的驱动和控制系统。

第一种创新：工作原理的创新。这种创新是根本性的，极为重要。千百年来，人们一直在不断创造各种新的机械，形成了适用于完成各种不同任务的成千上万的机械产品。

例1：3D（三维）打印机或称为快速成型机。

3D打印采用分层打印、叠加成形的方式逐层增加材料来生成三维实体。相对于传统的材料切削成形（cutting），3D打印的材料添加成形（adding）是一种重大创新。

例2：页岩气革命。

水平钻井设备和测井仪器及压裂设备的技术突破，催生了美国页岩气革命，页岩气产量占天然气总产量的比重从 2007 年的 12%上升到 2012 年的 37%，成功改变了美国的能源结构，使得美国能够以廉价的能源优势参与国际竞争，引起世界政治经济格局的重大变化。[①]

第二种创新：应用数控化和智能化技术进行机械产品创新。其核心技术路线是：一方面，用伺服驱动系统取代传统机械中的动力装置与传动装置；另一方面，也是更为重要的，采用计算机控制系统对机械运动与工作过程进行控制，即增加一个"大脑"，并在此基础上进一步应用智能化技术对产品功能与性能进行优化，使产品的智能化程度不断提高。

例3：动力机车的数控化与智能化。

我国已成为世界上高速机车技术最发达的国家之一。轨道交通机车历经蒸汽机车、内燃机车、电力机车到数字化电力机车的进化，目前正向智能化电力机车方向发展。

纵观机械产品创新升级的历程（见图3），蒸汽机技术这一共性使能技术所带来的动力革命曾催生了"蒸汽一代"机械产品；电机技术这一共性使能技术所带来的另一场动力革命则导致了"电气一代"机械产品的产生；当今，数控化和智能化这一共性使能技术使机械产品从"电气一代"跃升为"数控一代"，并正在逐步向"智能一代"机械产品进化。

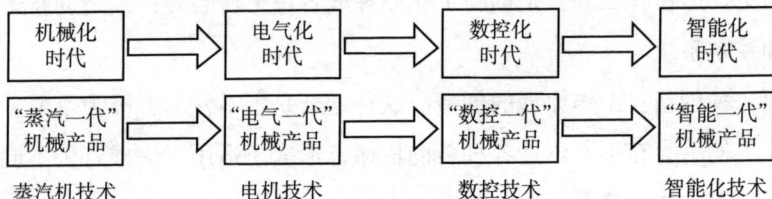

图3 机械产品创新升级历程

资料来源：《"数控一代"——中国智能制造的崛起》，2013 年 4 月 2 日，中国轻工业信息网，https://www.clii.com.cn/XinXiHuaYingYong/201304/t20130402_376483.html。

[①] 甘肃省机械工程学会秘书处。

一说起数控，人们就想起了数控机床，这是对的，但很不全面。一方面，数控机床是应用数控技术创新机械产品的最初的推动力和最成功的典范。美国帕森斯公司与麻省理工学院合作，于 1952 年研制成功世界上第一台三坐标立式数控机床，标志着机械产品数控化时代的开始；而且，经过随后几十年的发展，各种数控机床得到了非常广泛而高水平的应用。

例 4：X52K 普通立式铣床→XHK714/3-5 五坐标加工中心。

为实现不同的刀具切削速度，X52K 普通立式铣床设计了复杂的主传动和进给传动变速系统。XK714 数控立式机床是 X52K 产品的升级。其创新点是：①进给运动、主轴运动均采用交流伺服电机驱动，机械传动系统大大简化，而且可实现精确的无级变速；②计算机数控系统对机床运动与工作过程进行控制，可三轴联动加工复杂形状零件；③加工精度高、质量稳定；④生产效率与自动化程度高；⑤柔性好、操作方便；⑥有利于实行现代化生产管理。XHK714/3-5 五坐标加工中心是 XK714 产品的升级。其创新点是：①再增加两转动坐标；②五坐标联动可使刀具相对工件呈任意姿态，加工自由度显著增大，如一次装夹实现装夹部分外其余表面的完全加工，五坐标联动可有效避免三坐标联动时的刀具干涉，可采用最有效的刀具及姿态进行加工，显著提高加工效率和质量。

在数控化的基础上，各种机床向高速高精高性能方向快速发展，形成了崭新一代数控机床。

例 5：高速高精钻攻中心。

苹果手机采用创新的制造工艺，以高速铣削金属壳体框架代替注塑成形的塑料外壳，引领了智能手机外壳金属化的潮流。自 2013 年始，三星、HTC、华为、联想、小米、OPPO、魅族等均推出金属外壳手机。

制造金属手机外壳的加工要求非常高，为了批量生产高质量的手机外壳产品，需要稳定性强、加工性能好、效率非常高的高速钻攻中心，要求如下：①快移速度 60m/min；②单轴的加速度 1g；③主轴从 0 加速到 20000r/min 的时间不超过 1.9s；④能实现 5000r/min 的高速刚性攻丝；⑤能高速通过拐角且不产生振动；⑥能连续运转，可靠性要求极高；⑦加工表面粗糙度和精度符合要求。

目前，国产高速高精钻攻中心及其核心部件数控系统已经取得重大突破，与日本 FANUC、三菱、西门子等国际巨头同台竞技毫不逊色。

在数控化基础上，通过进一步引入各种智能化技术，可使机床性能和智能化程度不断提高，如实现智能编程、自适应控制、机械几何误差补偿、热变形误差补偿、三维刀具补偿、运动参数动态补偿、故障监控与诊断等。

例 6：光刻机精密工作台。

数控化智能化使机械产品装备了"大脑"，开辟了高端机械产品创新的广阔空间，光刻机精密工作台的研制即为一典型案例。

光刻机是 IC 制造中最关键、最复杂和最昂贵的设备。精密工作台是光刻机的核心关键装置，其精度要求极高；加速度高至 2g、速度 1m/s 以上、运动精度为纳米级的六自由度运动；对于 100nm 线宽的扫描曝光，要求定位精度小于 10nm，硅片台和掩模台间的同步平均误差小于 5nm。[①] 上述要求几乎接近物理极限，常规机械制造工艺无法实现。要实现光刻机的高速、大行程、六自由度纳米级精度运动，除合理的运动结构与精密检测技术外，其关键在于数字化智能化控制，其核心在于对引起误差的各种因素的补偿修正。通过补偿控制，我国研制的 100nm 光刻机工作台实现了高速高精的技术要求。

另外，人们应用数控技术和智能技术来改变原有的机械驱动方式，催生了一系列新的数字化智能化装备，形成数字化智能化革命。电动汽车使用车载电源为动力，通过电机驱动车轮行驶，其实质就是电驱动、电控制的数字化装备。此外，近年来美国军方不断加强研制的"全电坦克""全电飞机""全电舰船"等先进武器，我国的"海洋石油 981"平台、大疆无人机等也都是典型的全电数字化装备。

例 7：全电舰船。

全电舰船利用原动机（如内燃机）集中发电，同时采用新型储能技术，

---

① 《干勇院士：高端制造及新材料产业发展战略》，网易，2021 年 1 月 20 日，https：//www.163.com/dy/article/G0Q0HRQ10511DV4H.html。

通过电力网络实现舰船的电力推进，并为高能武器、探测、通信与导航等系统进行供电，实现了全舰能源的综合利用，进而大大加快了舰船装备的智能化进程，被誉为舰船发展的第三次革命。其突出优势体现在：①是高能武器上舰的唯一途径；②可有效提高舰船隐身性能；③可有效提高舰船战技性能；④节能降耗；⑤可有效降低舰船全生命周期费用。

例 8："海洋石油 981"平台。

"海洋石油 981"平台利用柴油机集中发电，然后对整个平台进行电力驱动和数字化控制。这么一个庞然大物，在 3000m 深海钻井，能在大风大浪中岿然不动，靠的是平台底部的八个电推进器。在计算机系统的优化调度控制下，这八个推进器可以在各个方向上进行角度和推力调整，从而保证平台的稳定和顺利作业。

综上所述，作为一种共性使能技术，数字化网络化智能化技术可以广泛应用于国民经济各行业和国防军工中各种重要装备的升级换代，极大地提升各种产品性能与市场竞争力，提高整个制造业的生产效率和质量水平。其应用对象包括：①各种金属加工设备特别是金属切削机床；②各种非金属加工专用设备；③食品、饮料、农副产品、日用化工、制药等专用设备；④汽车、火车、飞机、轮船等交通运输设备；⑤火炮、雷达、坦克等武器装备；⑥工程、农业、建筑、港口、印刷、医疗器械等。必须强调，中国装备走向高端的主要技术路线就是数字化网络化智能化。特别是高端装备工程，一定要把装备的数字化网络化智能化作为主攻方向，创新驱动，跨越发展。

（三）智能生产是主线

制造业数字化网络化智能化也是生产技术创新的共性使能技术，能使制造业向智能化集成制造系统发展，构建智能企业，全面提升产品设计、制造和管理水平。

1. 设计技术创新——设计的数字化网络化智能化

采用面向产品全生命周期、具有丰富设计知识库和模拟仿真技术支持的数字化智能化设计系统，在虚拟现实、计算机网络、数据库等技术支持下，可在虚拟的数字环境里并行、协同地实现产品的全数字化设计，结构、性能、功能的模拟与仿真优化，极大地提高了产品设计质量和一次研发成功率。

例9：飞机的全数字化设计。

波音777、787飞机采用了全数字化设计、测试和装配，并行工程方法协同工作，虚拟现实技术进行模拟试飞。实现了机身和机翼一次对接成功和飞机上天一次成功，缩短研发周期40%、减少返工量50%。我国的ARJ21飞机研制也同样全面采用了三维数字化设计技术和并行工程方法，最终实现了大部段对接一次成功，飞机上天一次成功。

2. 生产技术创新——生产的数字化网络化智能化

制造装备的数字化网络化智能化、生产过程的计算机辅助规划与优化，可大幅度提升生产系统的功能、性能与自动化程度，使制造系统向柔性制造系统、数字化智能化车间、数字化智能化工厂、智能制造系统方向发展。

我国制造业目前正在普遍推进"机器换人"。"机器换人"的根本目的在于提高产品质量和企业生产效率，大大节省劳动力。"机器换人"有两种途径：①通过对原有生产设备进行数字化、网络化、智能化改造，大幅提高生产效率；②广泛采用工业机器人，实现"减员、增效、提质、保安全"的目标。

工业4.0的核心是单机智能设备的互联，不同类型和功能的智能单机设备的互联组成智能生产线，不同的智能生产线间的互联组成智能车间，智能车间的互联组成智能工厂，不同地域、行业、企业的智能工厂互联组成一个制造能力无所不在的智能制造系统，这些单机智能设备、智能生产线、智能车间及智能工厂可以自由动态地组合，以满足不断变化的制造需求，这是工业4.0区别于工业3.0的重要特征。

3. 管理技术创新——管理的数字化网络化智能化

数字化网络化智能化技术的应用将使制造企业向数字化网络化智能化企业管控模式发展，可实现产品全生命周期各环节各业务各要素的协同规划与决策优化管理，不仅可有效提高企业的市场反应速度，还可大幅度提高制造效益，降低产品成本和资源消耗，有效提高企业竞争力。

例 10：波音公司：全方位、全周期生产管控。

通过采用数字化工厂，波音公司在制造环节取得了显著的效益：①提高了生产效率；②减少了质量缺陷率；③减少了因供应商原因导致的生产延期；④波音 787 飞机研制周期缩短至原来的 1/3，研制成本降低 50%；⑤新一代战神航天运载工具的研制和 Cl30 的航空电子升级中，缩短装配工期 57%。

4. 智能化集成制造系统（IIMS）

智能生产是智能制造工程的主线。"智能生产"实质上就是智能化集成制造系统。CPS 系统和工业互联网将企业的产品设计、制造过程和优化管理集成起来，实现技术流程和业务流程的融合，具有灵活性、自适应和学习功能、容错和风险管理等特点，提供了产品制造质量、时间、成本等方面的巨大竞争优势。智能化集成制造系统（IIMS）功能组成见图 4。

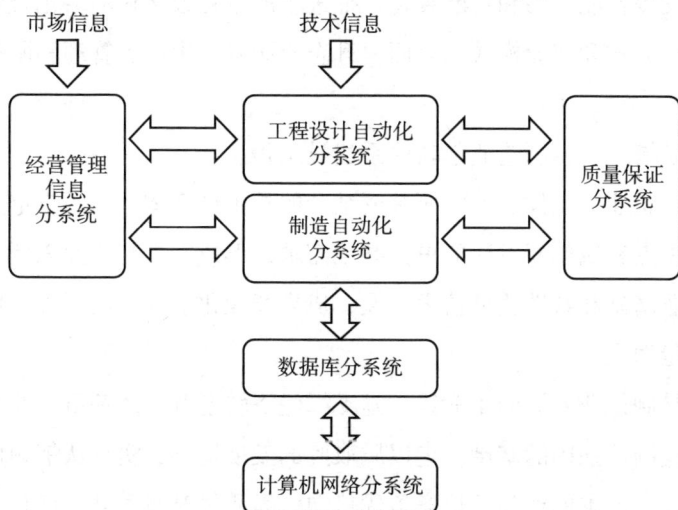

图 4　智能化集成制造系统（IIMS）功能组成

资料来源：作者根据相关资料绘制。

（四）中国制造业发展的基本方针和战略举措

制造人才一方面来自学校专业化人才培训，另一方面社会培训机构承担了一部分应用人才培养，其中不乏一些优秀的教育机构。优路教育长期以来专注于职业技能人才培养，秉承中国制造业发展总体战略方针，以人为本，以技术为先导，凭借技能人才培训优势、雄厚师资实力、实训基地建设以及在职教领域的持续深耕，被工信部人才交流中心授予"智能制造产业人才基地"，开展智能制造技能人才培养工作。

1. 创新驱动

创新是制造业发展的灵魂，是转型升级的不竭动力，必须摆在制造业发展全局的核心位置，要坚持走创新驱动的发展道路，实现从要素驱动向创新驱动的根本转变。

战略举措之一：制造工程。

加快推动新一代信息技术与制造技术融合发展，把智能制造作为主攻方向；着力发展智能产品和智能装备，推进生产过程数字化网络化智能化，培育新型生产方式和产业模式，全面提升企业研发、生产、管理和服务的智能化水平。

战略举措之二：制造业创新体系建设工程。

建立以企业为主体、产学研紧密结合的技术创新体系。围绕重点行业转型升级和重点领域创新发展的重大共性需求，形成一批制造业创新中心，重点开展行业基础和共性关键技术研发、成果产业化、人才培训等工作。

2. 质量为先

质量是制造业发展的生命线，是支撑经济转型升级的基石。要坚持把质量作为建设制造强国的基础，走以质取胜的发展道路，实现从依赖低廉的资源价格和人力成本的产品低价竞争优势向依靠质量升级和品种优化的质量效益竞争优势的根本转变。

德国在工业 2.0 的时候就解决了质量问题，中国要实施制造强国战略，必须下决心解决质量问题，必须过质量这一关。质量是中国制造的基础，"基础不牢，地动山摇"。质量是中国制造的生命，"生命不保，何谈发展"？必须把提高质量放在中国制造发展的基础地位、优先地位。

同时，我们必须走中国特色工业化发展道路，更加强调新的技术革命对提高质量的促进作用，用创新的方式，用工业4.0的信息化、智能化的新技术、新方法，更好地解决质量问题。

战略举措之三：工业强基工程。

基础零部件、基础工艺、基础材料和产业技术基础（统称"四基"）等工业基础能力薄弱，是制约我国制造业质量提升和创新发展的症结所在。要实施"工业强基工程"，统筹推进"四基"发展，加强"四基"创新能力建设，推动整机企业和"四基"企业协同发展。

战略举措之四：质量与品牌提升行动计划。

全面强化质量意识，提高质量控制技术，完善质量管理机制，强化和推进先进的制造业标准，实现工业产品质量大幅提升；推进品牌建设，形成具有自主知识产权的名牌产品，不断提升企业品牌价值和中国制造品牌良好形象。

3. 绿色发展

坚持把绿色发展作为建设制造强国的重要着力点，走生态文明的发展道路，实现由资源消耗大、污染物排放多的粗放制造向资源节约型、环境友好型的绿色制造的转变。

2012年，中国单位GDP能耗是世界平均水平的2.14倍，是日本的4.56倍。如果我们通过提高能效，将单位GDP能耗降到世界平均水平，在不增加能源消耗条件下，中国GDP可以再翻一番；如果降到日本目前水平，中国GDP可以再翻两番。

战略举措之五：绿色制造工程。

加大先进节能环保技术、工艺和装备的研发和推广，加快制造业绿色改造升级；积极推行低碳化、循环化和集约化，提高制造业资源利用效率；强化产品全生命周期绿色管理，努力构建高效、清洁、低碳、循环的绿色制造体系。

4. 结构优化

坚持把结构优化作为建设制造强国的主要方向，大力发展战略性新兴产业，推动传统产业向中高端迈进，推动生产型制造向服务型制造转变。优化产业空间布局，加强现代企业建设，培育一批具有核心竞争力的产业集群和企业群体。

战略举措之六：高端装备创新工程。

推动制造业由大到强的关键在于高端装备。要集中优势力量，推进优势领域和战略必争领域的装备创新，实现新一代信息技术产业、高档数控机床和机器人、航空航天装备、海洋工程装备及高技术船舶、先进轨道交通装备、节能与新能源汽车、电力装备、农机装备、新材料、生物医药及高性能医疗器械等十大领域的重点突破。

战略举措之七：制造业服务化推进行动计划。

加快制造与服务的深度融合，推动产业模式创新和企业形态创新，促进生产型制造向服务型制造转变，大力发展与制造业紧密相关的生产性服务业。

战略举措之八：现代企业建设行动计划。

企业强则制造业强，制造业强则国家强。企业是经济发展的主体，是市场竞争的主体，当然是创新驱动、转型升级的主体。要全力支持企业、服务企业，为企业发展创造最好的环境，培育具有全球竞争力的企业群体。一方面，要大力培育一批在国际竞争中处于前列的大企业；另一方面，要着力培养一大批高成长性的中小企业，特别是激励广大科技创新型制造企业茁壮成长。近年来，由于国家政策支持以及数字化的不断推行，中国智能制造业产值规模一直保持增长趋势。根据国家《"十四五"智能制造发展规划》和实现2025制造业大发展的人才需求，优路教育凭借技能人才培训优势、雄厚师资实力、实训基地建设以及在职教领域的持续深耕，被工信部人才交流中心授予"智能制造产业人才基地"，开展智能制造技能人才培养工作，致力于为智能制造企业培养输送高技术人才，为企业员工提升个人专业技能竞争力，共同为制造强国建设提供坚实的人才支撑。

5. 人才为本

坚持把人才作为建设制造强国的根本，走人才为本的发展道路。加强制造业人才发展的统筹规划和分类指导，建立健全科学合理的选人、用人、育人机制，改革和完善学校教育体系，建设和强化继续教育体系，加快培养制造业发展急需的专业技术人才、经营管理人才、技能人才，建设规模宏大、结构合理、素质优良的制造业人才队伍。

三　智能制造行业人才需求分析

（一）智能制造人才特征

智能制造作为工业 4.0 的核心组成部分，其发展对人才提出了全新的要求。在当前全球工业化快速演进的背景下，人工智能与智能制造的深度融合已成为推动实体经济创新与发展的核心动力。智能制造人才不仅需要具备传统的工程技能，更需要掌握先进的信息技术、数据分析能力以及跨学科的综合素养。以下详细分析智能制造人才的关键特征，以体现他们在当前和未来工业发展中的重要性。

1. 学术背景和专业知识

智能制造人才通常需要具备较高的学历，通常是理工科背景，尤其是在计算机科学、自动化、机械工程及电子工程等相关领域。硕士或博士学位往往是这些岗位的基本要求，因为高等教育可以为他们提供必要的理论基础和复杂问题的解决能力。例如，制造工程师可能需要使用计算流体动力学（CFD）和有限元分析（FEA）等高级技术进行产品设计和测试，这些技术要求有深厚的数学和物理知识。

2. 跨学科技能

智能制造领域的复杂性要求从业者具备跨学科的知识和技能。除了传统制造工程的专业技能，他们还需要掌握数据分析、机器学习、系统工程等先进技术。例如，智能制造系统的设计和优化不仅需要机械和电气工程知识，还需要能够处理大量数据和优化生产流程的能力。这种跨学科的知识结构使智能制造人才能在设计高效、可持续的生产系统中发挥着关键作用。

3. 实践经验与技术适应性

理论知识深厚是基础，但在快速变化的智能制造领域，实践经验同样重要。理想的候选人不仅在学术上有所成就，还需具备实际操作和问题解决的经验。企业高度重视那些能够将理论应用于实际生产挑战，并通过技术创新提升生产效率和产品质量的人才。此外，这些人才必须能迅速适应技术变革，如新一代人工智能工具和自动化技术的应用。

4. 软硬技能的结合

智能制造人才不仅需要具备硬技能，即专业的技术和工程技能，还需要良好的软技能，如团队合作、项目管理、领导力和沟通能力。在多学科团队工作中常常需要协调不同背景的专家，有效的沟通和团队管理技能可以确保项目的顺利进行。例如，一个项目可能需要机械设计师、软件开发人员和质量控制专家的紧密合作，只有良好的团队合作和沟通，才能确保项目的成功。

5. 创新能力与持续学习

智能制造领域的迅速发展要求从业者必须具备持续学习和自我提升的能力。随着增材制造（3D打印）、物联网（IoT）和机器人技术等新技术的不断涌现，智能制造人才需要不断更新其技能以保持竞争力。此外，创新能力也极为重要，能够帮助企业开发新产品，改进生产流程，提高效率和质量。

6. 地理和行业分布

智能制造人才的地理分布通常集中在工业化程度高、技术发展先进的地区。例如，德国、日本、美国和中国等国家，因其制造业基础雄厚和科技发展前沿，吸引了大量智能制造人才。在这些地区，智能制造人才不仅有机会在领先企业工作，还能接触到最前沿的制造技术和研发资源。

总之，智能制造人才的培养是一个系统的过程，涉及教育背景、专业技能、实践经验、创新能力等多个方面。随着智能制造技术的进一步发展和应用，这些人才将在全球制造业的转型和升级中扮演越来越重要的角色。

（二）智能制造人才供需情况

在当前全球工业化快速演进的背景下，人工智能与智能制造的深度融合已成为推动实体经济创新与发展的核心动力。智能制造作为工业4.0的重要组成部分，对人才提出了新的要求。本报告旨在深入分析智能制造人才的供需情况，探讨人才培养与市场需求之间的动态关系，并提出针对性的人才培养策略和建议。

1. 智能制造人才的需求现状

智能制造领域的人才需求主要集中在高技能工程技术人才和研发创新人才两大类。《2022 全球智能制造发展报告》显示，预计到 2025 年，全球智能制造相关领域的人才缺口将超过 500 万名。随着智能化技术的不断渗透，从事智能制造相关工作的人才需要具备跨学科的知识体系和较强的技术实践能力。

（1）高技能操作人才需求急剧增加：随着智能制造技术的应用，操作智能化生产设备和系统的技术人才需求快速增长。据统计，智能装备操作人员的需求年增长率达到了 15%。

（2）研发创新人才缺口大：智能制造的持续发展依赖技术创新和产品创新。行业调查表明，研发创新类人才的需求量是供给量的 3 倍之多。

（3）管理与服务型人才亦不可忽视：随着智能制造技术的广泛应用，技术支持和售后服务人才的需求也在增加。预计未来五年内，相关岗位的需求将增长 20%。

2. 人才供给现状及问题

尽管市场对智能制造人才的需求日益增长，但从当前的人才培养情况来看，存在以下问题。

（1）教育培训与市场需求脱节：许多高等院校的智能制造相关专业课程设置与行业需求不完全对应，学生缺乏必要的实践机会。例如，一项对中国智能制造行业的调查显示，70% 的企业认为新员工需要 6 个月以上的时间才能完全适应工作。

（2）跨学科人才培养机制不健全：智能制造需要的跨学科人才涉及机械工程、信息技术、数据科学等多个领域，但目前多数教育机构尚未建立起有效的跨学科人才培养体系。

（3）持续教育与技能升级平台不足：对于在职的智能制造相关人员缺

乏系统的继续教育和技能升级渠道。根据调查，只有不到 30% 的从业者参加过相关的继续教育或培训。

3.人才培养策略建议

面对智能制造人才供需的现状与挑战，提出以下人才培养策略。

（1）加强产学研合作：高等院校与企业应建立更紧密的合作关系，共同设计课程，开设实训基地，确保教学内容和技能培训与行业需求同步。

（2）推广终身学习与职业发展：建立完善的继续教育体系和在线学习平台，鼓励在职人员通过系统学习提升自己的技术水平和职业技能。

（3）培养跨学科人才：教育机构应跨越学科边界，组织跨领域的教学团队，开设涵盖机械工程、自动化、IT 和数据科学等领域的综合课程。

智能制造人才的培养是推动工业现代化的关键，对提升国家竞争力具有重要意义。通过实施以上策略，可以更好地满足智能制造领域的人才需求，促进行业的持续健康发展。

四 智能制造人才培养现状与面临的挑战

（一）国内智能制造人才培养现状

在全球制造业经历技术变革与产业升级的大背景下，智能制造作为现代工业革命的核心组成部分，日益受到各国政府和企业的高度重视。特别是在中国，随着数字经济的快速发展，智能制造已成为推动工业升级和经济高质量发展的关键力量。在这一过程中，智能制造人才的培养和发展显得尤为关键，但也面临一系列挑战和问题。

1.教育体系概述

中国的智能制造教育主要依托于高等院校的工程学、信息技术学、机械与电子工程学等相关学科。近年来，随着国家对智能制造重视程度的提高，越来越多的院校开始设立智能制造或相关专业，培养面向未来制造业的高技能人才。

（1）专业设置和课程内容：当前，智能制造相关专业通常涵盖机器人技术、自动化设备、数据分析、系统集成等领域的知识。课程内容旨在培养学生的技术能力和创新思维，强调理论与实践的结合。

（2）师资力量与教学设施：尽管高校在师资队伍建设和实验室设施上投入了大量资源，但与国际先进水平相比，部分高校在实践经验丰富的教师和先进设备的配备上仍有差距。

2. 学生培养成效

多数高校能够培养出具备基础智能制造操作和设计能力的毕业生，但在创新能力、复杂问题解决能力以及跨领域融合能力的培养上仍显不足。

3. 面临的主要问题

尽管我国在智能制造人才培养方面取得了一定成就，但仍面临以下问题。

（1）产教脱节：高校教育内容与企业实际需求存在一定脱节。教育过程中侧重理论教学，缺乏足够的实际操作和现场解决问题的训练，导致学生毕业后难以快速适应企业工作。

（2）跨学科教育不足：智能制造作为一个高度综合的领域，需要机械工程、电子工程、计算机科学、数据分析等多个学科的知识。目前高校在跨学科课程和项目的开展上还不够充分，缺乏系统的跨学科教育方案。

（3）继续教育与技能更新：随着智能制造技术的快速发展，已在职的工程技术人员面临巨大的技能更新压力。然而，目前的继续教育体系尚未完全建立，缺乏针对智能制造领域的系统性继续教育和职业培训项目。

4. 发展方向与建议

针对上述问题，提出以下发展方向与建议。

（1）强化产学研合作：高校应与企业、研究机构建立更紧密的合作关系，共同设计符合行业需求的课程体系，开展联合研究项目，为学生提供更多的实习和实训机会。智能制造人才培养闭环模式如图5所示。

（2）推动跨学科课程建设：建议高校在课程设置上打破学科壁垒，推动机械工程、电子信息、计算机科学等相关学科的融合，开设更多涵盖 AI

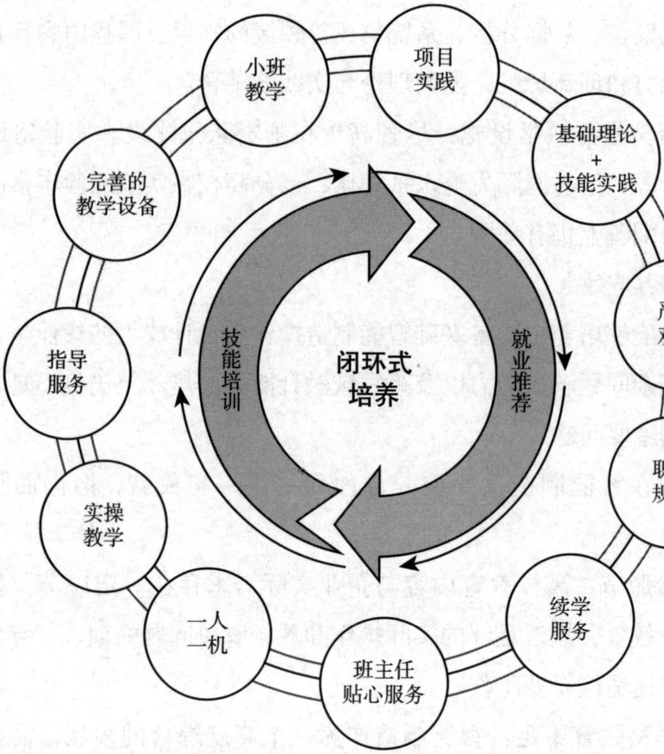

图 5　智能制造人才培养闭环模式

技术、大数据处理等内容的跨学科课程。

（3）完善继续教育体系：建立针对智能制造领域的继续教育平台，为在职工程师提供定期的技能升级与专业发展培训，帮助他们适应技术发展的需要。

（4）加强国际合作与交流：通过与国外著名高校和研究机构的合作，引进先进的教育资源和教学方法，提升智能制造教育的国际水平。

智能制造人才的培养是实现中国制造业高质量发展的关键。通过上述措施的实施，可以有效提升智能制造人才的培养质量，为中国制造业的转型升级提供强有力的人才支持和技术保障。这不仅有利于提升国家的工业竞争力，也对促进经济的持续健康发展具有重要意义。

（二）智能制造人才培养面临的挑战与应对策略

在全球工业化和技术创新的大背景下，智能制造已成为推动制造业变革的关键动力。随着人工智能、物联网、大数据和机器学习等技术的迅猛发展，智能制造正在重塑全球制造业的竞争格局。中国作为一个制造大国，对智能制造人才的需求日益迫切，但在人才培养过程中也面临多方面的挑战。

1. 教育资源与需求不匹配

智能制造作为一个涉及多技术、多学科交叉的领域，需要的不仅是工程技能，还包括数据分析、系统设计、网络安全等多方面的能力。然而，目前我国在智能制造教育资源配置上存在不少问题。

（1）专业设置与市场脱节：虽然越来越多的高校开设了智能制造相关专业，但很多课程依旧停留在传统制造技术的教学上，未能及时跟进新技术的发展，导致学生毕业后难以满足企业的实际需求。

（2）实践教学资源不足：智能制造教育强调实践，但目前很多教育机构在实验设备、实训基地等实践教学资源上的投入不足，无法提供足够的实操机会，影响学生技能的实际培养。

2. 跨学科教育体系缺失

智能制造要求人才不仅有深厚的技术功底，还要具备系统思维能力，能在机械、电子、信息技术等多个领域进行综合应用。

（1）学科壁垒：现有的高等教育体系往往是按学科分类的，这种结构在一定程度上限制了跨学科课程的开设和学科间的合作。

（2）课程体系僵化：现有的课程体系往往难以快速响应新技术发展的需求，更新迭代缓慢，难以适应智能制造快速发展的需要。

3. 企业需求与人才培养脱节

企业是智能制造人才的主要使用者，其需求直接关系到人才培养的方向和质量。

（1）企业参与度不足：尽管许多企业对智能制造人才有迫切需求，但在人才培养的过程中却往往缺乏足够的参与，导致教育机构无法准确把握企业最新的技术需求和技能要求。

（2）短期需求与长期教育目标不一致：企业往往倾向于满足即时的技术和人力资源需求，而高等教育机构更注重学生长期发展能力的培养，这种不一致有时会导致双方在合作中出现摩擦。

4. 继续教育和技能更新不足

技术的迅速变革要求智能制造领域的从业者必须持续学习和更新知识，这对继续教育系统提出了更高的要求。

（1）继续教育体系不完善：当前针对智能制造的继续教育体系尚不完善，缺乏针对性的培训课程和灵活的学习模式，难以满足在职人员的学习需求。

（2）技能更新速度慢：由于缺乏有效的继续教育支持，很多在职工程师和技术人员的专业技能未能及时更新，难以适应新的技术要求。

5. 应对策略与建议

面对上述挑战，提出以下应对策略。

（1）优化教育资源配置：国家和高校应增加对智能制造教育的投入，更新教学设备，改善实验和实训条件，确保教育质量与行业标准同步。

（2）推动跨学科教育改革：打破学科壁垒，建立跨学科教育平台，鼓励不同学科间的合作与交流，开设综合性课程，培养学生的系统思维和综合应用能力。

（3）加强产学研合作：建立健全校企合作机制，让企业参与课程设计、实习实训、技能认证等教育全过程，使教育内容更贴近实际需求。

（4）完善继续教育体系：建立灵活多样的继续教育体系，提供在线教育、短期培训班、认证课程等，帮助在职人员及时更新知识和技能。

智能制造人才培养的优化是一个系统工程，需要政府、教育机构、企业及社会各界共同努力，形成合力，共同推动智能制造人才培养体系的完善与发展。只有这样，才能为中国智能制造的持续健康发展提供坚实的人才保障和智力支持。

五　利用人工智能培养智能制造人才的路径

随着智能制造的迅速发展，对于具备高级技能制造人才的需求日益增长。人工智能作为一种强大的工具，提供了多种方式来革新传统的教育和培训方法，尤其是在智能制造领域。利用人工智能技术，特别是数字孪生技术来培养智能制造人才是一条值得深入研究的新路径。

智能制造代表了制造业的未来，它结合了自动化、物联网（IoT）、机器学习和人工智能等先进技术，旨在提高生产效率和产品质量。培养能够驾驭这些技术的人才，是实现智能制造目标的关键。人工智能在此过程中扮演着核心角色，不仅可以优化制造过程，还可以革新人才培养方式。特别是数字孪生技术，它通过创建物理对象的虚拟副本来模拟、预测和优化制造系统，为人才培养提供了全新的视角和方法。

（一）人工智能在智能制造人才培养中的应用

1. 个性化教学学习

人工智能技术领域的发展迅速，典型的优势之一是其能够基于大数据和算法提供可以规模化的因材施教模式。基于最新人工智能技术特性和教学教研经验知识沉淀，优路教育在这方面进行了持续深入的探索，构建了智能个性化教学系统，并在智能制造教学过程积极实践。

在学习过程中应用 AI 智能教学系统，学生可以根据自身的学习需求和能力，制订个性化的学习计划，智能教学系统可以根据学生实际的学习进度和掌握程度，智能调整教学内容和难度，满足不同学生的学习需求。例如，优路教育的虚拟仿真实验室，通过 AI 技术的深入渗透，在智能制造的教学中，根据学生的基础和学习效果，自动为学生提供定制化的课程，加上各方的综合评价，为学生匹配和推荐合适的就业单位，对学生的职业生涯进行长期跟踪和指导。

在教学知识体系的构建上，以往教师需要花费大量时间和精力对学习资料进行整理、归类和标记,有了最新的人工智能算法,教师只需提供基础学习资料,智能系统便能自动进行语言分析、内容理解,并生成相应的标注。经过人工审核后,这些内容可直接用于教学,显著提高了教学知识的自动分类和标注效率。

在教学评估环节,人工智能教学系统可以通过深度分析学员的学习行为数据、课中和课后练习情况,准确诊断学员的个性化学习状况,并生成详尽的学习报告。帮助学员更清晰地了解自己的学习水平,同时为他们提供个性化的学习建议和指导。此外,系统还能根据学员的难点知识,智能推荐相关学习资源和教师讲解思路,进一步提升学员对知识内容、课程习题的理解和掌握效率。智能个性化教学系统架构如图6所示。

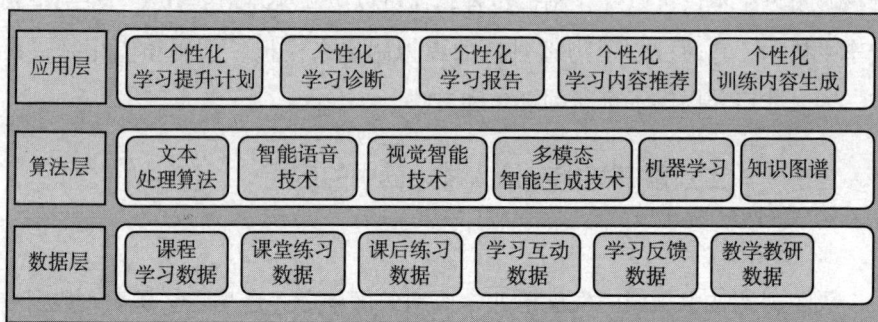

图6 智能个性化教学系统架构

通过人工智能技术实现的个性化教学学习,可以帮助学生更深入地理解智能制造的原理和应用知识,掌握先进的制造技术和工具,从而满足智能制造行业对人才的需求。

此外,人工智能还可以为智能制造人才提供实践机会和模拟训练环境。通过模拟真实的制造场景和问题,人工智能可以帮助学生在实践中学习和掌握相关知识和技能,提升他们的实践能力和解决问题能力。

总的来说,人工智能的个性化学习技术在智能制造人才培养中发挥了重要作用。它不仅提高了学生的学习效率和效果,还为他们提供了更多的学习机会和资源,有助于培养出一批具备高度专业技能和创新思维的智能制造人才。

2. 三维仿真和虚拟现实

利用三维仿真和虚拟现实技术，教育者可以更低成本创建仿真的智能制造环境，让学生在没有风险的情况下进行实操练习。优路教育在智能制造仿真教学实践过程中，运用三维仿真和 VR 技术，构建直观形象的理论、原理类的知识内容，让学生可以更形象、更高效率地理解电气控制、工业机器人等智能制造相关的理论基础知识。

通过虚拟仿真系统，模拟不同类型的工业机器操作，学生可以不受时间和空间限制进行重复练习，确保他们在进入真实生产前能够熟练掌握操作，既提高了实操方面的技术学习效率，也降低了教学成本。

在虚拟仿真系统中，学生在虚拟工厂进行生产流程的设计、调整和优化，能进一步理解实际生产过程中生产线的各个环节和设备的协同方式。

仿真系统在模拟教学过程中，也实时采集了学员和系统的交互数据，可以基于大数据和 AI 算法持续优化智能制造方面的教学内容。

这些技术不仅增强了教学的互动性和趣味性，而且降低了智能制造的教学设备投入成本，大大提高了学员的学习效率和安全性。

3. 数字孪生在教育中的应用

数字孪生技术的应用为智能制造人才培养提供了一种全新的方式。通过建立一个产品、过程或系统的虚拟副本，教育者和学生可以实时监控和调整制造过程，进行故障预测和维护策略的优化。这种方法不仅加深了学生对智能制造流程的理解，而且提升了他们解决实际问题的能力。

（二）实施 AI 驱动的教育模式的挑战与应对策略

1. 技术整合的挑战

整合 AI、虚拟仿真和数字孪生技术到现有的教育体系面临多重挑战，包括技术设备的成本、教师的技术培训需求以及教学内容的更新速度。应对这些挑战需要教育机构、企业和政府的共同努力，比如智能教育技术企业，通过优化智能技术的使用方式，降低新技术在教学中的应用门槛。提供丰富的教学资源和案例，帮助教师快速掌握新技术。政府定期开展教师技术培训活动，提升教师对新技术的感知、理解和应用能力。整体上需要通过政策支持、资金投入和专业培训加速推动新技术的广泛应用。

2. 数据隐私和安全问题

在利用 AI 进行智能化教学的同时，必须严格遵守数据保护法规，对各类数据的收集、存储和使用进行严格的监管和审计，切实保障学生信息的安全和隐私。建立严格的数据管理制度并采用先进的数据加密和安全防护技术是保护学生隐私的基础。

3. 技能需求驱动

人才问题的核心是需求与技能的匹配。利用人工智能技术培养智能制造人才，不仅可以提高教育质量和效率，还可以为学生提供与未来工业环境相匹配的技能。通过持续的技术创新和教育实践探索，可以培养出更多能够适应智能制造需求的高素质人才。未来，随着技术的进一步发展和教育模式的不断优化，AI 在智能制造人才培养中的作用将更加显著，对制造业的转型升级产生深远影响。

参考文献

蔡红霞、刘丽兰、王小静，2019，《智能制造新工科专业建设探索》，《教育教学论坛》第 20 期，第 107~110 页。

曹晓倩、汤伟、刘嫣等，2022，《地方本科高校智能制造工程专业人才培养模式构建探讨——以陕西科技大学为例》，《西部素质教育》第 11 期，第 33~35+88 页。

陈鸿、刘育猛、裴孟，2019，《人工智能与期刊发展融合的机遇、挑战和实践路径研究》，《中国科技期刊研究》第 3 期，第 217~224 页。

高越、王传洋、杨宏兵等，2023，《智能制造工程产教融合现状和发展建议》，《教育教学论坛》第 22 期，第 152~155 页。

李君，2010，《我国基于卓越工程师培养的产学研合作教育研究》，天津大学硕士学位论文。

潘喜利、彭华武，2022，《智能制造专业产教融合育人机制探索》，《造纸装备及材料》第 8 期，第 239~241 页。

孙权、刘娣、许有熊等，2021，《多元化培养模式的智能制造专业课程架构研究》，《中国现代教育装备》第 1 期，第 88~90 页。

王海舰、高兴宇、赵雪梅等，2024，《面向产出的智能制造工程专业优质创新人才培养模式研究与实践》，《高教学刊》第 5 期，第 145~148 页。

钟帆，2024，《超常规推进人工智能高质量发展》，《四川日报》6 月 6 日。

案例篇 ⬧

B.11
蚂蚁集团智能经济创新与应用

端利涛*

摘　要：　蚂蚁集团作为国内顶尖的科技企业，在人工智能领域取得了显著成就。自 ChatGPT 引发全球 AI 热潮以来，蚂蚁集团将 AI First 作为核心战略，推动了生成式 AI 的重大突破。依托于 20 年的数字技术积累，蚂蚁集团在区块链、隐私计算、安全科技、分布式数据库等前沿科技领域研发出领先产品，为 AI 的规模化应用提供了技术支撑。蚂蚁集团的 AI 技术已广泛应用于生活、支付、金融、医疗等民生领域，通过智能体如生活管家、金融管家、就医助理等，提升了服务的智能化水平，实现了 AI 技术的人人可享。同时，蚂蚁集团注重 AI 技术的安全和可靠性，推出了包括蚁天鉴、蚁盾、ZOLOZ 等安全解决方案，保障了 AI 应用的安全性和数据隐私。蚂蚁集团的智能生态构建，展示了其在 AI 领域的全面布局和对未来智能社会的深刻洞察。

---

* 端利涛，管理学博士，中国社会科学院数量经济与技术经济研究所信息化与网络经济研究室副研究员，主要研究方向为平台经济、信息技术经济学、数字经济。

关键词： 人工智能　安全解决方案　智能生态　蚂蚁集团　生成式人工智能

2023 年以来，由 ChatGPT 掀起的人工智能热浪席卷全球，促使全球顶尖科技公司争相布局，加大研发投入。作为国内顶尖的科技企业之一，蚂蚁集团在第一时间调整战略布局，再次加大 AI 投入，把 AI First 列为公司的核心战略之一，使公司在生成式 AI 领域取得了重大突破。

蚂蚁集团起步于 2004 年诞生的支付宝，源于一份为社会解决信任问题的初心，经过 20 年的发展，已成为世界领先的互联网开放平台。作为一家依靠支付业务起家的互联网开放平台，蚂蚁集团的业务性质决定了它是一家以科技创新为核心驱动的公司。

数据、算力和算法构成了 AI 的三要素，而数据、算力和算法也是内生于蚂蚁集团发展的核心要素。蚂蚁集团需要在海量数据和强大的算力基础上，通过开发先进的算法支撑数以亿万计的并行计算需求。在长期的发展中，蚂蚁集团研发了快捷支付、条码支付、刷脸支付、二维码支付、碰一下支付等创新支付技术，服务于商业经营、便民缴费、交通出行等不同场景下的生活需求，为超 10 亿个用户、8000 万家商家提供普惠便捷的数字生活及数字金融服务，助力实体经济蓬勃发展。

蚂蚁集团 20 年积累的数字技术为 AI 的规模化落地应用提供了坚实的技术基础。其中，蚂蚁集团持续推动数字科技的创新与应用，在区块链、隐私计算、安全科技、分布式数据库等领域，研发出分布式数据库 OceanBase、安全科技产品蚁盾、金融云 SOFAStack，以及蚂蚁链等领先的科技品牌及产品。这些技术和产品，解决了 AI 在大规模落地中的安全、绿色等问题。同时，蚂蚁集团持续将自身产品与服务，向行业与社会全面开放，携手各方为中小金融机构的数字化升级、服务业小微商家的数字化经营、产业链的数字化协作贡献力量。

特别是蚂蚁集团持续的技术创新和业务创新为 AI 的技术落地提供了大

量的应用场景。蚂蚁集团以大模型技术为核心的 AI 进展初见雏形，生活管家、金融管家、就医助理三大智能体正在利用支付宝 App 丰富的场景积累，切入最广泛的民生领域。同时，为实现 AI 人人可享的目标，蚂蚁一直在努力优化和提高 AI 的可靠性、经济性和易用性。

可以说，AI 已经内生于蚂蚁集团各个业务和产品，成为推动公司发展的核心动力。

一 蚂蚁集团人工智能新布局

推动大技术落地产业，助力数字普惠，是蚂蚁技术的初心和目标。在人工智能领域上同样有这样的方向，将最合适的模型与真实的应用场景结合，实现产业落地，让技术服务实体、服务大众。

依靠内生于公司业务的 AI 发展原动力，蚂蚁集团基于自身的数据和算力，自主研发了百灵大模型。该模型以"推动可信智能，服务产业发展"为宗旨，重点布局大模型在生活服务、金融服务、医疗健康等场景的应用，致力于为每个人提供 AI 管家，让 AI 真正落地产业，为用户带来安全可靠的 AI 新体验。

围绕百灵大模型，蚂蚁集团相继开发出了可为用户提供高质量的行情分析、持仓诊断、保险配置和投教陪伴等专业服务的金融管家"蚂小财"，金融业务助手"支小助"；支持整个软件开发生命周期，可为企业提供 AI 研发全周期管理的智能研发工具 CodeFuse；为用户提供从检测到防御的大模型"一站式"安全服务解决方案——蚁天鉴等一系列垂类大模型。这些垂类大模型工具和服务助手能够实现大规模落地，背后是蚂蚁百灵大模型在算力、安全力和知识力方面的扎实积累。蚂蚁大模型建立了万卡异构集群的算力、检测和防御一体化的安全能力以及万亿级 Token 语料的处理能力。蚂蚁集团引领 AGI 技术创新，让 AI 为每个人创造价值，"百试百灵"。

二　蚂蚁的典型应用案例

（一）金融管家：AI 金融助理"蚂小财"

"蚂小财"是蚂蚁集团推出的"AI 金融助理"，定位于理财和保险专业知识问答，希望让每个投资者都能拥有一个"私人理财专家"。在蚂蚁内部，这个自 2018 年启动立项的 AI 工程，是由最初的"安娜"更名而来，如今"蚂小财"已从 1.0 向 2.0 进化，在知识力、专业力、语言力、安全力方面得到大幅提升。"蚂小财"2.0 可为用户提供高质量的行情分析、持仓诊断、保险配置和投教科普等专业服务，具备高精度的意图理解，个性化的沟通风格；"蚂小财"2.0 的金融知识数据存储量已达到百亿级，金融意图识别准确率达到 95%，金融事件分析推理能力不逊于真人行业专家，能够进行多回合的高质量对话。

目前，在支付宝 App 的蚂蚁财富和蚂蚁保频道内，均能唤起"蚂小财"服务，支持文字和语音问答，互动体验还将不断快速迭代，在当前的对外测试阶段中，已有超过 7000 万个用户体验。蚂蚁财富公布的数据显示，"蚂小财"深度服务过的用户相比未服务过的用户，资产配置的合理程度高出 5%，用户频繁交易的比例下降 60%。在保险领域，"蚂小财"提供"智能核保"，能够根据用户健康情况，评估能否投保；"智能理赔"功能则能够在一些简单的门诊险理赔上实现全自动理赔审核。

"蚂小财"的技术底层是面向严谨应用定制的大模型，中间层是模仿专家思考和工作流程的专业智能体框架，两者结合支撑最上层"蚂小财"去提供有效的专业服务。

（二）生活管家："支小宝"

"支小宝"基于蚂蚁集团自研的百灵大模型进行研发，致力于成为人人可用的 AI 生活管家。它依托支付宝这一国内最大的服务型超级 App，用户在首页下拉就能唤起，问一问就能获得出行、健康、政务、金融等领域的超 8000 项的数字生活服务，不仅"有脑有嘴能对话"，更是"有手有脚能办事"。

伴随 AI 走向产业共建，"支小宝"也将成为专业智能体生态的平台入口，用户通过对话就能一键连接生活、金融、医疗等垂直行业的 AI 智能体，获得更专业丰富的服务。

具体来看，在出行服务方面，用户不仅能获取出游攻略，还能快速查询机票、火车票和乘车码，搜索附近的充电桩和加油站等；在健康服务方面，用户可询问医疗养生知识，也能一键进行智能问诊、在线挂号、医保余额查询；在便民办事服务方面，可提供社保、公积金等政务百科问答，也能帮助用户更快缴纳水电费、查询快递信息和更多便民服务；在娱乐休闲服务方面，可便捷找到附近的餐馆、电影院、演出信息等，更能一键搜寻 App 内的商家优惠券等福利。

公开数据显示，经过 20 年发展，支付宝已从一个支付工具，逐步成为拥有超 10 亿个用户及 8000 万个商家的数字生活开放平台。同时，支付宝也成为多个垂类人群聚集地，有 6 亿个用户使用其看病就医频道，5 亿个用户用其日常出行频道，每 2 个人中就有 1 人用支付宝办事。

据支付宝介绍，智能助理内置在支付宝 App 内，正是希望借助在出行、医疗、政务等领域沉淀的平台生态能力，让海量的生活办事服务"一呼即应"，致力于成为人人都能用的 AI 生活管家，让支付宝使用更简单，也让数字生活更触手可及。

（三）支付宝"AI 就医助理"解决方案

支付宝"AI 就医助理"解决方案是蚂蚁集团利用 AI 大模型、数字人等技术，助力医疗机构为患者提供覆盖就医前、中、后的"AI 陪伴就诊"服务开发的医疗行业解决方案。大模型技术的应用，让患者可以直接通过对话的形式，获得关于用药助手、病情咨询、指标解读、科普知识相关的服务，蚂蚁集团针对医疗领域精调的模型更具专科性、可控性、轻量化的技术优势，与就医全流程的结合，实现了从"患者找服务"到"服务找患者"的转变。

利用"AI就医助理"，就诊前，用户通过描述自己的症状，就可以匹配症状对应的科室；到达医院后，这位"助理"会为患者进行就医规划，提供带路、查报告、医保支付等服务；就诊后，除了电子病历、处方和报告查询，它还会为患者建立一份院内外通用的健康档案，让患者通过互联网医院等功能进行长期健康管理。

目前，该方案已在浙江、上海等地医疗机构应用。

案例1：浙江卫生健康委的"安诊儿"①

2023年11月，浙江省卫生健康委依托大模型、数字人等新技术，加快发展新质生产力，打造全国首个省域共享、数实融合的数字健康人"安诊儿"（Angel），旨在让每个居民拥有陪伴一生的专属数字家庭医生，浙江居民可通过其获得云陪诊、健康咨询、健康管理等服务。同时，"安诊儿"也是支付宝"AI就医助理"解决方案全国范围内的率先应用。

"安诊儿"上线以来，已服务了2000多家医疗机构，累计服务1700余万人次，用户满意度98%。其中，浙江省人民医院率先将"安诊儿"AI服务与医院就医全流程打通，成为省内示范医院。据医院统计，"安诊儿"在院内的应用，为患者优化就诊流程、减少排队频次、缩短就诊时间，平均单次为来院患者省下15分钟，对流程不熟悉的外地患者、携带"一老一小"就医的患者而言，最多可以省下2个小时。安诊儿应用以来，导诊台的工作量减少了一半。

案例2：上海市第一人民医院的"公济晓医"

上海市第一人民医院应用支付宝"AI就医助理"解决方案，以大模型、数字人等技术为基础，为患者提供双向交互陪伴式就医服务，打造全市首个

---

① 本报告案例由蚂蚁集团提供。

基于大模型的语音交互的数字陪诊师——"公济晓医";医院还利用 AI 大模型能力辅助医生生成电子病例,通过关键信息的给定、语音输入等多种形式结合自动生成病历,简化入院记录的填写过程,将原本需要 5~10 分钟工作缩减到了 15~20 秒,显著节省了医生"敲键盘"的时间。

(四)智能业务助手:"支小助"

"支小助"是蚂蚁集团基于大模型技术研发的面向 B 端用户的金融领域智能业务助手。"支小助"包含"支小助分析师版""服务专家版""理赔专家版""保险研究专家版"等多个版本,全方位服务不同金融场景的从业人员,可在投研分析、信息提取、专业创作、商机洞察、金融工具使用等环节提供深度智能服务。以"支小助分析师版"为例。"支小助分析师版"融合自研大模型技术、多智能体协同框架、金融信息与量化投研系统,全面覆盖中/美/港市场的重要上市公司与基金产品、800+行业板块、200+热点事件,以及百余家核心独角兽公司,实现对金融市场动态的分钟级分析响应和多角度分析,已和多家头部金融机构达成合作,大幅提升了数百名金融分析师、理财顾问的工作效率;在泛金融领域,"支小助"联合 ESG、财经新闻等领域专家,推出了针对专业领域的定制版智能助手,填补相关领域空白。"支小助保险理赔版"实现医疗险理赔的全流程自动化,并创造便捷的"秒赔"理赔体验。在"服务支小助"的辅助下,理财顾问和保险代理人的有效管户半径人均可扩大 70% 以上。

在 2024 年 4 月由中关村西城园管委会、北京市西城区总工会、北京金融科技产业联盟、北京金融信息化研究所联合主办的首届"大模型金融应用创新与实践大赛"上,智能业务助手"支小助"获得"十佳卓越奖"。

(五)智能研发平台:CodeFuse

CodeFuse 是蚂蚁集团基于自研的基础大模型进行微调的代码大模型,既是为企业提供全生命周期研发的 AI 辅助平台,也是面向开发者的智能助手。它具有多种功能，可根据开发者的输入提供智能建议和实时支持，帮助开发者自动生成代码、自动增加注释、自动生成测试用例、修复和优化代码等，以提升研发效率。无论用户是初学者还是有经验的开发者，CodeFuse 都能够极大地提高编程效率和准确性，让人人可编程、可创新成为现实。CodeFuse 提供多个 IDE 插件版，支持在 10 款 IDE 中使用，包括支付宝小程序云云端研发、Visual Studio Code，以及 JetBrains 系列 1 的 IntelliJ IDEA、PyCharm、WebStorm、GoLand、CLion、DataGrip、PhpStorm 和 RubyMine。此外，CodeFuse 支持 40 多种编程语言，包括 C++、Java、Python、JavaScript 等，目前 CodeFuse 针对 Java 与 Python 的代码生成质量较高。

目前，约 50% 的蚂蚁程序员在写代码时都用上 CodeFuse，AI 生成代码占比超过 10%，大大提高了代码开发效率。CodeFuse 立足在 AI 时代，探索下一代研发范氏变革，是"AI 全生命周期研发平台"概念的首倡者和积极探索者，在蚂蚁的研发场景中反复验证、迭代。强大的基础使 CodeFuse 的技术指标突出。2023 年 9 月，CodeFuse 开源，登顶开源代码大模型 HumanEval 榜单，超过同期 GPT-4 表现。2024 年 2 月，CodeFuse 在权威机构 Big Code Models Leaderboard 代码大模型榜单上，以 43.58% 的 WinRate 成为新晋榜首。除此之外，CodeFuse 也面向社会开放，迄今累计开源 13 个代码仓库、4 个数据集、15 个大模型参数文件，Star 点赞数超过 4000 个，下载量近 170 万次。

（六）数字人平台："灵境"

数字人已经成为 AI 应用的典型场景，被媒体平台广泛应用。蚂蚁集团已完成数字人的全链路核心技术自研布局，选择与生成式 AI 结合的发展方向。在技术部署上，涵盖数字人建模、渲染、驱动、交互的全生命周期，充分结合 AIGC，以大模型降低数字人全链路生产成本。在亚运会之外，蚂蚁数字人平台已经在政务、医疗、电商直播、客服等场景为客户提供服务。

蚂蚁集团研发的灵境数字人平台，是运用最新 AI 虚拟人技术，结合语音识别、语义理解、语音合成、对话交互、虚拟形象驱动等核心技术，研发的以真人、卡通、写实虚拟人等形象进行文本、语音、视频、卡片点击等多种交互方式的虚拟人产品平台。这一平台旨在降低内容制作成本、提升操作与业务转化效率，同时为 C 端用户带来全新的视觉与互动体验。目前，主要有三大标准解决方案：数字人直播、数字人短视频、数字人对话服务。灵境数字人平台是业界首个通过信通院金融数字人评测的产品，并获评最高评级"杰出级"（L4）。

案例 3：杭州亚运会火炬手

2023 年 9 月 23 日晚，在杭州第 19 届亚运会开幕式上，"数字火炬手"引燃全球。开幕式主火炬点燃环节中，超过 1 亿名"数字火炬手"和开幕式现场火炬手共同点燃主火炬，共同打造亚运会历史上首个"数实融合"点火仪式。该"数字火炬手"是蚂蚁集团专门为杭州亚运会研制。

蚂蚁集团作为杭州亚运会的官方合作伙伴、技术服务方，通过开放 20 项技术助力杭州亚运实现了"5 个首创"和"3 个亿级"。其中，超过 1 亿名网友参与的"数字火炬手"接力活动，成为亚运会历史上覆盖区域最广、参与人数最多、持续时间最长的线上火炬主题活动。而"数字火炬手"正是由蚂蚁灵境数字人平台提供技术支撑。为了让更多人参与数字点火，蚂蚁集团支付宝的工程师们自研了 Web3D 互动引擎 Galacean，对超过 300 多款手机型号进行测试兼容，放置了数百台不同年代不同型号的手机，进行了超过 10 万次的测试，哪怕是八年前的手机也能参与其中，确保人人都可以参与亚运会。在互联网技术支持下，有来自全球 130 多个国家或地区的上亿名网民成为线上"数字火炬手"，共同组成 AI"数字人"。

案例 4：2024 年两会期间的 AI 主播——小天、小东

2024 年两会期间，央视财经新媒体的两位 AI 主播"上岗"——它们以总台央视主持人郭若天、孟湛东为原型"复刻"，在央视财经 App 内可 24 小时为用户解答经济、产业、旅游等领域问题，以"全天在线、真人形象、实时解答"的形式完成自己的"工作"。这两名"主播"由蚂蚁灵境数字人

平台提供技术支持。其主要采用虚拟形象驱动、动态神经辐射场和预训练语音合成等技术，仅需 5 分钟视频数据即可"复刻"AI 主播，具有建模精度高、动态细节完整、发音自然、还原度高等一系列特征。

（七）智能遥感平台：SkySense

SkySense 是蚂蚁集团基于百灵大模型开发的多模态遥感模型，在 17 项测试场景中其指标效能超过国际同类产品，是参数规模大、覆盖任务全、识别精度高的多模态遥感基础模型，处于国际领先梯队。传统的遥感影像理解技术，往往侧重于针对单一模态、单一任务建模，缺乏对多模态数据、时间序列、地理先验知识的综合建模和利用，限制了其在海量数据和多种任务中的泛化能力。SkySense 突破以上技术瓶颈，实现了多模态、多分辨率的时序遥感影像建模，在多样化的任务中展现出优异性能。SkySense 可广泛应用于城市规划、森林保护、应急救灾、绿色金融、农业监测等重要领域，目前通过蚂蚁集团内部的 MEarth 平台提供数据与识别服务。

案例 5：网商银行"大山雀"卫星遥感风控系统

在 SkySense 的技术支持下，网商银行开发了"大山雀"卫星遥感风控系统。"大山雀"卫星遥感风控系统通过深度学习等 AI 技术，解析卫星图像，识别作物的种植面积、种类和长势，同时结合气候、地理位置、行业景气度等因素，利用风控模型预估产量和产值，实现了对农户资产的评估，从而提供准确的信贷额度及合理的还款周期建议，解决农户融资难、融资贵问题。目前，"大山雀"卫星遥感风控系统对水稻、小麦、玉米等主粮作物的识别准确率已经达到 95%，苹果、柑橘等果蔬类识别率也达到 90% 以上，还在不断提升。截至 2024 年 8 月，"大山雀"卫星遥感风控系统的使用已覆盖 31 个省份，服务的种植户数量超过 178 万。通过网商银行"大山雀"卫星遥感风控系统，种植户获得了无接触贷款，享受到了科技带来的普惠价值。

（八）商家提效工具：AI 创意海报

支付宝小程序"创意海报 AI 版"是蚂蚁集团开发的一款 AIGC 绘画产品。用户只需通过输入一句话或一张图，在 AI 图像生成技术加持下，"创意海报 AI 版"系统会在几秒钟内生成优质海报，并提供免费下载。假如是线下商家需要实体海报，则只需支付 9.9 元便能享受包邮到家。这些海报内容覆盖美食、旅游、数码等多个行业，提升了运营效率。

目前，该小程序已服务了超过 100 万家商家。过往中小商家装修一间店铺或者更新一套产品介绍图，在视觉方面少则需要投入数千数万元，甚至需要招专业设计师或搭建团队来做，而借助蚂蚁的 AI 技术，电商商家与线下小店通过制图工具节省了大量人力和财力成本，为经营减轻了压力。

三　蚂蚁在大模型时代的安全解决方案和应用

（一）大模型安全一体化解决方案：蚁天鉴

大模型将成为科技驱动发展的新引擎，如何保障大模型的应用安全成为当下的热点。为保障大模型在生产和使用过程中更加安全、可控、可靠，蚂蚁集团自主研发大模型安全一体化解决方案——蚁天鉴（见图 1），这也是大模型浪潮以来首个可实现产业级应用的大模型安全测评与防御一体化解决方案。

目前，该方案形成了包括大模型应用安全测评、基础设施攻防测评、大模型 X 光测评、围栏防御、AIGC 滥用检测、证照伪造检测等在内的完整技术链条。

1. 测评端

打造了业内首个"测评智能体"，提供全流程自动化的安全测评工作。具备以下三项安全测评能力。

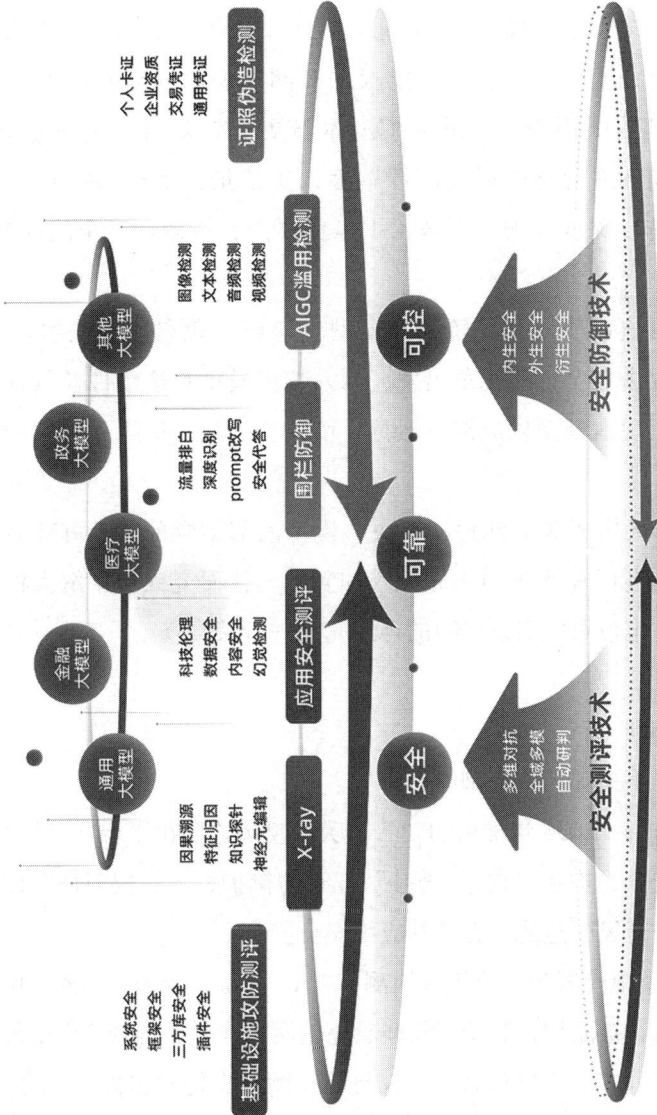

图 1　蚁天鉴大模型安全一体化解决方案

应用安全测评：侧重解决大模型应用过程中的内容安全、数据安全和科技伦理等问题。支持各种形式模型和深度学习框架，可扩展测评垂类大模型、多模态大模型及 Agent 智能体，采用自研的诱导式主动对抗检测技术和全面测评分类标准，能根据被测模型的安全水位动态调整攻击策略和出具测试用例，帮助大模型本身更有针对性地持续优化。目前，蚁天鉴有超 300 万道高质量测评题库，支持最高 50 万道/日的饱和式攻击和逐级诱导深度攻击，实现了 1 工作日内完成测评，全流程自动化率>99%。

基础设施攻防测评：解决大模型供应链（软件、算法组件）的安全问题。从攻击者全链路视角出发，深入扫描模型算法组件及软件系统，可及时准确发现大模型供应链及运行环境安全问题，保障云到端的应用安全可控。

X-ray/大模型 X 光测评：解决大模型内部幻觉问题，可针对大模型的内在神经元进行 X 光扫描来做探查和判断，让研究人员了解大模型内部在发生什么、定位可能引发风险的神经元并进行编辑修正，实现从源头识别和抑制风险。

2. 防御端

具备以下三项风险防御能力。

围栏防御：2023 年推出的"天鉴大模型风险防御平台"。针对大模型全生命周期安全，构建"内置+外挂"双重防御护栏，在提问环节做预防，对回答内容进行风险过滤，保障其应用安全。

AIGC 滥用检测和证照伪造检测："AI 鉴真"能力。针对 AIGC 生成和深度伪造内容被滥用在制造假新闻、电信网络诈骗、伪造身份证件、逃避商户资质审查等有损用户和消费者权益的问题，支持对多模态内容是否真实、是否被深度伪造过进行检测，可快速精准鉴别图像、视频、音频、文本内容的真伪，图像识别准确率 99.9%，达到行业最高优秀级（信通院测评），致力于守护一个真实的网络世界。

蚁天鉴自推出后先后获得 2022 年上海金融科技中心建设三周年优秀成

果、2023 年北京人工智能行业赋能典型案例、信通院可信人工智能实践标杆案例、2023 年世界人工智能大会"镇馆之宝"等权威奖项认可。目前，蚁天鉴的检测和防御产品已实现产业应用，开放给 20 余家外部机构和企业，在金融、政务、医疗等重要领域得到采用，为行业大模型数据、训练、部署、应用等环节提供安全保障。

例如，在金融场景，蚂蚁 AI 金融助理"蚂小财"，通过蚁天鉴从大模型训练与推理风险管控、大模型风险点全方位评测、大模型用户交互风险管控三个方面保障大模型应用安全；针对金融业务，通过内嵌一致性检验和金融价值对齐，确保数据的准确性和金融逻辑的严格性。

在医疗场景，上海市第一人民医院通过引入蚁天鉴平台，在其首创安全前置护栏技术保障下，可精准杜绝医院最关注的风险出现，保障医疗大模型生成的内容更符合医疗垂类的安全和专业，有效应对大模型应用中的信息安全与隐私保护、双向内容风险防控等问题。

在政务领域，"赣服通"政务 AI 助理在端侧实施的安全措施具有借鉴意义，其结合蚁天鉴通过 1000 万次政务预训练来实现精准意图识别、智能追问反问和高频事项即问即办等功能；针对政务行业大模型应用中生成不可控、安全覆盖面广、内容对抗强、时效要求高等挑战，构建安全护栏和安全防御两大核心能力，覆盖数百项大模型内容生成风险，可应对单次 50 万次量级的饱和攻击。

（二）AI 业务风控：蚁盾

风控，是企业数字化转型及发展的关键。随着数字化的不断发展和风险形态的不断变化，风险管理变得越来越复杂，挑战难度越来越高。在这个过程中，如何利用领先的数字化工具，动态、实时地监测风险并直接辅助于决策，是企业风控建设的首要考量。

传统的风险管理解决方案大多是被动的"事后应对"，即在不利事件发生后，基于已有信息做出判断，采取保护性行动，但这远远不够。随着人工智能及其相关技术的发展，企业更加系统化、全流程地应对业务发展过程中的潜在风险成为可能。在这个过程中，AI 可以在 7×24 小时全天候业务中帮助客户有效缩短决策时间，成为风险管理的新常态。

蚂盾作为蚂蚁数科的安全风控品牌，搭建了一套决策式 AI 驱动的风控算法模型，通过引入工商司法数据、财报数据、产业链数据、发票税务数据、舆情数据等对企业和用户进行高效的验证，从而做出更准确和及时的决策（见图 2）。这个时候，AI 就是一个"产研专家"，将过去人们需要花费大量时间"人肉风控"的工作线上化、智能化。

案例 6：全行级智能风控，护航长沙银行数字化发展

长沙银行成立于 1997 年，随着业务的发展和扩张，逐渐从单一银行发展到集控股消费金融、村镇银行等于一体的综合性银行。风控管理是银行机构的核心能力之一。面向千万级客户规模下的高并发要求，长沙银行要建立自主可控、统一高效的风控体系，在业务峰值平稳运转。

围绕决策引擎进行风险前置系统功能建设，蚂盾为长沙银行陆续建设了 4000+ 的信贷类变量指标，并将这些变量指标应用于贷前、贷中阶段，进一步提升信贷类风险防控的有效性及准确性，有效降低了贷款不良率。

蚂盾通过智能风控引擎为长沙银行建成风控中台，实现了对渠道交易、信用卡、信贷等 40 多个业务场景的覆盖，实现全行级的风控体系管理运营的核心目标。目前，长沙银行各个业务场景合计布防反欺诈策略数超过 3000 条，风险识别率提升 20%。

自 ChatGPT 发布以来，生成式 AI 在理解、分析、推理、生成新内容等技术上快速发展，其具备的深度理解和解决复杂问题的能力，为新的应用创新可能性带来想象空间，让过去的 AI 风控系统变得更智能。

蚂盾发布新一代融合 AI 风控引擎——AIR，将决策式 AI 与生成式 AI 进行深度融合，实现了风险运营模式"从人到 AI"的巨大转变。

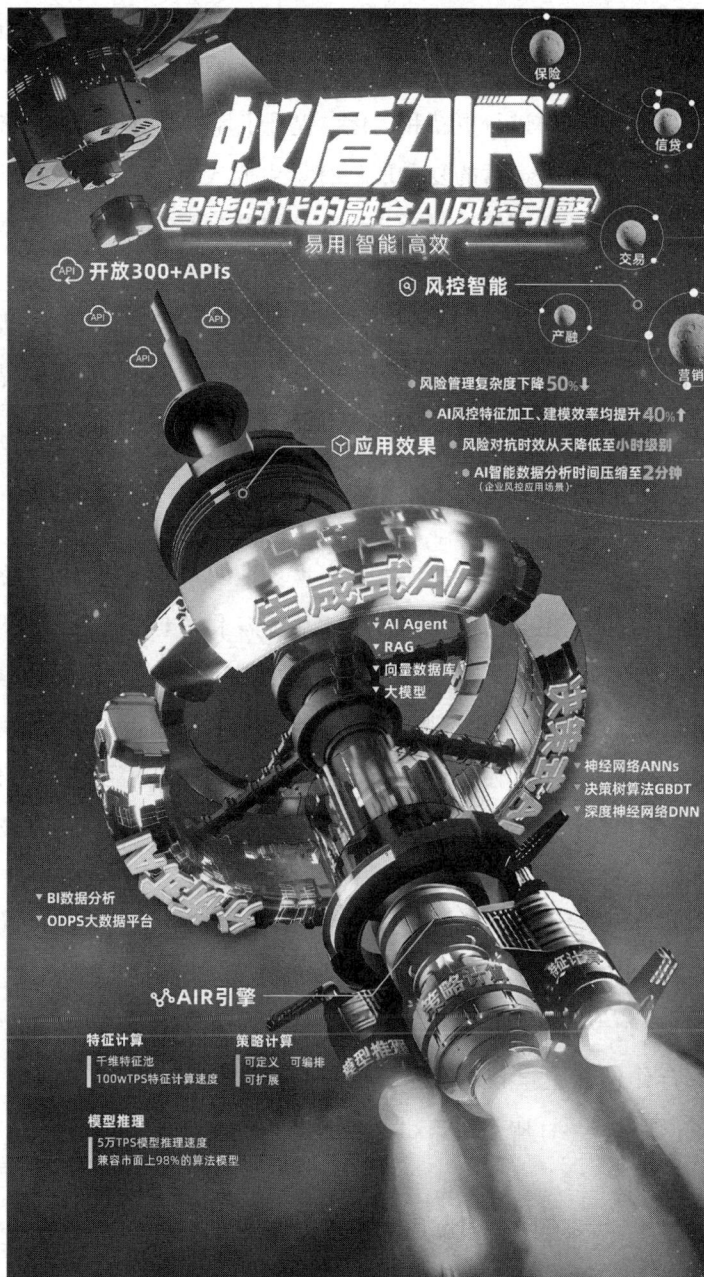

图 2 蚁盾新一代融合 AI 风控引擎架构

资料来源：蚂蚁集团。

对于专业从事风控管理及运营的人员来说，理解复杂的风险管理诉求及快速布控是具有挑战性的，调整风险策略宛如调转一艘航空母舰。AI 持续对决策目标和决策结果进行更新和优化，提升了风控系统的适应力和智能化水平，降低了风险策略运营的复杂度，有了生成式 AI 的加持，基础运营人员也能轻松驾驭复杂多变的风险场景。在开放联合建模场景，"AIR"引擎通过 AI 对业务全流程进行智能辅助，将特征加工与建模效率均提升了 40%。

落地到具体场景，蚁盾"AIR"引擎实现了风险管理复杂度下降 50%，AI 风控特征加工与建模效率均提升 40%，风险对抗时效从天级别降低至小时级别，AI 智能数据分析将企业风控应用场景时间压缩至 2 分钟。

（三）可信身份服务：ZOLOZ

随着数字化的高速发展，如何在数字世界证明"你是谁"，已逐步成为金融、保险、政务、出行、电商等行业的常态需求。丰富的场景需求也带来了复杂的认证环境差异，从 PC 端到手机端再到 IoT 设备端，在线身份认证需要运用领先的 AI 技术满足不同网络环境、不同设备环境、不同用户画面环境、不同认证类型下的便捷性和稳定性要求，同时还需要应对身份伪造、注入篡改等黑产挑战，"精准、高效、安全"成为在线身份认证技术的关键词。

蚂蚁数科的可信身份平台 ZOLOZ 于 2017 年 10 月正式发布，并开始服务外部客户的实际需求。如今，ZOLOZ 综合多种技术手段实现认证准确率达到 99.9%，为中国、印度尼西亚、马来西亚、菲律宾等 14 个国家或地区的 70 余家合作伙伴提供技术服务，覆盖金融、保险、证券、信贷、电信、公众服务等领域，累计服务用户超 12 亿个。

案例 7：印度尼西亚"待就业卡"计划

"待就业卡"计划是印度尼西亚政府主导的在线职业培训项目。为鼓励青年人积极学习，印度尼西亚政府设立了 30 万亿印度尼西亚卢比（约 21.3 亿美元）的总奖金池，向符合条件的学员发放奖学金。"待就业卡"计划应用了 ZOLOZ 的数字身份认证技术，以确保奖学金发放到准确的学员账户，防范欺诈冒领等问题。

印度尼西亚"待就业卡"特别项目组（Kartu Prakerja）技术总监山姆苏·赛皮纳（Samsu Sempena）表示："中国的移动支付走在世界前列，蚂蚁 ZOLOZ 的金融级身份安全技术让学员在 2 分钟内就完成注册认证流程，既免去了人工审核成本，还能精准地识别虚假身份……通过数字化技术及蚂蚁 ZOLOZ 可信身份认证技术，已帮助 1700 万人实现在线职业培训，保障 21.3 亿美元奖学金精准发放到学员电子账户。这套安全便捷的技术服务撬动了当地移动支付发展，得到印度尼西亚政府点赞，成为'一带一路'数字化的特色成果之一。"

2024 年 4 月，为进一步拦截用户刷脸过程中的"AI 换脸"风险，防范 Deepfake 攻击，ZOLOZ 正式发布了反深伪产品 ZOLOZ Deeper。Deepfake 是"deep learning"（深度学习）和"fake"（伪造）两个单词的结合，是指基于深度学习算法，从大量的视频和图像数据中学习，伪造出逼真的面部动画和语音。Deepfake 不仅增加了公众识别视频真伪的难度，也进一步滋生了诈骗、色情等违法犯罪活动的风险和隐患。

ZOLOZ Deeper 搭建了端云一体的全链路技术体系，以应对系统、服务器、应用等多环节的 Deepfake 安全威胁（见图 3）。前端通过精密的传感器校验与多维特征动态风控，对摄像头状态、设备及网络环境、输入图像等进行严格审查，确保软硬件环境安全无风险，采集到的生物特征数据真实无篡改；在用户操作过程中，运用深度学习模型对用户面部动态进行细致入微的分析，捕捉微表情、肌肉纹理、眼神流转等细微特征，精准判断其是否为真人实时互动。此外，蚂蚁集团天玑实验室会通过 GAN 模型生成超 30 万个测试样本，交给 ZOLOZ Deeper 进行判别训练，每个月还会对其进行超过 20000 次的攻防测评，模拟上百种伪造攻击情况。在服务东南亚某头部银行后，产品上线一个月时间内实现了 Deepfake 风险"0 漏过"。

ZOLOZ 在 2020 年获得 iBeta 国际生物安全认证组织最高等级 Level 2 认

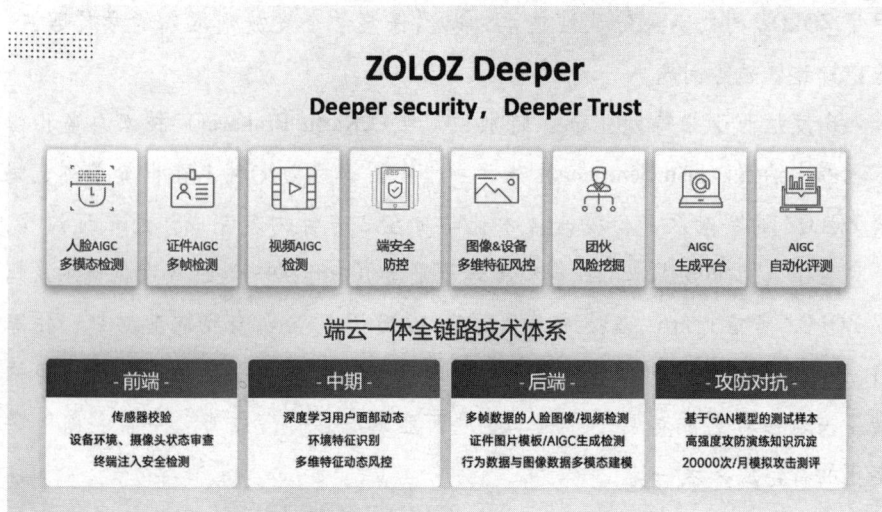

图 3　ZOLOZ Deeper 产品服务

资料来源：蚂蚁集团。

证亚太第一家，于 2023 年通过中国信通院深度伪造视频检测服务能力检验，满足安全可靠、透明性、数据保护、明确责任、公平性等方面的可信能力要求。

公开资料显示，ZOLOZ 的可信身份认证能力已经成为多国金融 App 的第一道"门禁"，服务着印度尼西亚最大银行 Mandiri、马来西亚最大银行 Maybank 等金融机构，巴基斯坦 Easypasia、尼日利亚 PalmPay 等多国电子钱包在内的上百家合作伙伴。[①]

四　蚂蚁未来的智能生态

如前文所述，蚂蚁集团已经初步构建了以百灵大模型为核心的智能生态。百灵大模型寓意百试百灵。目前，百灵基础大模型分大语言模型与多模

[①] 《外滩大会：印尼政府嘉宾点赞中国安全科技，一带一路数字化成果丰硕》，观察者网，2023 年 9 月 8 日，https://www.guancha.cn/economy/2023_09_08_707828.shtml。

态大模型两种。其中，大语言模型，基于万亿级 Token 语料训练而成，支持窗口长度达 32K，推理能力领先，在主流推理类榜单中排名前列，并于 2023 年 11 月 6 日通过相关部门备案；多模态大模型，包括百亿级参数图文基础模型，对齐图像文字语义信息，原生支持中文，与蚂蚁集团自研的大语言模型结合，支持图像视频生成、图文对话等一系列下游任务。在百灵大模型基础上，蚂蚁集团逐步向外延伸，精调产生了各种垂类模型，形成了以"基础–模型–技术–场景–应用"为框架的一体智能生态，使公司全面进入智能时代（见图 4）。

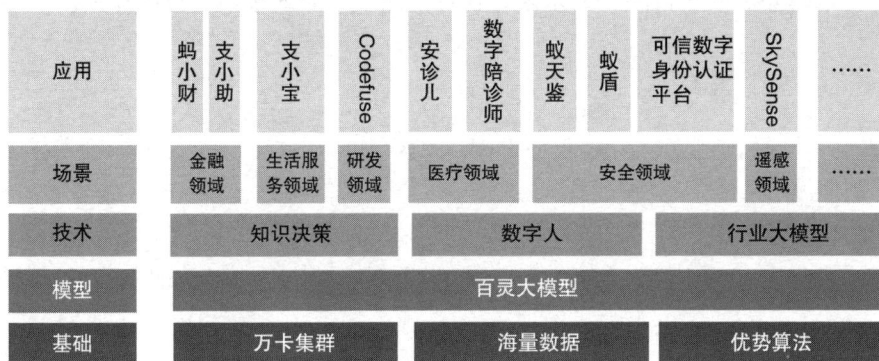

应用	蚂小财	支小助	支小宝	Codefuse	安诊儿	数字陪诊师	蚁天鉴	蚁盾	可信数字身份认证平台	SkySense	……
场景	金融领域	生活服务领域	研发领域	医疗领域		安全领域				遥感领域	……
技术	知识决策			数字人			行业大模型				
模型	百灵大模型										
基础	万卡集群			海量数据			优势算法				

图 4　蚂蚁集团智能生态

资料来源：蚂蚁集团。

基于大规模业务场景需求，蚂蚁集团在人工智能领域持续加大研发投入，布局了包括大模型、数字人、知识决策等多个人工智能领域，囊括了人工智能从判别式到生成式的关键核心技术。其中，数字人技术融合了大模型与 AIGC 技术，是业界首个通过信通院金融数字人评测的产品，支持了超过 1 亿名"数字火炬手"共同参与的 2022 年杭州亚运会开幕式数字点火仪式。蚂蚁集团构建的基于知识图谱、图学习、运筹优化等核心技术的知识决策能力，致力于助力流量、资金、信贷、风控、算力等多元互联网、金融场景下的知识构建和推理决策，可实现十亿级大规模优化问题上的分钟级求解和秒级求解更新，同时沉淀了金融营销、信贷风控、绿色计算等领域知识决策方案。

    蚂蚁集团坚持人工智能走向产业，在推动人工智能大规模落地应用上积累了扎实的数据和安全技术。包括金融级的安全可信技术底座，可支持海量数据高并发场景的分布式技术体系等。人工智能的深度应用，不仅对数据、算法、算力提出了更高要求，也对安全、隐私、伦理提出更多挑战。在确保数据安全和隐私保护、健全人工智能伦理与安全的前提下，才能让 AI 技术真正地释放应用价值。同时，蚂蚁技术研究院成立了智能交互实验室，在以 NIP 和视觉为主的新一代交互形式上持续投入研发。发展可信人工智能技术，最终要走向人机融合的未来，在这条路上，蚂蚁集团会持续布局。

B.12
"人工智能+"典型行业场景分析

邵鹤令　班元浩*

摘　要：　人工智能大模型通过大量数据训练，能够生成高质量、多样化的知识内容，在产品价值创新、业务流程重塑、运营效率提升、客户体验升级等方面，为千行百业带来前所未有的创新机会。大模型+产业场景应用是产业智能化发展的重要路径，不仅有利于提高生产效率，更能催生新的商业模式，引领新一轮产业变革。大模型最大的效用在于与产业具体应用场景结合。大模型在各行各业的实际应用步伐不一，本报告基于广泛调研，重点介绍国内几个大模型在传统行业的典型应用进展，分析背后的原因，以便于各界更好理解要专注于具体场景的特定需求，结合业务问题识别核心矛盾，找到大模型应用的最佳着力点。

关键词：　"人工智能+"　大模型+场景应用　人工智能大模型

一　AI大模型+农业场景应用

（一）农业大模型的基本用途

农业大模型基于海量的农业知识数据进行训练，通过深度学习和大数据

---

* 邵鹤令，国信证券投资银行部执行总经理，中国保荐代表人，中国香港保荐人代表，主要研究方向为大数据、区块链、人工智能等；班元浩，经济学博士，中国社会科学院数量经济与技术经济研究所信息化与网络经济研究室助理研究员，主要研究方向为数字经济与数字技术创新。

分析技术，形成强大的智能分析能力。它能够实时监测和分析农作物的生长状态、土壤条件、气候变化、病虫害分布等关键因素，为农业生产提供科学依据。同时，农业大模型还能协助农民进行规范化的决策和操作，如精准施肥、智能灌溉等，提高农业生产效率。此外，农业大模型还具备一体化管理与控制功能，能够协调农业生产的各个环节，实现资源的优化配置和高效利用，推动农业生产向智能化、精细化方向发展。

（二）在农业场景中的应用

2023 年 12 月，中国农业大学信息与电气工程学院发布神农大模型 1.0。该 AI 大模型基于大量的农业知识数据训练而成，致力于赋予农业生产智能化监测与分析、正规化决策与操作、一体化管理与控制等功能。神农大模型 1.0 汇聚 1000 多万条农业知识图谱、2 万本农业专业书籍以及 2000 万个标准化的优质农业场景数据，构建一个包含丰富农业知识的庞大数据集。这些数据经过精心筛选和整理，确保其高质量和实用性，为 AI 大模型提供强大的知识支撑，使其能够更准确地理解和处理农业相关问题。它融合农学、园艺学、栽培学、生物信息学等众多学科领域的知识，具备丰富的农业知识问答功能。借助先进的深度学习和大数据分析技术，该模型能够协助农民和农业专家实现作物种植的智能化管理，有效提升农业生产的效率和质量，并推动农业的可持续发展。

神农大模型 1.0 已应用于北京市昌平区兴寿镇御享生态农场，开始在实际农业生产中发挥作用。利用神农大模型，该生态农场已实现"无人种植"，农民可通过手机小程序轻松管理大棚内的黄瓜生产。该模型有望推广至更多农作物，配合无人机、自动灌溉系统和巡检机器人等设备，实现自动化作业，显著降低劳动力成本。在极端天气等挑战面前，AI 大模型能迅速响应，保障作物生长条件，确保农业生产稳定进行。对于农民而言，使用神农大模型十分便捷，在手机软件或小程序中提问，即可获得有针对性的解决方案，极大地提升农业生产的智能化水平。

（三）大模型+农业场景应用面临的挑战与应对

1.数据获取和标注困难及其应对

高质量的农业数据是训练 AI 模型的基础，但在实际操作中，获取大量准确、全面的农业数据非常困难。例如，土壤湿度、作物生长情况等数据往往需要通过人工采样或专业设备获取，这不仅费时费力，而且成本较高。此外，由于农业生产受地理、气候等多种因素影响，数据的时空分布可能存在不均衡性，这给模型的训练和泛化带来挑战。例如，AI 模型在特定区域的作物病害识别上表现良好，但当应用到不同地理环境或气候条件下时，其识别准确率可能会显著下降。

数据标记效率和准确性直接影响模型适用性。鉴于农业不是全过程全场景数字化，必须结合问卷调查、市场调研等传统方法，加强田间对实际作物生长情况进行实地观察等，采用多种数据收集方法和适当的数据收集工具。在此过程中，不仅可利用人工智能技术辅助进行数据标记，通过算法识别并纠正标签错误，还可利用图像增强、语义增强等技术提高数据质量和多样性。在大模型技术架构基础上融合知识图谱和向量数据库，提高数据处理的效率和准确性。对收集到的数据进行标准化处理，确保数据的一致性和可重复性。

2.模型泛化能力不足及其应对

AI 模型在农业应用中需要具备良好的泛化能力，以便能够适应不同地区、不同作物和不同生长阶段的变化。然而，由于农业生产条件的多样性，单一的 AI 模型很难覆盖所有可能的情况。例如，AI 模型在识别小麦病害时表现出色，但在转移到玉米病害识别任务时，其性能可能会大幅下降。

提高大模型在农业不同地区和不同农作物上的泛化能力，关键在于要以农业大模型设计与优化、农业大数据挖掘、多模态信息处理等为主攻方向，深入探索智能农业发展的新技术、新模式。例如，通过整合多模态数据（图像、视频、传感器数据等），利用 AR/VR 技术设计动植物理想表型结构，帮助研究人员更直观地理解作物的生长特性，使模型更加精准地适应不同作物和环境条件。此外，可以发展人机协同与农业智能系统，让人类专家参与模型的训练过程，通过人机协同，提升模型的泛化能力和准确性。

3.投资高收益不确定阻碍模型推广应用的挑战与应对

AI技术的引进和应用需要显著的前期投资，包括硬件设施、软件开发和人员培训等。对于许多小规模农户来说，这样的投资可能难以承受。此外，AI技术的直接效益可能并不明显，特别是在短期内难以看到产量增加或成本节约。例如，某农场投资建设一个AI驱动的智能灌溉系统，但由于系统复杂且操作不当，水资源浪费严重，反而增加了该农场的运营成本。

农业总体上属于劳动密集型产业，降低农业大模型应用成本，必须加强智能技术应用，减少劳动力成本，提高农业生产效率。例如，传感器和田间数据（包括实时数据和存储数据）实现的自动化精准喷洒可以更高效地使用杀虫剂和化肥，进一步降低成本。利用AI技术开发农业专家系统和农业机器人，可以更加科学合理地进行农业种植管理，减少人工干预，从而降低劳动成本。采用全链路数字化解决方案，通过降低技术成本，使农业从业者能够接受并使用这些技术，从而带来实质性的改变和提升。使用AI技术帮助农民和社区优化资源配置，能提高生产率和收入，减少资源数量。政府可以通过提供政策支持和惠农投资，帮助农业从业者降低初期投资成本，促进AI技术在农业中的广泛应用。

二　AI大模型+工业场景应用

工业采用大模型有利于提升工业生产效率、产品质量以及生产灵活性，同时能有效减少生产成本和资源消耗，进而构建智慧型工厂体系。当前AI大模型技术正逐步渗透至制造业的每一个细节之中，为企业提供从战略决策支持到生产执行的全方位智能化解决方案，助力企业构建起覆盖全业务流程的智能生态系统。工业智能化深入推进，将催生一系列创新的业态和模式，如智能制造、个性化定制以及服务型制造等，这些新兴模式将进一步重塑工业的未来格局。

（一）典型工业大模型及其场景应用

工业大模型的典型代表是 2023 年 9 月推出的羚羊工业大模型 1.0，主要是通过工业感知、工业认知、工业大模型等先进 AI 技术手段，助力制造业实现智能化转型升级。羚羊工业大模型深度融合讯飞星火认知大模型的强大基础能力，依托讯飞星火的强大通用能力，该大模型可以针对工业场景的具体需求进行定制化构建，具备从海量数据和知识中自我学习和不断进化的能力，能够实现从问题定义到解决方案的全流程闭环管理。该模型通过无监督学习、SFT 精调、人工强化学习等多种训练方式，以及挂载工业知识库等方法，已积累涵盖 41 个工业大类的全面专业知识，并深入挖掘高端装备、汽车、船舶、机床、能源、新能源、石油石化等多个细分行业的深度专业知识，展现了持续进化的强大潜力，进而为每个企业定制"持续进化的大脑"，以应对快速变化的市场。

目前羚羊工业大模型已应用于电力、矿山、钢铁、化工、风电、水电等多个关键领域，并在电力、矿山等行业实现深度应用，其行业版解决方案也已正式发布（见图 1 和图 2）。

（二）大模型+工业场景应用的难点

与农业相比，工业涉及范围广，大模型场景应用更加困难。不同工业对大模型应用侧重点不同，需要处理的业务不同，困难与挑战也有所不同。但总体上，从目前应用来看，至少有两类共性问题必须引起重视。

一是模型可靠性挑战。在工业领域，尤其是生产制造流程中，安全性、可靠性和稳定性是最为核心的考量因素。这些因素对确保生产效率和产品质量至关重要。因此，在工业生产制造流程中应用 AI 大模型无疑对模型可靠性有更高要求，甚至要把模型可靠性放在第一位。

二是工业场景特有的 Knowhow 和数据资源挑战。AI 大模型在工业中的场景落地和价值创造，亟须高质量、结构化的数据支撑。与其他行业相比，工业场景通常面临数据样本量相对有限的问题，这使大模型训练过程变得更加复杂。

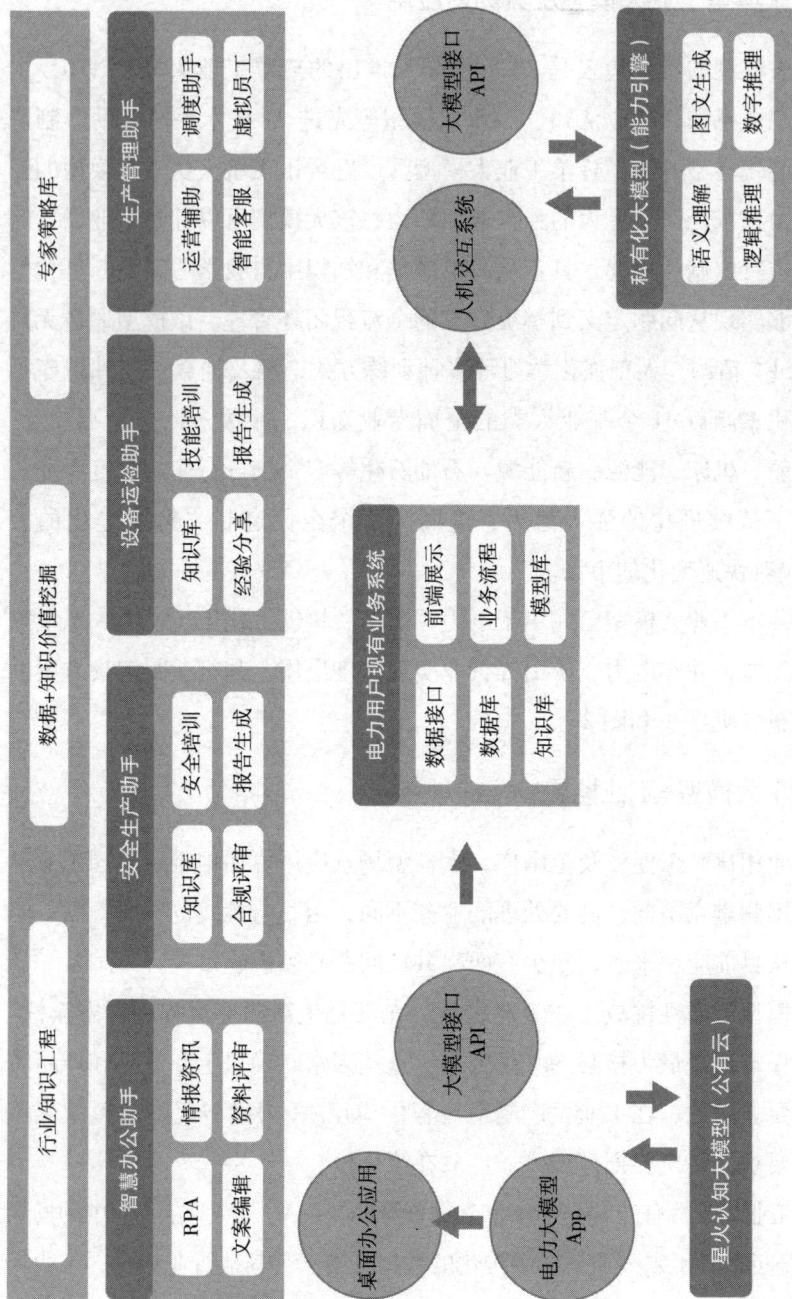

图 1 羚羊工业大模型（电力版）基本功能框架

资料来源：讯飞工业智能官网。

多模态 人机交互系统	语音转写	语音输入	语音合成	虚拟人	微表情	情感分析	手势识别	动作识别	多模态感知

安全管理助手
- 知识库
- 措施制定
- 安全培训
- 行为判罚

调度生产助手
- 信息抽取
- 调度优化
- 生产决策
- 节能降耗

设备运检助手
- 设备库
- 经验传承
- 技能培训
- 健康问诊

智慧办公助手
- RPA
- 文案报告
- 专业资讯
- 编程代码

讯飞矿山星火 认知大模型API	私有化	NLP	Transformer	通用底座	行业知识	生产知识	安全知识	洗选知识	机电知识	经管管理

现有 业务系统	信息化平台	自动化平台	财务系统	数据中台	供销平台					

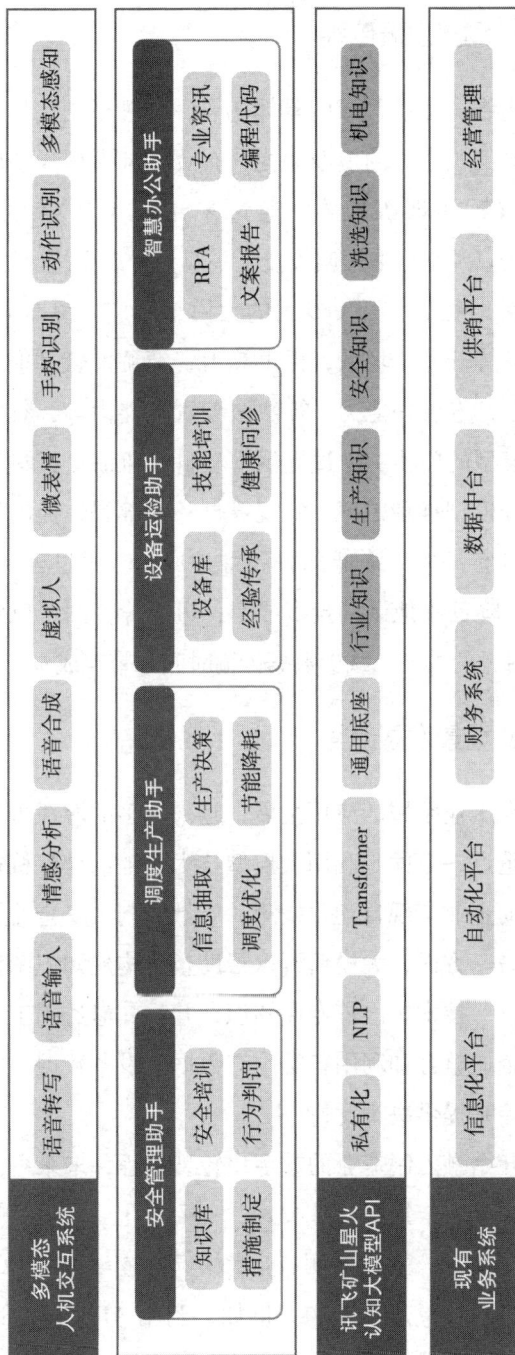

图 2 羚羊工业大模型（矿山版）基本功能框架

资料来源：讯飞工业智能官网。

（三）大模型+工业场景发展路径

大模型的落地应用应结合工业领域的具体场景，合理规划实施路径。一种路径是，选择适合特定工业应用的模型架构，有效控制模型复杂度和参数数量，降低计算资源消耗和训练成本。通过采用模型压缩技术、MoE（Mixture of Experts）架构以及小样本微调等技术手段，可以促进 AI 大模型的快速实施和普及。另一种路径是，开发专用的大模型底座，覆盖应用层面、算法框架、基础设施服务等开发全场景，提供算力资源调度管理能力、数据自动标注管理能力、应用开发管理能力、算法服务管理能力等，有助于降低企业开发及应用工业大模型的门槛。通过提供模型自动压缩工具集和异构加速卡加速 SDK，可以提升模型推理效率，实现模型一键部署，提高推理服务的吞吐性能，并支持弹性扩缩容，降低部署和维护成本。通过云计算平台，可以灵活调配计算资源，降低本地硬件投资成本；边缘计算则可以将数据处理任务转移到数据源头附近的设备，减少数据传输时间和带宽成本。

（四）大模型+工业场景发展趋势

未来，随着大模型在工业领域的应用拓展，越来越多的潜在价值场景将被逐步发掘，未来发展重点一方面是利用大模型技术，辅助计算机视觉、工业知识图谱等技术，帮助企业实现自动化检测、质量控制、安全监控以及生产过程的精细化管理。另一方面，大模型可以帮助企业构建知识图谱，包括整合各类文献、专利信息、技术标准等专业知识，并将其渗透到工业生产链的各个环节。这将帮助企业整合和利用各类生产数据、设备数据、质量数据等，为生产优化和质量控制提供决策支持。

随着群体智能技术开始融入制造业的数字化转型进程，未来可以利用大模型增强工业智能的认知能力，提高对分布式、去中心化、自组织的多个智能设备或系统的实时协作控制、故障检测、自修复等任务，实现 AI 与传统工业设备的无缝集成，协同解决复杂问题。例如，利用 AI 大模型通过对生产流程、设备状态等应用场景提供智能化的监控和调度解决方案。

为了解决工业大模型训练难题，未来可以利用工业数字孪生技术通过模拟仿真产生大量数据，从而辅助 AI 模型进行深入学习和优化。工业互联网的发展将用户、员工、设备、环境以及产业链上下游等元素紧密联系起来，使得数据生产量显著增加，为工业企业创造更加丰富可利用的数据资源。与此同时，随着工业大数据的不断增长，可以实现工业大数据与 AI 大模型双向驱动，示范场景数据与工业知识价值，推动智能制造持续升级。例如，利用 AI 深入挖掘工业大数据中的潜在关联和模式，将数据转化为具有实际应用价值的智能决策和洞察，提供更精准、更及时的数据分析、决策支持、需求预测等关键能力，帮助企业更科学地规划生产计划、优化库存管理，实现降本增效，提升整个工业智能化水平。

三　AI 大模型+建筑业场景应用

AI 大模型在建筑领域的应用正逐步展开，其不仅能够显著提高工作效率，还能在智能建筑设计、自动化施工、智能资源规划、智能建筑维护和智能绿色建筑等方面提供有力支持。全球智能建筑市场已经是一个庞大且专业化的领域，其中国外的领军企业有 Autodesk、Bentley 和 Procore 等。在中国，广联达在 AEC（建筑、工程和施工）AI 领域占据着核心地位。随着虚拟现实和增强现实等技术的不断进步，未来 AI 大模型在建筑领域的应用将更加广泛和深入。

（一）大模型在建筑业场景中的应用

2024 年 5 月，广联达发布建筑行业 AI 大模型 AecGPT 和广联达建筑行业 AI 平台。广联达行业 AI 平台作为"一站式"的 AI 原生应用开发平台，由建筑行业 AI 大模型层、工具平台层和产品应用层三层架构组成，旨在构建一个智能化的建筑行业中枢，致力于推动建筑行业软件和应用向智能化转型，加速建筑行业智能化进程。

AecGPT 的核心优势在于其庞大的参数量——高达 320 亿个，以及亿级 Tokens 行业知识增强，使其在处理复杂的建筑行业问题时展现卓越性能和深度学习能力。依托广联达建筑行业 AI 平台，针对行业级应用场景，AecGPT 深入覆盖从规划、设计到交易、成本、施工、运维乃至综合管理等七大领域，涉及 20 个细分专业知识领域，涉及的应用产品包括 AI 智能设计、AI 算量、AI 斑马进度、AI 物资管理、AI 交易、AI 安全、AI 教育等。该模型不仅继承开源通用大模型的强大能力，而且通过整合数十万份高质量行业数据，构建深厚的行业知识体系，具备自动化处理、精准分析决策以及高效辅助生成等一系列专业能力。

（二）大模型+建筑场景应用发展趋势

建筑行业具有高风险性，容易发生各类生产安全事故。大模型在建筑领域的应用，首先是要增强 AI 算法的学习能力和适应性，建立一个能够不断从新数据中学习的机制，使 AI 模型能够适应建筑工地的实时变化。其次是要整合多种类型的数据（如图像、传感器数据、历史记录等），提高算法对复杂环境的理解能力；提高 AI 系统的鲁棒性和稳定性，利用 AI 分析设备运行数据，预测潜在故障，提前进行维护，减少现场故障率；同时，在大模型的关键系统和部件中要引入冗余设计，确保在单个组件失效时整个系统仍能维持基本功能。最后是在人机关系和人机协同方面，要设计直观易用的交互界面，使人类工作者能够轻松与 AI 系统协作，及时纠正可能的错误；开发决策辅助工具，为项目管理人员提供基于 AI 的建议，同时保留人工最终决策权，以确保决策的准确性和合理性。

建筑业设计个性化需求高，设计过程不仅涉及建筑学本身，还涵盖材料学、结构工程等多个知识领域的交织与融合。AI 大模型在将多元学科的知识融为一体、应对由此带来的高度复杂且精细的优化难题方面，具有独特优势。未来可以利用 AI 大模型通过深度学习并整合跨学科数据，创造出类人智能的设计概念，可以利用 AI 技术分析庞大的用户需求数据集，提取关键特征，并不断训练和优化模型，形成对用户需求分析和交互式设计方案，更精准地满足定制化的设计要求。AI 技术还能依据设计规范和限制条件，自动产生多个符合标准的设计方案，优化设计流程，有效应对高度定制化的设计挑战。通过与物联网、大数据等技术的集成，AI 大模型能够获得更丰富的数据支持和技术手段，进一步提升其在建筑设计中的效率和准确性。AI 的智能算法能够对建筑设计方案进行细致的优化，增强设计的逻辑性和效率。通过模拟建筑在多样化环境条件下的性能，AI 可以对建筑的能源消耗、结构稳定性和室内环境品质进行预测。结合 BIM 技术，AI 大模型可以实现设计流程的全面智能化，推动建筑设计业迈入一个集智能化、个性化、定制化、一体化与人性化于一体的崭新时代。

四　AI 大模型+医疗场景应用

（一）医疗大模型概况及其主要场景应用

全球科技企业借助 AI 大模型技术在医疗健康领域的广泛应用，正引领医疗服务和新药研发等关键医疗业务场景实现数字化转型和智能化飞跃，为医疗健康行业的持续发展注入强劲动力。这些先进的 AI 大模型正在改变医疗行业的面貌，通过提供更高效、更准确的医疗服务，并加速新药的发现和开发，为全球患者带来更好的健康保障。表 1 为国内外代表性医疗领域大模型概况。

表 1　国内外代表性医疗领域大模型概况

领域	企业	大模型	基本情况
医疗服务	Microsoft	BioGPT	使用 3.57 亿个参数改进预训练的基于 GPT-2 的模型，在 PubMedQA 基准测试中达到 81% 的准确率（单个人类的准确率仅为 78%），具备优秀的生物医学文本生成能力和问答能力
	Google	Med-PaLM	专门用于回答有关医疗保健的问题，是首个在类似美国医学执照考试（USMLE）中成功获得及格分数（准确率≥60%）的人工智能系统
	百度	灵医大模型	具备医疗健康问答、辅助病历书写、辅助临床诊断、用药知识查询、检验检查报告解读、医疗信息抽取等多种能力；已与多家医疗机构展开合作，如固生堂、零假设等

领域	企业	大模型	基本情况
	春雨医生	春雨慧问	基于春雨平台 66 万名公立医院执业医师的问诊数据,在前期咨询、病历索引、提问预判、医生推荐等功能上实现应用
	医联	MedGPT	基于自身互联网医院中 150 余万名医生以及 2000 万名患者接近 20 亿条真实医患互动而来的数据,包括沟通对话、检验检测和病例信息,以及通过对这些数据的深度挖掘和分析自研基础上研发的一款 GPT 自然语言处理产品
生物医药	Google	AlphaFold	AlphaFold 可利用深度学习技术,通过对已知蛋白质序列和结构的分析,可以预测未知蛋白质的三维结构,其预测精度非常高
	百度	文心·生物计算预训练大模型	针对化合物、蛋白、RNA 等研究对象,通过海量数据学习到大量的生物化学知识。在与功能更相关的结构和亲和力预测任务上,融合第一性原理,利用底层物理/化学规律驱动模型的构建,训练出外推能力更好的亲和力大模型,更好地支持小分子的药物设计、多肽/蛋白等设计任务
	腾讯	云深 iDrug	同时,具备小分子药物与大分子药物的加速发现能力。在蛋白质结构预测方面,开发的算法框架 tFold,多次得到国际蛋白质结构预测评估平台证明其先进性;在药物 ADMET 属性的预测方面,研发并上线 70 多个 ADMET 性质;开发两个骨架跃迁分子生成算法发现 nM 级先导化合物,并在 3~4 个项目中得到有效证明;引入强化学习技术,在药物小分子生成方面,达成 97% 的生成分子满足要求
	华为	盘古药物分子大模型	可用于分子性质预测,分子生成和优化等药物发现任务,帮助医药公司进行 AI 辅助研发,使先导药研发周期从数年缩短到 1 个月
	晶泰科技	ProteinGPT	可以一键生成符合要求的蛋白药物,比如让 ProteinGPT 根据给定的靶点 X 一键生成 Binder 蛋白,所列蛋白表达和测试成功率达到 60%,且表达成功的蛋白全部可以结合特定的靶点 X

资料来源:根据公开信息分析整理。

AI 大模型通过解析和处理庞大的多模态医疗数据集,开始重塑医疗行业的全流程,正在引领医疗服务和新药研发进入新时代。在医疗服务方面,AI 大模型通过分析来自医疗影像、基因组学、临床记录等多种类型的数据,提供了前所未有的诊断精度和个性化治疗建议。它们能够辅助医生识别复杂的疾病模式,优化诊疗流程,从而提高患者护理质量和治疗效果。在新药研发领域,AI 大模型通过整合化学、生物、临床等多方面的数据,加速了药物发现和开发的进程。

它们能够预测药物与靶点的相互作用，筛选潜在的药物候选物，甚至在药物设计阶段就预测其疗效和副作用，从而减少临床试验的失败率，缩短研发周期。此外，AI 大模型在个性化医疗和精准医疗中的应用也日益增多。它们能够根据患者的遗传信息和临床特征，定制个性化的治疗方案，实现精准医疗（见图3）。

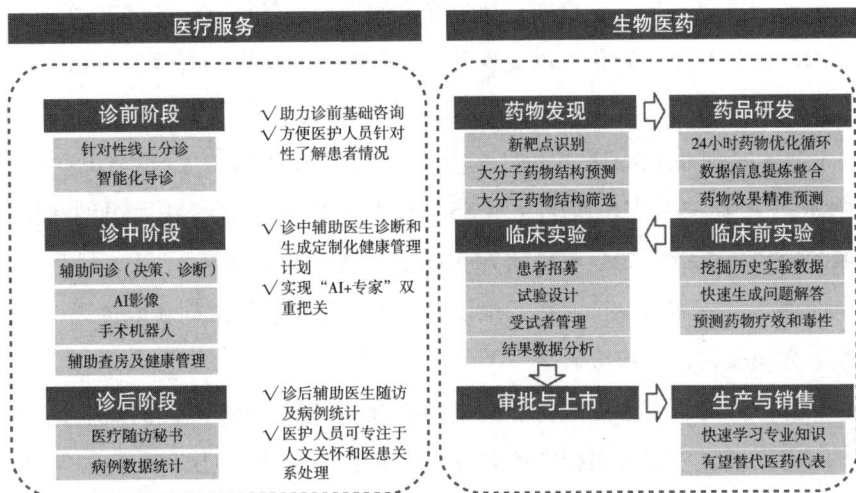

图3　大模型+医疗主要应用场景

资料来源：根据公开信息分析整理。

（二）大模型+医疗场景应用发展趋势

大模型在医疗服务领域的应用更加依赖高质量医疗数据，而医疗数据涉及患者隐私、医疗记录的敏感性，以及不同医疗机构之间的数据格式和标准可能存在差异，推进医疗大模型的发展与应用，未来大模型+医疗首先是要推进医疗数据的标准化进程，包括通过统一的电子病历记录标准来规范医疗设备供应商的数据格式，确保数据的互操作性和准确性，同时鼓励医疗机构建立高质量的疾病数据库。在此基础上，要完善国家四级全民健康信息平台，以便更好地促进数据的共享和流通。探索多渠道的数据接入方式，确保各种数据资源能够规范接入，从而推动医疗健康数据的全面整合和有效利用。此外，要明确规定数据应用、信息安全和隐私保护的标准和边界。强化医疗 AI 系统的安全性评估和监管，确保其在处理医疗数据时符合安全标准。

医学领域的知识专业性强，大模型+医疗服务对准确性有极高要求。在医疗知识的应用层面，专业的医疗知识和实践经验对深入理解和合理运用这些数据至关重要，而单一大模型企业难以独立应对这些挑战，需要与医疗机构、制药企业等开展紧密合作，通过联合研发和场景探索，共同推动医学知识的深度挖掘与应用转化，以实现其在实际医疗场景中的有效落地和广泛应用。展望未来应用，大模型+医疗能真正加速落地，将是那些经过垂直场景深入打磨和验证的核心应用，如 AI 医学影像分析（涵盖 X 光、CT、病理、超声等）、临床决策支持系统（CDSS）以及药物研发等。AI 大模型在医疗领域的应用将继续以场景驱动的方式逐步渗透。要实现基于 AI 大模型应用的全面铺开，还需医疗行业在知识积累、数据整合、技术创新以及计算资源成本等方面取得进一步突破。

从总体上看，鉴于医疗行业的复杂性和多样性，医疗 AI 的商业化进程在不同应用场景中表现出较大的差异。大多数医疗 AI 应用目前仍处于从应用落地向商业化过渡的探索阶段。其中，辅助诊疗领域因其较高的市场需求和成熟的技术应用，将成为商业化进程中的"领跑者"。特别是眼科影像和放射影像等医学影像类应用，凭借其显著的临床价值和经济效益，正迅速推进商业化进程，并持续探索有效的盈利模式。医疗 AI 企业未来将继续深化对多元化商业变现模式的探索，通过不断优化产品、丰富产品线、扩大合作医疗机构的范围等方法，积极适应和引导市场需求。

五 AI 大模型+教育场景应用

（一）大模型+教育的主要场景应用与发展概况

教育领域是 AI 大模型应用的优质赛道，其个性化的教学需求、多学科的知识数据和持续性的支付意愿构成 AI 应用的强大推动力（见图 4）。从提升课堂多维互动性、模拟学生学习过程，到构建知识图谱和打造智能教学平

AI教育大模型

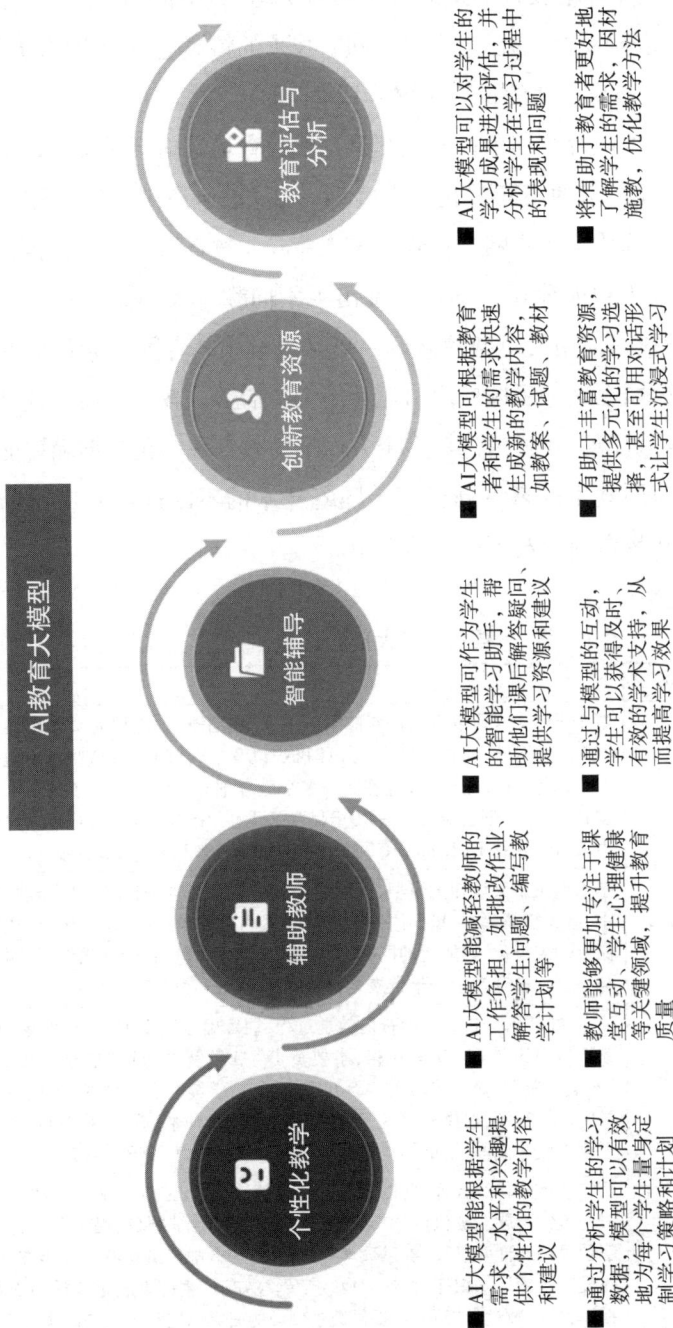

个性化教学
- AI大模型能根据学生需求、水平和兴趣提供个性化的教学内容和建议
- 通过分析学生的学习数据，模型可以有效地为每个学生量身定制学习策略和计划

辅助教师
- AI大模型能减轻教师的工作负担，如批改作业、解答学生问题、编写教学计划等
- 教师能够更加专注于课堂互动、学生心理健康等关键领域，提升教育质量

智能辅导
- AI大模型可作为学生的智能学习助手，帮助他们课后解答疑问，提供学习资源和建议
- 通过与模型的互动，学生可以获得及时有效的学术支持，从而提高学习效果

创新教育资源
- AI大模型可根据教育者和学生的需求快速生成新的教学内容，如教案、试题、教材
- 有助于丰富教育资源，提供多元化的学习选择，甚至让学生用对话形式沉浸式学习

教育评估与分析
- AI大模型可以对学生的学习成果进行评估，并分析学生在学习过程中的表现和问题
- 将有助于教育者更好地了解学生的需求，因材施教，优化教学方法

图 4 大模型+教育主要场景

资料来源：根据公开信息分析整理。

231

台，AI大模型正逐步重塑教育的形态并持续提升教育的品质，不仅能拓宽其应用场景，更能释放教育的巨大潜力。随着技术的持续进步和应用的不断深化，AI大模型在教育行业的重要作用将日益凸显。

目前国内的主要教育培训公司，尤其是在线教育培训均不同程度地采用了大模型。随着AI技术的不断深化，大模型+教育正从通用大模型转向专用大模型。从网易等传统互联网公司到好未来等专业教育培训公司，再到科大讯飞等第三方人工智能公司，都相应推出了不同教育大模型，具体见表2。教育大模型不仅是通用大模型的微调，更是以重构教育图景为目标的系统性变革。中国公司在这一领域展现出显著的创新活力。教育大模型预计将从学习空间、学习资源、教师角色等多个方面推动教育数字化转型和智能化升级，形成人机协同共生的教育新模式。随着技术的不断进步和应用的深入，大模型有望在教育领域发挥更大的作用。

表2　国内教育大模型概况

企业	大模型	基本情况
网易有道	子曰	基于子曰1.0研发六大创新应用——"LLM翻译"、"虚拟人口语教练"、"AI作文指导"、"语法精讲"、"AI Box"以及"文档问答"；这些应用覆盖口语训练、作文批改、习题答疑等多个教育细分领域。基于子曰2.0研发新三大AI创新应用——AI全科学习助手"有道小P"App、新一代虚拟人口语教练Hi Echo 3.0和新一代知识库问答引擎QAnything
科大讯飞	讯飞星火认知大模型	基于讯飞星火认知大模型，不断深化赋能教育场景，研发出星火教师助手、星火智慧黑板、星火语伴App等一系列功能或产品，让工作流、数据流更加规范化、智能化的同时，为精准教学、学情分析、个性化学习、测评与评价等教育教学场景带来全新的体验，有效释放教育生产力
中公教育	商汤"商量"大模型	通过AI技术分析优秀师资的教学过程，训练虚拟数字讲师"小鹿老师"模拟他们的教学方法和风格，主要负责"AI数智系统班"的全程授课。"小鹿老师"能依托专业的内容知识库，分析学员的学习数据，实现与学员的教学互动，提供实时反馈和建议，突破了讲师个体资源的限制，降低了培训服务成本，帮助学员更好地理解和掌握知识，提升学习效率
好未来	MathGPT	数学领域千亿级大模型，以解题和讲题算法为核心，处理文字或图片形式的数学问题。提供数学作业辅助，快速生成数学题目；提供差异化的解题思路和证明过程；提供数学教学辅助，为老师提供参考及教学方案；建设数学领域知识库，自动生成数学领域知识，建设集成化数学知识数据库；支持数学学者研究，提供数学领域的研究思路和可能的解决方案

资料来源：根据公开信息分析整理。

（二）大模型+教育场景应用的挑战与应对

大模型+教育场景应用的最大挑战是，教育强调因材施教，重视对受教育者的批判性思维培养。但由于大模型所给出的解答往往是基于既定算法而非源自独立的思辨过程，若过分依赖 AI，学生的批判性思维可能会受到侵蚀，降低解决问题的能力，阻碍学习的创造力和多样性。除此之外，AI 在处理海量非结构化数据时，依赖事先设定的计算规则，这可能导致其生成的内容带有倾向性或缺乏对文化差异的充分考量。因此，AI 生成的内容很可能错误，或者是潜藏偏见。大模型+教育用于教学场景时很容易影响教育可信度，或者因为受到忽略文化多样性和敏感性信息的教育，形成对某些问题的片面理解，甚至直接影响受教育者的价值观。

有鉴于此，未来应将大模型定位于教师的合作者，让大模型赋能教师，而非替代教师。一方面，让教师监管大模型，遏制技术的潜在负面效应。同时，发挥教师专业素养主导教学过程，致力于激发学生的创新潜能。另一方面，教师既可以让大模型提供更丰富的教育资源，丰富学习内容和教育方式，还可以利用大模型技术实现教育资源的动态调整，为学生提供更加个性化、精准化的教学服务，或者让大模型提供精确的教学智能分析，对教育过程进行自动化评估与反馈。学校等教育机构或地方教育管理部门可以利用大模型建设教育资源共享平台，为不同地区学生提供更多不同的学习机会、教育内容和学习方法，促进教育资源均衡分配。

六 AI 大模型+金融应用场景

金融行业因其较高的数字化成熟度，成为 AI 大模型优先落地应用的重要领域。AI 技术已渗透至金融场景的多个关键环节，包括投研、营销、风控、客服、安防、运营等，且其应用场景不断拓宽。AI 大模型的应用正在深刻改变金融行业的运作方式，从内部运营到外部服务，都展现出巨大的潜力和价值。在金融行业的内部运营中，AI 大模型通过智能优化内部流程，显著提升工作效率，并有效管理合规风险。AI 的精准数据分析能力有助于金融机构更科学地进行风险评估和资产配置，从而制定出更加稳健的运营策略。同时，AI 应用显著提高金融机构对风险的识别和管理能力。在金融行业的外部服务中，在金融机构与客户直接互动的关键环节，AI 大模型能够提升客户体验、提供个性化服务和持续市场拓展。通过业务数据分析、客户行为分析、客户需求预测和个性化交互产品及服务，AI 大模型能够增强客户忠诚度，助力金融机构提升市场竞争力。此外，AI 大模型与云计算技术融合，可提供弹性、可扩展的计算资源，处理更大规模的数据集，实现更复杂的分析和预测。这不仅能提高金融机构的业务效率，还会催生新的商业模式和服务模式。随着技术的不断进步和应用场景的不断扩展，AI 将继续推动金融行业的创新发展，实现更高效、更安全、更个性化的金融服务（见图 5）。

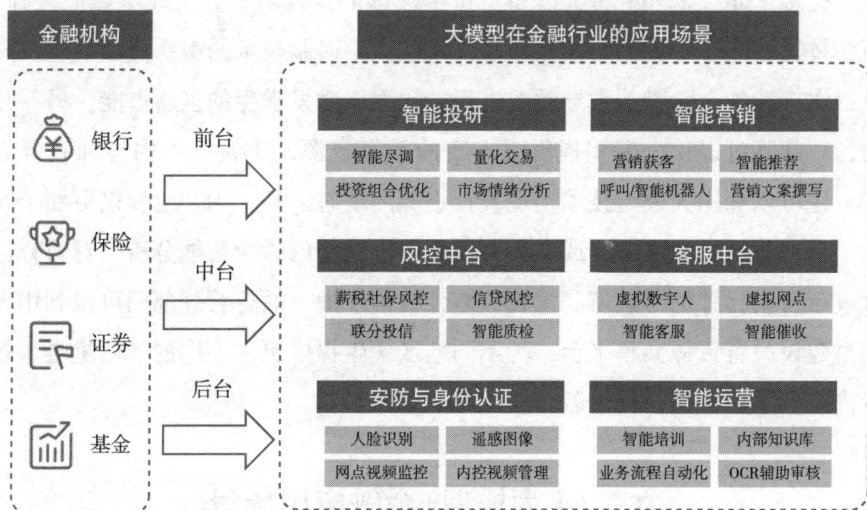

图 5　大模型+金融主要场景

资料来源：根据公开信息分析整理。

（一）在金融业场景中的应用

AI 大模型在金融场景的成功落地，离不开金融机构的主动拥抱与深度融合。首先，金融机构应积极利用 AI 技术，推动金融服务向数字化、智能化转型，不仅要为各类企业提供更加高效、便捷的金融服务，还要通过金融创新满足企业在数字化时代的多元化需求（见表3）。其次，构建现代化的金融机构和市场体系，畅通资金流向实体经济的通道，是 AI 等数智技术在金融领域发挥作用的重要前提。借助 AI 的力量，能促进金融资本在产业的精准配置；借助金融的力量，能推动 AI 技术在产业的广泛应用。通过各方的深度合作，实现金融资本与金融科技的有机结合，共同推动产业生态的繁荣发展，进而实现科技、产业、金融高水平循环。

表3　国内金融机构大模型概况

企业	大模型	基本情况
工商银行	银行大模型	银行业现已拥有全栈自主可控的千亿级 AI 大模型技术体系，该体系基于高效算法、可靠算力和全面数据，旨在推动数字化转型。通过对公信贷、运营管理、远程银行、金融市场、内控合规、人力资源、智能办公、智能研发等八大业务领域的深入应用，该体系将大模型嵌入银行业务流程，实现全业务流程的综合化运用。从行业视角出发，提炼出知识检索、智能搜索等五种大模型技术的应用范式和解决方案，促进数字经济与实体经济的融合，构建"AI 金融"新生态
中国太保	保险大模型	基于讯飞星火等主流 AI 大模型，与华为合作打造存储、网络、计算全栈信创私有化部署的 650 亿个参数的保险大模型，旨在提升算力和存储能力，打造领先的 AI 平台。该模型推动了保险场景中的大模型应用。中国太保推出的"审计数字劳动力"利用该模型自动执行审计任务，并计划扩大"数字劳动力"试点，全面覆盖保险行业的数字化转型需求。同时，中国太保的"AI 太主播赋能计划"通过 AIGC 技术为代理人定制个性化数字分身，增强营销交互，并通过视频质检和分发功能提升营销效率
中信证券	债券大模型 Bond Copilot	基于大模型技术推出债券智能助手 Bond Copilot，旨在全面支持债券承揽、承做、承销，提升效率、优化流程、控制风险并改善客户体验。 Bond Copilot 快速整合市场信息与研究报告，自动生成研报摘要，提供实时债券法规咨询，确保合规操作，深入分析债券定价与结构，优化发行策略，并据债券类型提供投资者画像，助力精准营销与客户服务。同时，它提供全面的市场分析和定制化数据查询，满足用户需求，并通过运营监控和全流程支持确保业务流程高效执行

资料来源：根据公开信息分析整理。

（二）在金融业应用场景中遇到的挑战和未来发展趋势

在金融行业，数据治理的复杂性因金融机构众多、监管严格以及数据分散无序而尤为显著。尽管数据治理和资产化尚处于起步阶段，但随着 AI 大模型应用的增加，社会对海量高品质数据的依赖凸显了构建可靠数据战略的紧迫性。同时，金融机构在组织架构和业务流程方面面临适配挑战，需要设计灵活的结构以适应 AI 技术的融入，并解决协作任务分配和责任界定等问题。此外，AI 在决策和执行中的应用增加了透明和合规的难度。在部署 AI 大模型时，金融行业对数据安全和隐私的严格要求导致定制化开发成本上升，特别是中小型金融机构面临的高投入成本，包括定制化需求、安全合规要求和高端技术人才需求，这些因素共同限制了 AI 大模型的推广和应用。

金融行业正通过综合应用 AI 技术与策略，构建安全高效的数据管理生态，严格遵循《网络安全法》《数据安全法》《个人信息保护法》等法规，强化数据安全与合规性，通过自动化数据治理流程，显著提升管理效能与精准度。AI 大模型的引入不仅能加速金融知识创新迭代，深化应用场景，优化客户体验与员工效能，实现显性与隐性知识的高效整合，更以"知识"为杠杆，推动金融行业跨向智能化新纪元，深化理解与应用，引领技术革新。AI 原生应用作为智能化转型的催化剂，正重塑金融服务全生命周期，驱动细分专业化趋势，满足个性化需求，确保安全可靠性。依托金融大模型的深度洞察力，持续迭代的 AI 原生应用，灵活适应市场变化，加速金融服务模式革新，满足数字化与智能化服务的持续需求，全面提升金融服务品质与效率，实现从数字化到智能化的质的飞跃。综上所述，金融行业通过综合运用 AI 技术，强化数据与知识战略，推动 AI 原生应用创新，正实现从数字化到智能化的深度转型，深化金融服务个性化与专业化，全面优化客户体验与服务质量，引领行业技术进步与创新。

七 AI 大模型+文娱业应用场景

在我国大力推进网络强国、数字中国、文化强国建设的背景下，文娱行业迎来前所未有的数字化和智能化发展机遇。作为引领技术革新的核心力量，AI 大模型在游戏、影视和音乐等多个文娱领域展现了广阔的应用前景，极大地丰富和升级了内容生产力。AI 技术的引入，不仅整体提升文娱产业的工业化水平，更形成 AI 赋能全流程的工业化生产体系。在游戏领域，AI 可以生成逼真的虚拟世界，实现智能 NPC 行为模拟，提升玩家沉浸体验；在影视制作中，AI 技术可辅助完成特效渲染、智能剪辑等工作，提高制作效率；音乐产业则利用 AI 进行旋律创作、编曲和混音，赋予作品新的生命力。同时，AI 大模型的应用还极大地释放了内容生产者的效能。创作者可以借助 AI 工具进行快速原型设计、内容审核和个性化推荐，从而更专注于内容创意和情感共鸣的塑造。AI 大模型的智能生产模式不仅能提高内容生产的效率，还能激发创作者的创新潜能，推动文娱作品的多元化和个性化发展。AI 大模型的广泛应用正引领文娱行业进入一个全新的发展阶段，既能提升产业的整体效率，又能为创作者提供更广阔的创作空间，共同推动我国文娱产业向更高水平迈进（见图 6）。

（一）在文娱业场景中的应用

1. AI 大模型+游戏

游戏行业是内容资产消耗型行业，内容的多样丰富与精致品质成为维系玩家忠诚度和实现商业盈利的核心要素。在游戏行业中，人工智能的应用已经成为推动行业发展的关键力量，如生成美术资产、智能 NPC 系统、动画生成等，同时也在积极探索 AI 技术在元宇宙、工程机器人等新兴领域的应用。AI 大模型通过降低内容制作成本和加速游戏开发流程，显著提升了研发效率，缩短了游戏从概念到市场的周期。

具体而言，网易游戏作为行业的先行者，通过自主研发的伏羲大模型和玉言大模型等 AI 技术，实现了在原画、建模、动画合成等游戏美术资产生产过程中的创新和效率提升。这些技术不仅减轻了内容制作的负担，还通过提升玩家的参与感和延长游戏产品的市场寿命，增强了游戏的商业吸引力。网易互娱事业群的 AI Lab 专注于将 AI 技术应用于游戏领域，致力于计算机

AI应用价值	1 提升内容生产效率	2 辅助创意，探索内容创新边界	3 个性化内容生产，创新用户交互

文娱细分行业

游戏

- 产品立项-策划
  - 品类分析
  - 市场分析
  - 概念设计
- 内容生产
  - 美术生成（原画设计+2D美术+3D模型+地图）
  - 视频生成（动作+特效）
  - 剧情/文案生成（音乐+对白）
  - 代码生成

影视

- 策划与剧本创作
- 影视拍摄
  - 虚拟制作
- 数字人
- 3D数字资产
- 后期制作
  - 特效音效
  - 剪辑
  - 画质修复
  - 换脸

音乐

- 作词
- 作曲
- 编曲
- 人声
- 后期

AI应用场景

宣发与版权运营	营销素材自动化生成	AI自动化投放	智能运营与分析	智能服务与互动

数据资产

IP与资产生成	多模态生成赋能IP价值提升	数字人IP	内容资产沉淀	用户数据沉淀

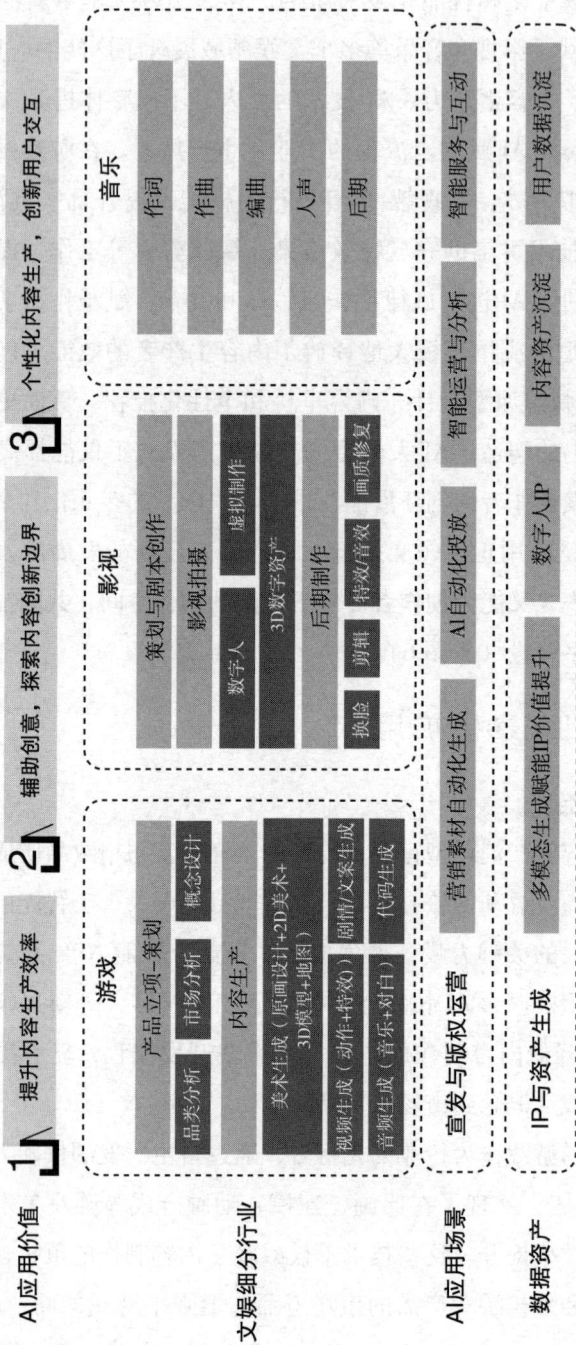

图6 大模型+文娱主要场景

资料来源：根据公开信息分析整理。

238

视觉、自然语言处理和游戏 AI 等方向的研究。AI Lab 的研究成果已经在网易互娱的上百个游戏中得到应用，其中一些游戏甚至使用了 10 项以上的 AI 技术。例如，《哈利波特：魔法觉醒》、《蛋仔派对》、《梦幻西游》、《一梦江湖》和《第五人格》等游戏，都展示了 AI 技术在提升游戏体验和创新游戏机制方面的潜力。网易伏羲作为网易旗下的研究机构，专注于游戏与泛娱乐 AI 的研究和应用。它不仅推动了 AI 技术在游戏 AI 的落地与应用，如生成美术资产、智能 NPC 系统、动画生成等，还积极探索 AI 技术在元宇宙、工程机器人等新兴领域的应用。网易智企则利用网易 23 年的 AI、大数据和通信音视频技术，为游戏产业提供智能化、数据化、场景化的企业服务解决方案。

2. AI 大模型+影视

在数字经济与人工智能技术迅猛发展的背景下，AI 大模型正在对影视行业的多个维度进行重塑。从用户画像的精准分析到内容创作的高效性，再到成本控制的优化以及用户体验的创新，人工智能技术正逐步颠覆传统的影视制作与运营模式。随着工作室模式的兴起、剧场化排播策略的实施以及基于分账合作方式的出现，新兴的影视业务实践迫切需要数字化和智能化的技术支撑。海量的影视数据资源以及 AI 技术在影视行业各环节的迅速融入，正在加速推动影视内容生产的工业化进程，通过技术革新激发内容与服务的创新，进而培育影视行业的新增长点。

华策影视作为行业内的先行者，依托内外部人工智能技术资源，以应用为导向，积极探索 AI 技术在影视关键环节与场景的落地应用。华策影视自主研发的"有风"大模型已通过国家生成式人工智能服务名单备案，成为 A 股市场首家拥有通过国家备案的自研大模型的影视公司。基于"有风"大模型，华策影视开发了影视剧本智能创作辅助系统，该系统能够快速完成 IP 作品的初步筛选评估和内容精确评估，显著提升了工作效率。"有风"大模型衍生出多种 AI 工具，如 AI 多语种翻译工具、影视内容提取评估工具等，这些工具已在华策影视内部得到广泛应用。华策影视拥有庞大的影视版权内容和素材库，这些高价值的 AI 训练数据支持自研大模型的训练，并有望成为 AI 行业进行文生视频等能力训练时所需的高价值数据资产。此外，华策影视全面接入百度文心一言，与战略合作伙伴共同探索 AIGC 技术在内容创意、制作、宣发等影视生产全链路的应用，以期实现技术与内容的深度融合，推动影视行业的智能化发展。

3. AI 大模型+音乐

AI 大模型在音乐领域的应用展现了巨大的潜力，不仅能够降低音乐创作的门槛，还能够推动音乐产业的全面变革。AI 技术已在作曲、作词、编曲、演唱等多个音乐创作环节取得显著进展，但其核心价值仍在于助力原创音乐生态的繁荣。此外，AI 也开始拓展其在泛音乐消费领域的应用，如游戏和社交平台，旨在通过自动化和智能化手段，有效削减这些场景下音乐的生产成本。

天工 SkyMusic 是由昆仑万维开发的一款 AI 音乐生成大模型，基于天工 3.0 通用大模型构建，集成歌词、曲调、编曲、演唱等功能，能够提供"一站式"的音乐创作服务。天工 SkyMusic 是中国首款音乐 AIGC SOTA 模型，在人声和 BGM 音质、人声自然度、发音可懂度等方面取得显著突破。天工 SkyMusic 使用自研的类 Sora 模型架构，采用 Large-scale Transformer 负责谱曲和音乐结构学习，采用 Diffusion Transformer 将音乐片段转化为高质量的音频。这种架构设计使天工 SkyMusic 能够实现高质量音乐制作、逼真人声合成、精准歌词控制、多元风格适应及复杂歌唱技巧学习等。此外，该模型还能够生成时长 80 秒，采样率 44.1kHz 的双声道立体声歌曲，确保音乐作品的高音质标准和细节丰富性。天工 SkyMusic 适用于音乐创作者、音乐爱好者、广告与媒体专业人士以及企业的品牌宣传。在广告制作、影视配乐、游戏音效等领域，天工 SkyMusic 也能提供专业的背景音乐解决方案。

（二）在文娱业应用中遇到的挑战和未来发展趋势

多模态融合技术在影视行业的深化探索正待突破，尤其在三维建模与视频制作领域，其潜力尚未全面释放，尽管 AI 已优化二维艺术设计的成本与效率，三维模型制作的成熟度仍有待提升，鉴于其在游戏美术成本中占据的显著份额，技术革新对行业影响深远。与此同时，文娱作品的跨媒介特性要求文字、图片、声音与动态影像的高效整合，多模态融合技术的精进不仅能深化 AI 大模型在文化娱乐领域应用，更将开启创意表达新纪元，提供更高效、丰富的创作工具。为满足 AI 大模型庞大计算需求，边缘设备硬件配置加强成为关键，以提升用户体验与互动性，确保数据安全，边缘 AI 设备需承担更多计算负荷，提升处理能力与数据保护，在保障个性化、高互动性娱乐体验的同时，规避个人信息泄露风险。版权及其规范化应用问题随 AI 大模型在文娱行业的普及而显著，确保 AI 生成内容的真实性、准确性，避免假消息，成为行业共识，版权归属、内容监管与防止不正当使用构成伦理考量，版权清晰归属与保护以及生成内容的合法使用亟待完善机制，以构建健康的 AI 应用生态，促进产业繁荣。综上所述，深化多模态融合技术、强化边缘设备能力、规范版权管理，是推动 AI 大模型在文娱行业实现创新突破、提升用户体验、保障产业健康发展的关键路径。

多模态技术革新正驱动 AI 在文娱行业应用的广度拓展，促进边缘 AI 技术发展，以应对创新应用如 AI 机器人、音视频互动等对计算能力的新挑战。算法精进与计算力提升使 AI 更精准理解、生成复杂多模态内容，加速技术在研发流程中的整合，提速应用落地，特别是在视频制作的多端同步和线上协作需求增长背景下，云端化多模态制作成为趋势。边缘 AI 崛起丰富了场景应用，面对个性化内容生态的蓬勃发展，需优化 AI 大模型，降低成本，增强边缘设备性能，提升存储与计算能力以承载小型 AI 模型，双重努力推动产业智能化、个性化发展。AI 大模型与数字智能技术集成运用，全面提升内容生产企业的工业化水准，引领文娱市场健康竞争升级，显著提高创意领域研发效率，为中小企业开辟机遇，同时深化 IP 价值经营，构建全面 IP 生态系统，延长高价值 IP 生命周期并增强商业潜力，网络文学成 IP 经营基石，创作者生态系统为核心竞争优势，AI 大模型在此过程中显著降成本、提效率，助力 IP 生态快速发展与稳定扩张，推动产业智能化、个性化、健康化发展。

八　AI 大模型发展展望

AI 大模型技术已经实现重大突破，并在多个行业得到了广泛应用，从内容创作到流程优化，为众多领域带来降本增效和价值提升。尽管如此，AI 大模型技术仍有广阔的创新空间等待探索。我们可以期待看到更高效和更灵活的架构设计、模态范围的不断拓展，以及具身智能等新兴 AI 技术的涌现。这些技术进步不仅会推动 AI 领域的发展，还将催生一系列前所未有的创新产品和解决方案，为各行各业带来革命性的新变化和新的应用场景。

首先，AI Agent 有望为各行业注入不可或缺的新质生产力。与传统 AI 被动应用模式不同，AI Agent 展现出独立思考和自主完成任务的能力，能够进行自我迭代和优化，如同数字世界中的员工。尽管该技术仍在发展中，但已经有一些 AI Agent 与工作流程紧密结合，展现了潜力，如 Microsoft 365 Copilot。AI 正逐步从单一的工具进化为更为复杂的助手乃至代理，实现这一转变的关键在于 AI 在深度学习和自主决策能力上取得的突破。当 AI Agent 能够精确理解复杂的任务需求，自主选择最佳解决方案，并有效管理任务进度时，其将在各个行业中推动智能化转型，实现生产力的显著提升。AI Agent 未来有望被整合到组织机构的各个层面，与基础设施、数字化系统及人类员工共同构成一个互联互通、高效协同的生态系统。这种深度融合不仅能优化组织架构、提高运营效率，还将为企业带来前所未有的价值创造。

其次，具身智能将是 AI 大模型在未来几年内的另一个技术飞跃。具身智能把 AI 大模型技术融入现实世界的实体，无论是机器人还是智能设备，为其提供更为智能且个性化的交互体验。具身智能技术扩展 AI 大模型应用的场景边界，在家居生活、交通运输等领域可能会迎来产品和服务创新性的根本转变。随着具身智能技术的发展，我们可以期待一个更加智能互联的世界，AI 应用不再局限于虚拟空间，而是直接参与我们的日常生活，提供无缝且高效的服务。

再次，AI 大模型的多模态能力不断延伸，将逐步覆盖基因信息、生物电信号、雷达数据等新型模态数据。其中，基因组学等复杂信息被视作一种全新的"语言"，而 AI 大模型技术正逐步攻克这些先前未曾涉足的模态数据。这种技术发展趋势预示着 AI 大模型将在生命健康、科研探索、汽车制造等多个行业中开拓更为广泛的应用场景，进而激发各领域的科技创新浪潮。

最后，新一代的架构设计是 AI 大模型技术创新的焦点所在。自 7 年前 Transformer 架构问世以来，它已成为当前 AI 技术革命的基石，然而在计算效能上与人脑相比仍存在显著差距。AI 研究人员正致力于开发超越现有技术的下一代架构，如卡内基梅隆大学与普林斯顿大学合作研发的 Mamba 架构，正试图挑战 Transformer 的领先地位。展望未来，我们将见证更多高效且灵活的架构出现，势必带来更多优势和创新，为 AI 大模型的广泛应用打下坚实的技术基础。

AI 大模型技术的迅猛发展，已经为我们开启通往通用人工智能的序幕。随着 AI 技术的持续迭代升级和高质量产业化应用，千行百业的企业都在积极拥抱 AI 大模型，并在实践中不断应对应用落地的各种新挑战。通过共同努力，我们正朝着实现通用人工智能的目标迈进，这将充分释放数字经济新质生产力，极大地推动社会经济进步。

参考文献

刘邦奇、喻彦琨、王涛等，2024，《人工智能教育大模型：体系架构与关键技术策略》，《开放教育研究》第 5 期，第 76~86 页。

庞祯敬、薛澜、梁正，2022，《人工智能治理：认知逻辑与范式超越》，《科学学与科学技术管理》第 9 期，第 3~18 页。

游俊哲，2023，《ChatGPT 类生成式人工智能在科研场景中的应用风险与控制措施》，《情报理论与实践》第 6 期，第 24~32 页。

借　鉴　篇

B.13
美国智能经济的政策演化、
实践路径与经验借鉴

李子茹　李文军*

摘　要：　人工智能是大国竞争时代的新焦点。美国是人工智能领域的领先者，是在全球范围内率先进行人工智能战略布局的国家，深入分析其政策体系与实践举措，对于中国人工智能高质量发展具有启示与借鉴意义。基于比较公共政策的研究范式，本报告设计提出"宏观战略—中观架构—微观举措"的战略政策研究框架，结合文本分析法对美国国家人工智能战略进行深度挖掘。研究结果表明，宏观上，美国国家人工智能战略具有竞争背景催生、领先目标设定、关键领域关涉和国家安全重塑四项内容要旨，在时间维度上具有持续重视与数据战略融合的稳定连续性和拓展延伸至国际环境营造的动态变化性；中观上，构建了科技决策咨询、政策要素协同和国家安全创

---

*　李子茹，中国社会科学院大学商学院博士研究生，主要研究方向为数字经济与产业经济；李文军，管理学博士，中国社会科学院数量经济与技术经济研究所、中国经济社会发展与智能治理实验室、中国社会科学院信息化研究中心研究员，中国社会科学院大学教授、博士生导师，主要研究方向为产业技术经济、数字经济。

新基地落实的科技创新体制；微观上，从增加研发投资、清除创新障碍、培养未来人才和科技伦理治理纵深推进人工智能发展。

关键词： 人工智能　智能经济　美国

《新一代人工智能发展规划》指出，人工智能是新一轮产业变革的核心驱动力，通过渗透、替代、协同、创造等方式，在技术突破、要素配置和产业升级方面成为发展新质生产力的重要引擎。继 GPT-4 后，2024 年 2 月美国人工智能研究公司 OpenAI 发布的文生视频模型 Sora 再次引发全球关注。美国在人工智能技术领域处于相对领先者位置，在人工智能迈向通用人工智能的里程碑技术——大模型技术领域，是顶级人工智能模型的主要来源国（SUH-CAI，2024）；在技术产业化和技术商业化层面，美国人工智能技术在军事装备和民用品产业等领域拥有广泛的应用场景，在"AI+金融""AI+医疗""AI+交通"等方面取得了突破性进展和巨大经济效益。对美国发展人工智能的战略政策与实践措施进行研究，有助于丰富和增进对其发展道路与成效的认知，在比较和借鉴其发展经验的基础上，实事求是地制订符合我国国情的人工智能发展战略，借力产业政策等重要手段，因势利导、积极而为，引领和推动中国人工智能加快发展，促进经济社会高质量发展。

一　人工智能战略研究框架

当前人工智能领域的比较研究主要以创新为视角展开，形成了较为完整的研究框架，以比较各国在人工智能领域创新的差距及原因。宏观层面，根据国家创新能力理论，彭绪庶（2024）全方位比较了中美人工智能创新政策、创新人才、创新资源、知识创新和技术创新五个方面的特点以及优势、劣势，对中美国家创新体系在人工智能技术创新领域的效能展开综合对比分析。中观层面，张治河和高中一（2023）通过文献分析和系统分析方法构建了人工智能产业创新生态系统模型，王华等（2023）基于扎根理论对产业创新生态系统进行了探索性研究，这些研究成果为解决人工智能产业创新效率问题、比较不同国家之间人工智能产业创新提供了有效分析工具。微观层面，杨张博等（2024）聚焦生成式人工智能（AIGC）领先企业，利用专利 IPC 信息对中美企业技术创新布局间的差异进行了深入分析。通过对人工智能比较研究的梳理，可以发现针对人工智能战略、人工智能政策的系统性比较研究框架尚未出现。运用政策文本量化方法分析世界主要经济体的人工智能发展战略，对于促进政策知识发现以借鉴有益经验具有重要作用，能够为政府科学决策进一步推动人工智能发展提供支持依据。

比较公共政策的研究范式为本报告研究框架的提出提供重要启发。该研究领域关注政策的输入因素、输出因素以及政策内容（Gupta，2012），具体地说，涉及政策产生的背景、产生政策的数量以及目标、理念、要点等。在主流研究的基础上，近年来出现的新的研究趋势是聚焦政策过程，探究不同的制度安排会如何影响政策过程，如机制设计是否会影响政府效率、机构摩擦程度，进而反映在政策制定过程和政策产出结果的差异（Baumgartner et al.，2009）。基于此，并结合对相关研究的梳理，本报告提出如图 1 所示的人工智能战略政策研究框架，多维度解构美国国家人工智能战略。

首先，人工智能战略政策研究框架的设计遵循"宏观战略—中观架构—微观举措"的分析思路。政策的外延广泛，战略、规划、计划等常见文本都可理解为政策文本的不同形式。不同层级政策具有不同目标，政策层级决定了政策的影响范围、作用力度、实际效应及其文本的详略程度。若将全部政策文本不加区分地进行分析、赋予相同权重，会影响对政策主题提取的准确性和对政策效应评价的真实性。根据政策文件类型及颁布机构属性，借鉴彭纪生等（2008）对政策层级的量化标准，将不同政策层级的政策文本对应至研究框架中的不同分析层级，总体研究思路由宏观至微观。其次，

Latent Dirichlet Allocation(LDA)　　　　Dynamic Topic Models(DTM)
主题模型　　　　　　　　　　　　　　　动态主题模型

宏观战略

| 战略背景 |
| 战略目标 |
| 战略融合 |
| 战略重点 |

横向分析：内容要旨

加入时间维度

| 主题增删 |
| 主题权重变化 |
| 主题流动转化 |

纵向分析：演化特征

中观架构

| 政策制定 |
| 政策要素 |
| 政策执行 |

微观举措

| 具体实践举措 |

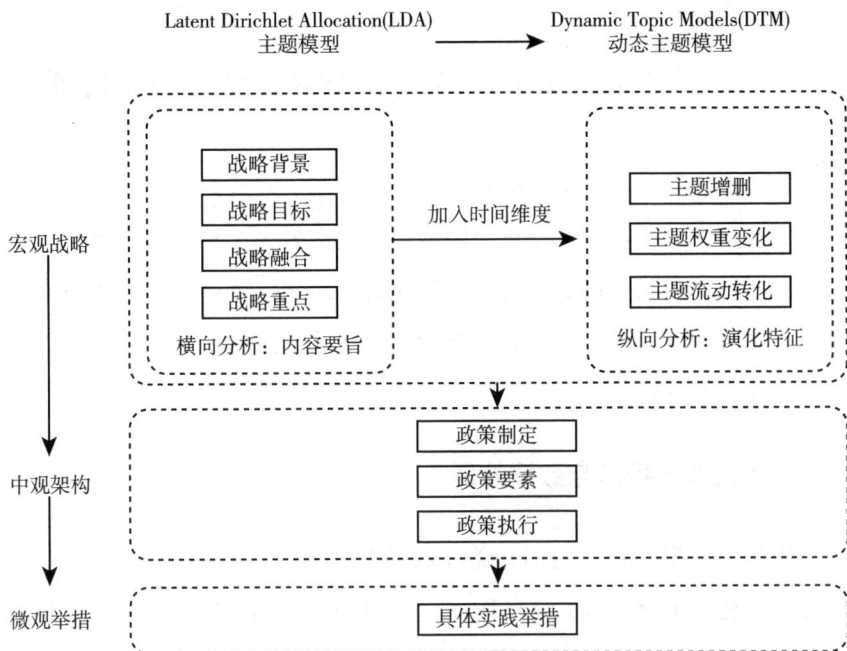

图 1　人工智能战略政策研究框架

Bryan（1994）基于注意力理论提出的"注意力驱动的政策选择模型"，认为政策决策者有限的注意力以及变化是政策制定及其变迁的重要原因。由于政策通常以文本的形式出现，文字使用频率的变化反映了行为主体对事物重视程度与认知的变化，文本中具有代表性和可区分性的关键词的词频能够成为注意力程度和认知集中度的指标。因此，本报告研究中对宏观战略的分析基于注意力理论，运用 LDA 主题模型和 DTM 动态主题模型对政策文本进行定量分析，对主题间横向逻辑联系和加入时间维度的纵向逻辑联系进行进一步探究。进一步，根据比较公共政策领域的研究范式与研究议题，对中观架构与微观举措进行分析。对中观架构的分析将聚焦政策过程，按政策制定、政策元素和政策执行的顺序进行剖析；对微观举措的分析结合上述分析结果与政策文件，从投资、人才、治理等角度进行归纳。本报告最后提炼总结相关启示与借鉴。

二 美国国家人工智能战略的内容要旨与演化特征

本报告提出的人工智能战略政策研究框架中，对宏观战略层面的解构运用了文本分析法。根据实证结果，归纳出美国国家人工智能战略拥有四项重要的内容要旨，包括大国竞争背景、领先目标设定、关键领域关涉和特殊战略底色。在时间维度上，美国人工智能政策在演化过程中同时具有稳定连续性和动态变化性的特征。

（一）文本分析法与数据处理

1. LDA 主题模型和 DTM 动态主题模型

隐含狄利克雷分布（Latent Dirichlet Allocation，LDA）是一种基于无监督学习算法的文档主题生成式概率模型，是一个包含文档、主题和词语的三层次贝叶斯概率模型。LDA 主题模型中假定文档中某个词语的生成过程经历从文档到主题和从主题到词语这两个选取步骤。该模型已被广泛应用于文本的主题提取与识别分析（Ozyurt and Akcayol，2021）以及结合主题生命周期理论进行主题演化与趋势预测（Du et al.，2020）。

动态主题模型（Dynamic Topic Model，DTM）是考虑了时间因素对 LDA 主题模型进行扩展的一种生成式模型。DTM 模型将文档划分为若干时间片，根据前一个时间片中的主题–词语分布对后一个时间片中的主题–词语分布进行预测，从而形成动态的主题演化过程。主题相似度的计算利用 Gensim 库中的 Hellinger 函数，并以此绘制桑基图，对主题演化路径进行可视化展示。

2. 文本数据获取与预处理

以美国联邦政府及其下属行政部门、参众两院发布的关于人工智能的政策文件为关注范围，政策文本的检索和选取主要遵循以下过程：首先，以"AI""artificial intelligence"为核心关键词，基于政府官方网站进行检索和筛选；其次，在政策文件初步筛选结果的基础上，既通过回溯与关联进一步扩大检索范围，同时又聚焦先进制造、算法推荐、自动驾驶等细分场景进一步补充垂直领域的政策。文本的筛选和整理主要遵循两个标准：聚焦联邦政府层面发布的政策文件，州政府发布的不予纳入；既包含管理规范、伦理原则等涉及规制性要求的文件，也包含战略规划、优先事项等发展型政策文件和年度报告、经验教训等总结性政策文件。最终，共获得 2016 年 10 月至 2024 年 5 月政府发布的 65 份政策文本，如表 1 所示。

对获取的 65 份政策文本，首先进行分词、去除停用词以及还原词性处理。其次，使用 Gensim 库中的 corpora 模块将分词后的文本转化为词向量，构建本报告研究的语料库。最后，计算一致性得分确定最优主题个数，主题一致性分值越高表示主题语言模型的性能越优。计算结果如图 2 所示。据此，本报告研究设定主题数量为 5。

表 1 美国官方出台的人工智能相关政策文件

发布阶段	序号	发布时间	政策文件名称	发布机构
奥巴马政府	1	2016 年 10 月	《为未来人工智能做好准备》	国家科技委员会-技术委员会
	2	2016 年 10 月	《国家人工智能研究与发展战略计划》	网络和信息技术研发计划附属委员会
	3	2016 年 12 月	《人工智能、自动化与经济》	总统行政办公室
特朗普政府	4	2017 年 4 月	《建立美国技术委员会的总统行政命令》	总统
			......	
	29	2019 年 1 月	《AIM 倡议——利用机器增强情报战略》	国家情报总监办公室
拜登政府	30	2021 年 5 月	《在国防部采用负责任的人工智能》	国防部
			......	
	65	2024 年 5 月	《推动美国人工智能创新：人工智能政策路线图》	参议院两党 AI 工作组

资料来源：作者根据公开资料整理。

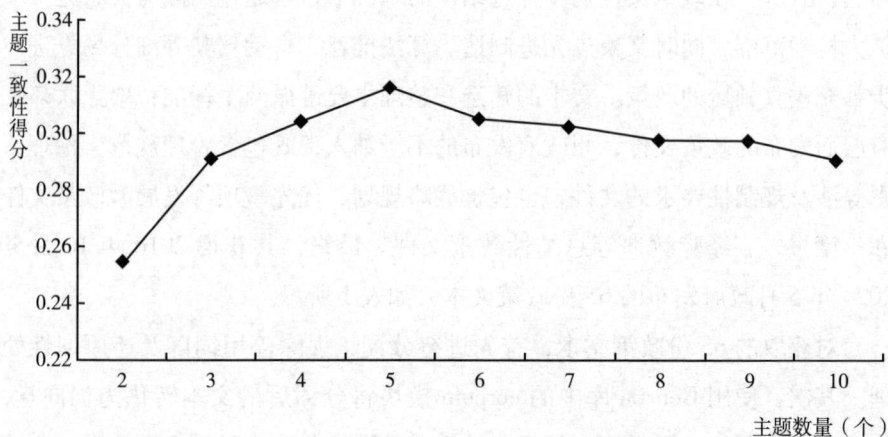

图 2　主题一致性

通过主题模型训练获得"主题-词语"矩阵及词语权重，根据主题下的高权重词语归纳主题内容。本报告研究选取三个阶段平均权重最高的 12 个词语作为主题的关键词，得到美国国家人工智能战略的主题-关键词，如表 2 所示。从主题提取结果来看，美国人工智能战略秉承了其科技政策一贯的战略性和前瞻性，主题分布结果表明战略涵盖多个领域，包括国家安全、创新生态系统、科学研究与先进制造、国际竞争与技术联盟等，这表明美国联邦政府对人工智能技术的创新、产品的应用和发展环境的塑造有着全面和系统的规划和布局。从主题关系来看，可以发现一些主题之间有着密切的联系，反映了美国人工智能战略的内在逻辑。

表 2　美国国家人工智能战略关键词

序号	主题	前 12 位关键词					
1	国家安全与 AI 立法	defense （国防）	secretary （部长）	section （节）	subsection （条）	law （法律）	department （部门）
		national （国家）	military （军事）	act （法案）	program （项目）	security （安全）	public （公共）

序号	主题	前 12 位关键词					
2	数据、数字技术发展与国际标准制定	data（数据）	systems（系统）	technology（技术）	U.S.（美国）	national（国家）	development（发展）
		intelligence（情报）	standards（标准）	digital（数字）	government（政府）	international（国际）	human（人类）
3	科学研究与先进制造	research（研究）	data（数据）	R&D（研发）	national（国家）	technology（技术）	science（科学）
		advanced（先进）	federal（联邦）	manufacturing（制造）	support（支持）	scientific（科学）	computing（计算）
4	可信 AI 与 AI 创新生态系统	data（数据）	research（研究）	scientific（科学）	agencies（机构）	federal（联邦）	policy（政策）
		integrity（完整可信）	access（访问）	NAIRR（国家人工智能研究资源）	DOD（美国国防部）	information（信息）	resources（资源）
5	国际竞争、技术联盟与公众创新活动参与	prize（奖励）	data（数据）	federal（联邦）	science（科学）	citizen（公民）	fiscal（财政）
		implementation（实施）	challenge（挑战）	leadership（领导）	partner（伙伴）	competition（竞争）	funding（资金）

（二）主题内容要旨横向分析

1. 大国战略竞争与战略博弈新背景催生 AI 优先战略选项

美国国家人工智能战略的内容要旨之一在于，人工智能优先发展战略是应对新历史环境下大国战略竞争与战略博弈的必然选择。从关键词提取结果来看，"international"和"national"是战略制定的主要背景。当前，世界之变、时代之变和历史之变正以前所未有的方式展开，[①] 国际战略安全形势处于冷战结束以来最动荡不定的状态，大国战略竞争与战略博弈空前激烈（徐步，2023）。

---

① 《高举中国特色社会主义伟大旗帜　为全面建设社会主义现代化国家而团结奋斗——在中国共产党第二十次全国代表大会上的报告》，https://www.gov.cn/xinwen/2022-10/25/content_5721685.htm。

对战略环境变化的认知和判断，决定了美国实施优先发展人工智能的战略行为。马克思和恩格斯（1995）指出，各民族之间的相互关系取决于每一个民族的生产力、分工和内部交往的发展程度。也就是说，一个国家在国际关系中的地位取决于其在国际生产分工中的地位，分工是生产力及其发展的社会标志，而生产力水平取决于技术水平。因此，人工智能作为新一轮科技革命和产业变革的重要驱动力量，作为未来创新范式的技术基底，决定了各个国家在新一轮国际分工中的关系、经济利益中的分配和权力体系中的地位，成为美国在大国竞争新背景下战略应对的优先领域。

2. 确保全球 AI 竞争中的主导地位和领先优势是主要目标

美国国家人工智能战略的内容要旨之二在于，对人工智能领域全球主导地位和领先优势的谋求是总体目标。关键词"leadership"直接出现在多份政策文件的标题中。例如，2019 年 2 月，特朗普签署发布《维护美国人工智能领导地位的行政命令》，启动了"美国人工智能倡议"，明确指出"维护美国在人工智能的领导地位对于维持美国的经济优势和国家安全，以及按照符合我们国家价值观、政策和优先事项的方式塑造人工智能的全球演变至关重要"。

美国发展战略的一个重要思想来源是"优势论"，即基于在关键领域、核心领域的优势而确立并维持其世界主导地位（王帆，2023）。其中，科技领域尤其是高科技领域的高维领先是优势战略的核心基础。由于美国大战略的中心目标是长时间地保持首要地位（Walt，2023），确保国际领导地位和经济竞争力是美国在人工智能领域的目标。

3. 促进 AI 基础理论和前沿性技术群创新发展是核心关切

美国国家人工智能战略的内容要旨之三在于，其关涉的重点领域是人工智能基础理论和前沿性技术群。主题"数据、数字技术发展与国际标准制定"与"科学研究与先进制造"都强调了美国联邦政府对有望引领人工智能技术升级、引发人工智能范式变革、奠定未来产业基础的基础理论研究，以及以人工智能技术为中心的前沿性技术群创新的前瞻布局。从细粒度来看，"science""research""technology"几乎渗透所有战略主题。

美国联邦政府侧重于市场不可能投入的高风险、投资回报周期长的研究领域,既避免重复性投资,与市场的研发行为形成有效互补,也有利于美国人工智能关键核心技术创新、产生新一代颠覆性技术,维持科技领域的世界领先地位。对科学发现和 AI 技术创新的核心关切体现在对相关研究领域的重点部署和对相关人才的重点培养。例如,2024 年 5 月,美国参议院两党 AI 工作组发布《推动美国人工智能创新:人工智能政策路线图》,在优先事项的创新研究重点中突出强调了"基础和应用科学,如生物技术、先进计算和机器人技术"。

4. 强调 AI 对国家安全的嵌入与对国家安全新形态的塑造

美国国家人工智能战略的内容要旨之四是,人工智能成为国家安全认知的新视域,AI 发展战略深度嵌入国家安全战略,同时强调其对国家安全新形态的塑造。

一方面,主题"国家安全与 AI 立法"反映技术权力国家化的过程和技术赋权的功能,即人工智能技术能够通过影响国家安全从而影响国家战略布局,因而美国重视人工智能在国家安全各个领域的应用,包括政治安全、经济安全和国防军事安全等宏观安全领域,国土安全、情报安全、网络安全和核安全等中微观安全领域,将 AI 战略融合并体现在美国国家安全战略中。另一方面,主题"数据、数字技术发展与国际标准制定"体现了对人工智能技术深刻改变与塑造国家安全新形态的认知与重视。数据是人工智能技术创新与产业发展的重要生产资料,因此人工智能也成为数据安全领域的治理对象;此外,为了更好地促进人工智能发展,研究安全、科技安全、海外利益安全等新的安全领域成为国家安全的重要组成部分,人工智能成为需要维护的发展权利。

(三)主题演化特征纵向分析

上述内容要旨连同国际位势变化、国家制度竞争、领导人特质等因素(叶晓迪,2021)以及人工智能技术发展轨迹,使战略主题在演化过程中同时呈现稳定连续性和动态变化性的特征。

为简化主题演化路径，在计算主题相似度前首先对低热度主题进行筛除，再根据相似度阈值进行过滤，最终绘制美国人工智能战略主题演化路径的桑基图，结果如图3所示。

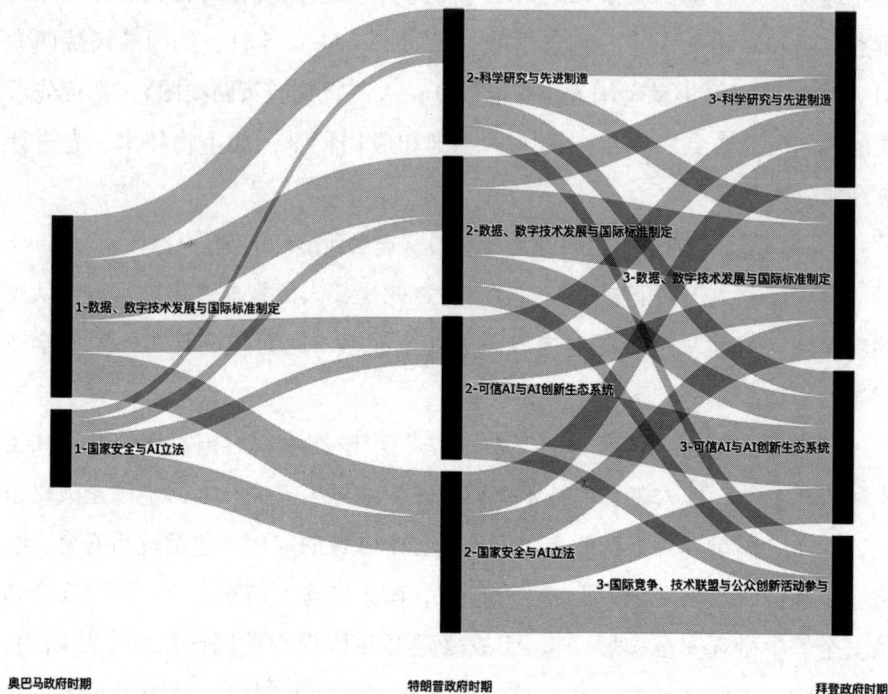

图3 美国国家人工智能战略主题三阶段演化路径

1. 稳定连续性：对数据战略与人工智能战略融合实施的持续重视

根据主题-关键词表和桑基图，"data"在三个阶段都是政策文件的高频关键词，"数据、数字技术发展与国际标准制定"主题持续作为美国国家人工智能战略的重点。数据是人工智能的核心要素之一，并迅速发展为战略资源。奥巴马政府时期发布的《国家人工智能研究与发展战略计划》提出，要为人工智能训练和测试开发公共数据集，以满足多样化的需求。特朗普政府时期将数据战略与人工智能战略相互融合实施，2018年6月美国国立卫生研究院（NIH）发布《数据科学战略计划》，提出必须将其目前已有的数据科学工作融入更大的数据生态系统中，充分利用已有的和新兴的专业方法、算法、工具、软件和工作流程。美国白宫管理和预算办公室（OMB）于 2019 年 12 月发布《联邦数据战略与 2020 年行动计划》，"将数据作为战略资源开发"成为美国新的数据战略，并且将改善人工智能研究和应用的数据和模型作为优先事项之一。拜登政府时期，2023 年 11 月，首席数字和人工智能办公室（CDAO）发布《数据、分析和人工智能应用战略》，其中三个关键目标之一即"提高数据质量和完整性，以使人工智能技术更加有效和可靠"。

2. 动态变化性：由国内延伸至人工智能发展良好国际环境的营造

从演化趋势来看，"国际竞争、技术联盟与公众创新活动参与"主题产生于拜登政府时期，"challenge""competition""partner"等关键词开始作为高频词语出现，说明美国联邦政府对人工智能有利发展环境的关注从国家内部延伸拓展至国际世界。在良好国际环境塑造的过程中，"技术联盟"是重要的战略工具。2021 年 3 月，美国人工智能国家安全委员会（NSCAI）发布的《最终报告》明确提出，"美国应领导一个新兴技术联盟，并且建立一个多边人工智能研究所，以提高美国作为全球新兴技术研究中心的地位"。拜登政府在人工智能领域试图构建意识形态导向的"技术联盟"，致力于联合盟友就数据共享和道德标准进行沟通对话。

从主题相似度来看，"国际竞争、技术联盟与公众创新活动参与"与"国家安全与 AI 立法"具有较高的主题相似度，说明主题之间存在显著的演化关系。美国人工智能战略的动态性演变是基于复杂和不确定环境、国内人工智能技术和产业发展水平变化的战略调整。一方面，排他性"技术联盟"的构建，是美国对国际战略背景主观判断发生变化的体现，是在国家安全受到威胁时产生的战略警觉。另一方面，美国主导的"技术联盟"的构建也会对国际局势、国家安全产生影响。当前，美国"技术联盟"策略正从"小院高墙"向"多级技术联盟"调整，对新型基础设施、技术供应链、技术生态体系和价值链等结构性技术权力的争夺，将深刻影响国际格局，对国家安全产生深远影响。

三 美国推动人工智能发展的实践举措

（一）完善科学技术创新体制，加强扩大多方协作

根据研究框架，进一步探究美国国家人工智能发展战略的中观架构，按照政策制定、政策要素和政策执行的逻辑顺序进行分析。

1. 发挥科技决策咨询制度的作用，统筹推进 AI 发展

联邦科技政策决策咨询制度起源于二战时期，美国科学家万尼瓦尔按时任总统罗斯福的要求提交了题为《科学：无尽的前沿》的报告，是美国科学家为政府提供的首份国家科技政策咨询报告（罗晖，2015），美国科技决策咨询制度自此建立。遵循《美国宪法》规定的三权分立体制，美国逐渐发展形成了由行政系统内联邦科技政策决策咨询机构、各部门咨询委员会、独立联邦机构以及立法系统内国会两院组成的联邦政府咨询体系，并由美国智库（Think Tank）、专业学术研究型机构和民营科研与科技咨询公司等社会咨询机构作为补充。

联邦科技决策咨询制度在促进人工智能发展、推动重大决策制定的过程中发挥了重要作用。一方面，科技决策咨询制度催生 AI 相关科技管理机构和研究机构的新设，促进联邦科技体系的调整和完善。为加强多部门协同合作，整合资源力量，统筹推进各项人工智能战略规划及相关政策落地，美国在科技决策咨询机制现实运行的基础上设立了一系列的 AI 推进组织机构。另一方面，科技决策咨询强调科技创新和确保科技领先地位，聚焦事关国家安全和民生福祉的关键问题，为 AI 发展的重点领域、优先顺序和建设思路等提供重要支撑、框架标准和总体指导。

2. 强化政策协同，优化资源配置以提高政策落实效率

一方面，联邦政府通过政策主体协同加强部门协调，扩展与深化政府政策网络连接，提高政策制定质量与落实效率。美国国家科学技术委员会（NSTC）作为一个内阁级别的总统科学技术顾问委员会，负责协调各部门制

定科技政策、确保科技政策和规划与美国总统的政策重点保持一致，同时，联邦政府还新成立国家科学技术委员会机器学习和人工智能小组、人工智能研发跨部门工作组等机构，对跨部门计划的制定与工作的执行进行协调。

另一方面，联邦政府通过政策工具协同优化资源配置，扩展与深化 AI 创新网络连接，赋予创新主体更多的创新资源和能力。政策工具是构成政策的基本要素，按照作用面的不同划分为供给型、需求型和环境型，联邦政府综合运用扩大对人工智能发展所需资源的供给、加大对人工智能消费与应用的支持以及营造良好人工智能发展环境三类政策工具，促进各类发展要素向创新主体的集聚。

3. 保护国家安全创新基地，实现系统性共同创新

人工智能发展战略的具体执行落实在国家安全创新基地。2020 年 10 月美国白宫发布的《关键与新兴技术国家战略》提出，将通过推广美国国家安全创新基地来保护技术优势，尤其是在关键与新兴技术（C&ET）领域保持全球领先地位。

"国家安全创新基地"（National Security Innovation Base）的概念在美国白宫 2017 年发布的《美国国家安全战略》中首次提出，将其定义为"美国的知识、能力和人员的联动网络，包括学术界、国家实验室和私营部门在内，它将想法转化为创新，将发现转化为成功的商业产品和公司，保护和改善美国的生活方式"。根据该文件中关于国家安全创新基地的解释，罗纳德·里根总统基金会和研究所认为，该基地生态系统的构成要素包括资金、研究、知识、能力、政策、刺激因素、人才，更具体的组成部分包括国家安全机构和组织、国家实验室、联邦资助的研发中心、大学附属的研发中心、高等学术机构、传统的国防承包商、商业部门、风险基金、美国盟友与伙伴国。"国家安全创新基地"战略是美国科技的"举国体制"（刘国柱、史博伟，2021），是美国自由市场资本主义下的创新生态系统。为了保护和推进国家安全创新基地建设，美国联邦政府对创新生态系统内的各要素进行了持续、长期的关注和支持，具体即表现在后文所述实践举措。

（二）维持基础研发长期投资，推动前沿科技进步

1. 大幅增加研发投入以匹配最高优先级

《美国人工智能倡议首年年度报告》要求各个联邦机构将其各自的研发投资优先用于 AI，并且指出联邦各机构为人工智能研发投入资金的机制为"网络和信息技术研发"（NITRD）计划。在此基础上，与此要求的优先级相匹配，各联邦机构对创新与人工智能研发的投资大幅增加，2018~2024 年通过 NITRD 计划对人工智能研发的投资情况如图 4 所示。

2. 聚焦并保持对基础研究的长期投资

美国在人工智能领域数十年的技术领先地位反映了国家长期以来对有远见、有竞争力和高回报的基础研发项目的强烈、长期战略重视，这些项目推动了科学技术的前沿发展。基础研究投入强度（基础研究投入占 R&D 总投入的比重）是衡量国家自主创新水平的重要指标，美国从 2011 年至今基础研究投入额及投入强度的演变如图 5 所示。

联邦政府还强调基础研究成果向产业界转化的机制。《2024 财年联邦各机构研发预算优先事项》中提出联邦研发投资要重视规模化、产业化和商业化。联邦研发投资是美国建设具有韧性、灵活性并且安全性的供应链的重要支柱。2023 年 11 月，拜登政府宣布用 30 亿美元专门推进"国家先进封装制造计划"（NAPMP），是《芯片与科学法案》的首项重大研发投资项目，通过建立先进封装试点设施，加速封装设备和工艺方面的技术创新以及技术转化，从而补齐其半导体产业链的短板。

（三）清除创新障碍，落实可信 AI 建设

1. 释放 AI 资源

联邦政府掌握巨量以数据、模型和计算资源等形式存在的 AI 资源，对资源可接触性的增加能扩大研究者和产业界对前沿 AI 技术研发的参与广度和深度。美国联邦政府最大限度地释放 AI 资源，提高对高质量联邦数据、模型和计算资源的可触性。

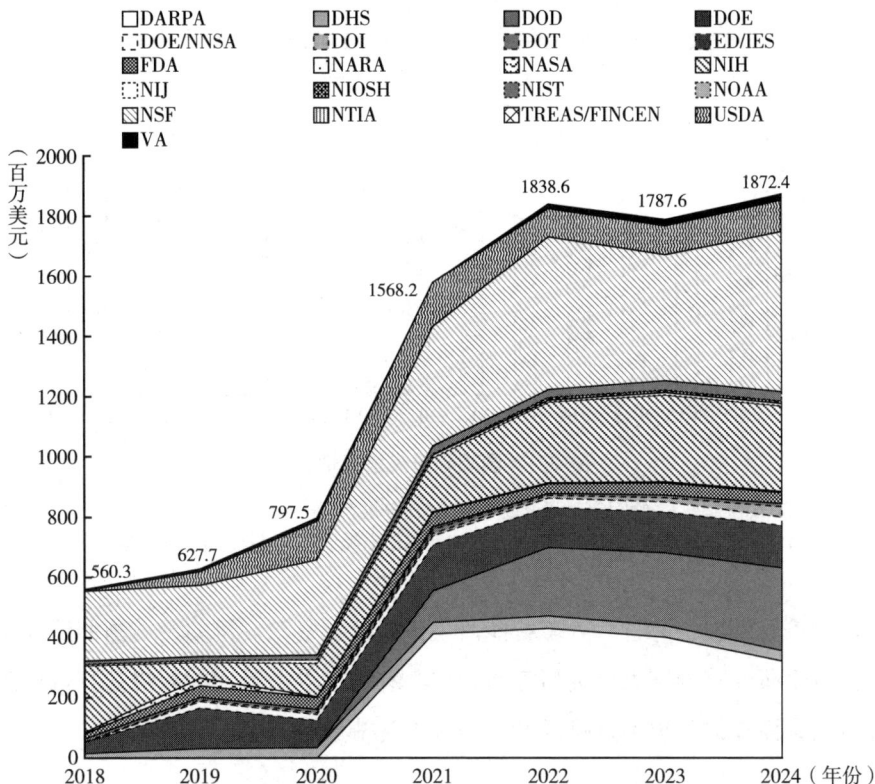

图4　2018～2024财年NITRD计划各机构AI研发预算

注：①单位为百万美元；②2018～2022财年数据为实际投入资金，2023财年数据为经批准研发预算，2024财年数据为研发预算请求；③DARPA-美国国防部高级研究计划署，DHS-美国国土安全部，DOD-美国国防部，DOE-美国能源部，DOE/NNSA-美国能源部核军工管理局，DOI-美国内政部，DOT-美国交通部，ED/IES-美国教育部教育科学研究院，FDA-美国食品药品监督管理局，NARA-国家档案与文件署，NASA-美国航空航天局，NIH-美国国立卫生研究院，NIJ-美国国家司法研究所，NIOSII-美国国家职业安全卫生研究所，NIST-美国国家标准与技术研究院，NOAA-美国国家海洋和大气管理局，NSF-美国国家科学基金会，NTIA-美国国家电信与信息管理局，TREAS/FINCEN-美国财政部金融犯罪执法局，USDA-美国农业部，VA-美国退伍军人事务部。

资料来源：美国国家科学基金会官网。

一是就数据本身而言，联邦政府致力于开发可用于人工智能训练和测试的共享公共数据集。例如，美国退伍军人事务部的"百万退伍军人计划"为医疗领域研发提供了丰富的医学基因组学数据。二是增加数据集资源的公

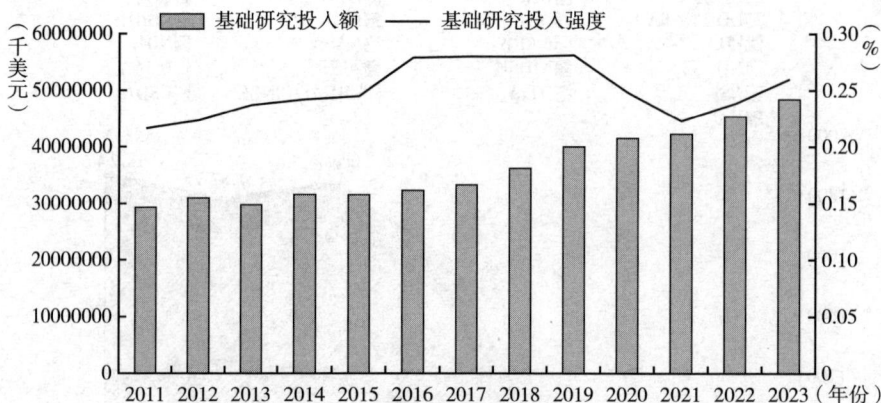

图 5　美国基础研究投入情况

注：基础研究投入强度＝基础研究投入额/R&D 总投入额。

资料来源：基础研究投入额和 R&D 总投入额数据来源于美国国家科学基金会官网。

开性和可获得性，并且为人工智能研发优先分配资源。例如，美国能源部与国立卫生研究院的国家癌症研究所合作，利用世界上最大的超级计算机构建针对国家面临的紧迫癌症挑战的新型人工智能解决方案。

2. 制定 AI 技术标准

人工智能标准的制定有利于促进新的 AI 相关产业的形成和现有传统产业对 AI 技术的采用，为研究者和开发者提供设计准则和为评估技术提供基准尺标。在大国竞争的背景下，技术标准具有了经济、安全以及意识形态属性（侯冠华，2024），技术标准的制订过程也是关于权力和国家利益的博弈，是战略竞争的争夺重点。

美国国家标准与技术研究院（NIST）长期致力于和其他联邦机构进行合作研发项目，不仅直接促进了技术的提高，也为技术基准测试和标准制订工作提供了数据和经验。同时，NIST 也支持 AI 国际技术准则的制订和采用，并在包括国际标准化组织（ISO）在内的关键标准制定机构中起领导作用。

3. 获取公众信任

在人机交互的背景下，优化信任关系至关重要。对人工智能完全不信任、不充分利用其潜力或者过度信任人工智能，都会导致不利于社会的局面。

为了获取公众对人工智能的信任，一方面，美国联邦政府在制定政策的过程中着重强调提高公众参与，要求科技和政策决定必须同时建立在科学证据和公众反馈的基础之上，以建立公众对人工智能技术的信任和信心。例如，在制订规范指南时，白宫首先面向公众发布了征求意见（OMB，2020）。另一方面，监管可作为"建立和支持可信度"的机制，进而成为"创建信任的最佳工具"（Hardin，2002）。2024年3月，美国国家电信和信息管理局（NTIA）发布《人工智能问责政策报告》，明确安全使用人工智能系统的监管要求。

（四）人才培养革新整合，全面提高 AI 人才储备

1. 推进劳动力对工作性质变化的理解

美国国家科学基金会（U. S. National Science Foundation，2016）公布"十大创意研究"，项目之一是"人类-技术前沿的未来工作"。该项目基于计算机科学、工程学、教育学和社会科学的视角，旨在理解技术如何改变工作的性质，推进美国劳动力对技术与人在具有不同社会重要性的工作环境中如何互动、如何分配任务、如何合作以及如何相互补充的理解。

2. 培育准备就绪的 AI 劳动力

未来人工智能时代所需要的劳动力人才包括一系列具备不同能力的人，涵盖能够使用基于人工智能技术的工具的人，在人工智能前沿创造下一次技术创新的理论专家。首先，美国联邦政府不断健全政产学研互动与协调机制，强调跨学科人才培养。例如，2024年2月由政府成立的美国人工智能安全研究所（AISIC），旨在联合创新生态系统内的企业、研究机构、高校、用户等相关研究人员，支持其开展跨领域合作项目。其次，通过将人工智能纳入国民教育体系、技术学徒制、再技能培训和终身学习计划等，提升全民数字素养，匹配行业需求，加强人工智能人才储备。

（五）重视科技伦理治理，有效利用 AI 进行治理

1. 对人工智能技术的伦理审视与伦理治理

人工智能技术存在公平性、透明度、问责性、隐私、可靠性、算法偏见和可解释性等伦理风险，这些风险具有不确定性、隐象性、系统复杂性和应对滞后性等特征，并且受到社会价值观的影响。针对人工智能引致的伦理风险，美国联邦政府积极采取措施进行科技伦理治理。例如，美国国家科学基金会（U. S. National Science Foundation，2019）的多个项目呼吁关注人工智能技术的伦理影响，包括减轻偏见（bias）和增强问责性（accountability）、透明度（transparency）和稳健性（robustness），以确保社会受益。美国国防部（DOD）的人工智能战略也对军事伦理进行了着重强调，国防部高级研究计划署（DARPA）正在资助探索数据集偏见产生的影响的工作。

2. 提高运用人工智能技术进行治理的能力

公共部门将人工智能应用于治理过程，以赋能政府实现智能治理的战略目标也是人工智能技术重要的应用领域。人工智能技术嵌入政府治理既是政策目标，也是政府治理能力的跃升提高过程。

美国联邦政府自身在使用人工智能技术时，一方面，要确保人工智能技术服务于政府治理公共价值的实现，因此需要对联邦机构使用人工智能技术的过程进行约束。2024 年 3 月，美国白宫管理和预算办公室就政府使用人工智能发布了新的指导意见《推进联邦机构使用人工智能的治理、创新和风险管理》，对联邦机构使用人工智能提出了更为严格和透明的要求。另一方面，要提高联邦机构运用人工智能技术的能力，以最大化技术赋能治理的绩效。2020 年 3 月，特朗普总统签署《促进联邦政府使用可信 AI 的行政命令》，规定各联邦机构要提交公布"人工智能使用案例清单"，共享经验以促进"对人工智能技术的使用和创新"；要利用"联邦政府轮换计划清单来增加联邦机构内具有人工智能专业知识和实用技能的联邦雇员的数量"。

四　启示和借鉴

通过对美国国家人工智能宏观战略、中观架构和微观举措的深入分析，获得以下启示和借鉴。

（一）从战略竞争层面深刻认识人工智能领域的博弈

当前，人工智能是国家科技战略竞争的核心领域。经过长期国际竞争，全球已在治理体系、技术联盟、技术供应链、新兴产业发展等诸多重要领域形成"分层金字塔"结构的战略竞争体系。这种战略竞争局面蕴含技术竞争、经济角逐和政治权力争夺的三重逻辑，其本质是国家利益竞争，是"技术-政治-经济"逻辑互动的结果。因此，应当在战略竞争的背景下辩证看待大国科技竞争的影响，既要树立正确的战略认知，并正确把握谋划竞争关系和共生关系，也要确立以本国优势及社会问题为导向的发展思路。

（二）加强顶层设计，完善人工智能发展战略体系

一是完善人工智能发展机制，加强组织协同治理。继续完善人工智能发展领导机构的部门设置，科学划分各部门的权力以及责任，建立高效运转的组织体系；不断完善人工智能咨询机构的组织结构以及规章制度，保证机构独立性，以提高人工智能政策制定的科学性、专业性和全面性。二是细化发展路线，落实人工智能发展规划。纵向维度上保持人工智能战略的稳定连续性，横向维度上要根据战略环境和人工智能发展水平的变化调整战略重点。

（三）重视技术预见宏观战略管理的工具属性

技术预见是对科学、技术、经济、环境和社会的远期发展进行有步骤的探索过程，其目的是选定可能产生最大经济与社会效益的战略研究领域和通用新技术（Martin，2000）。随着技术系统复杂度的不断提高和国际环境的不断复杂，技术预见对政策研究和制定的重要性上升，要重视并充分发挥其

宏观战略管理的工具作用。在新一轮技术革命和产业变革的重要关口，重视技术预见研究，充分发挥技术预见在建设世界科技强国中的重要作用。一是运用科学的方法、结合先进的信息技术手段开展技术预见，提高技术预见的准确度和效率；二是着眼中国式现代化建设的战略愿景与战略需求，凝练科技发展需求，推动国家技术预见实践机制的持续性与常态化。

（四）引导社会形成广泛的人工智能应用场景

一是围绕高端高效智能经济培育打造人工智能重大场景。在制造业、农业、物流业等重点行业深入挖掘应用场景，从政策支持、项目推动和产业培育等方面强化对人工智能与相关产业的支持力度。二是围绕协同便捷智慧城市建设打造人工智能重大场景。在居民生活方式变革、生态环境保护治理等民生领域持续挖掘应用机会。三是充分利用国内超大市场规模和内需潜力构筑人工智能发展优势。破除优质资源向人工智能行业配置的体制机制障碍，促进创新要素有序流动和合理配置。

（五）积极参与国际标准体系和治理机制的建设

积极参与人工智能国际标准体系和治理原则的建设，有助于促进中国人工智能创新发展、推动建立公平公正的国际体系，并且体现中国负责任的大国担当。中国应以构建人类命运共同体为导向，共享信息和经验，深化人工智能监管领域的国际合作，推动国际国内技术标准和治理原则协同发展。为有效践行《全球人工智能治理倡议》，中国要继续推进中美人工智能对话，探索达成治理共识；夯实东亚区域制度合作，探索提出东亚数字合作方案；完善"一带一路"国际合作机制，凝聚人工智能治理共识。

（六）始终注重保持技术进步与社会伦理的平衡

一是坚持正确伦理观念的价值引导。应坚持马克思主义科技伦理观，正确运用科技的力量，推动社会发展。坚持新时代中国特色社会主义科技伦理思想引领，注重科技创新，推动社会生产力的提高。在人工智能时代，应嵌入"以人为本"的伦理道德原则，对科技发展进行价值引导和伦理规约，促进其可持续发展。二是完善相关法律制度与监督体系。一方面，制定人工智能在相关领域应遵守的行为准则，使人工智能产品的研发和应用"有法可依、有法必依"。另一方面，对人工智能技术应用过程中所产生的负面问题，应以法律的形式科学规定责任归属，并根据相关法律标准和实际情况进行调查分析，确定问题出现的环节，判定责任归属，建立起完整、科学的责任判定体系。

（七）完善人才培养制度，推动人力资本结构合理化

人工智能的竞争关键是人才质量和数量的竞争，核心是人才培养能力与集聚能力的竞争。要紧紧围绕人工智能技术创新和产业发展的需求，大力实施新时代人才强国战略，积极制定和实施"内培外引"的人才政策，依托《人工智能人才培养行动计划（2024—2026年）》及海外引智计划的实施，切实推进对基础研究和专业技术人才的培养和支持。建立科学合理的人才考核体制、评价制度、激励机制和服务保障体系，破除体制机制障碍，健全体现人才价值的收入分配机制，大力发展专业性、行业性的人才市场，推动人力资本结构合理化和高级化。

参考文献

侯冠华，2024，《美国对华技术标准竞争：动因、举措与挑战》，《国际论坛》第1期，第110~133+159页。

刘国柱、史博伟，2021，《大国竞争时代美国科技创新战略及其对中国的挑战——以国家安全创新基地为中心》，《社会科学》第5期，第21~40页。

罗晖，2015，《科技与外交：对中美科技创新合作的思考》，中国科学技术出版社。

马克思、恩格斯，1995，《马克思恩格斯选集》（第一卷），人民出版社。

彭纪生、仲为国、孙文祥，2008，《政策测量、政策协同演变与经济绩效：基于创新政策的实证研究》，《管理世界》第9期，第25~36页。

彭绪庶，2024，《中美人工智能创新比较研究——国家创新能力理论视角的分析》，

《当代经济管理》第 5 期，第 1~12 页。

王帆，2023，《基于优势理念的美国霸权战略及其局限》，《国际问题研究》第 6 期，第 35~50+123~124 页。

王华、杨曦、赵婷微等，2023，《基于扎根理论的创新生态系统构建研究——以中国人工智能芯片为例》，《科学学研究》第 1 期，第 143~155 页。

徐步，2024，《当前国际战略安全形势的主要动向及突出特点》，《现代国际关系》第 1 期，第 21~25 页。

杨张博、韩淑君、孙笑明等，2024，《中美 AIGC 领先企业技术创新布局比较研究》，《科学学研究》第 2 期，第 1~22 页。

叶晓迪，2021，《从接触到遏制？美国后冷战时期对华战略转变的逻辑探析》，《世界经济与政治论坛》第 1 期，第 1~28 页。

张治河、高中一，2023，《人工智能产业创新生态系统模型的构建与分析》，《科研管理》第 10 期，第 10~21 页。

Baumgartner, F. R., Breunig, C., Green - Pedersen, C., et al., 2009, "Punctuated Equilibrium in Comparative Perspective", *American Journal of Political Science*, 53 (3), 603-620.

Bryan, D. J., 1994, *Reconceiving Decision - Making in Democratic Politics: Attention, Choice, and Public Policy*, Chicago: University of Chicago Press.

Du, Y. J., Yi, Y. T., Li, X. Y., et al., 2020, "Extracting and Tracking Hot Topics of Micro-blogs based on Improved Latent Dirichlet Allocation", *Engineering Applications of Artificial Intelligence*, 87, 103279.

Gupta, K., 2012, "Comparative Public Policy: Using the Comparative Method to Advance Our Understanding of the Policy Process", *Policy Studies Journal*, 40, 11-26.

Hardin, R., 2002, *Trust and Trustworthiness*, New York: Russell Sage Foundation Publications.

Martin, B. R., 2001, "Matching Social Needs and Technological Capabilities: Research Foresight and the Implications for Social Science", *Social Sciences and Innovation*, 105~116.

Office of Management and Budget (OMB), 2020, "Request for Comments on a Draft Memorandum to the Heads of Executive Departments and Agencies, 'Guidance for Regulation of Artificial Intelligence Applications'", https://www.federalregister.gov/documents/2020/01/13/2020-00261/request-for-comments-on-a-draft-memorandum-to-the-heads-of-executive-departments-and-agencies.

Ozyurt, B., Akcayol, M., 2021, "A New Topic Modeling based Approach for Aspect Extraction in Aspect based Sentiment Analysis: SS - LDA" *Expert Systems with Applications*, 168, 114231.

Stanford University Human-Centered Artificial Intelligence (SUH-CAI), 2024, "Artificial

Intelligence Index Report 2024", https：//aiindex. stanford. edu/report/.

U. S. National Science Foundation, 2016, "NSF'S 10 BIG IDEAS", https：//www. nsf. gov/news/special_ reports-/big_ ideas/human_ tech. jsp.

U. S. National Science Foundation, 2019, "Dear Colleague Letter：EArly-concept Grants for Exploratory Research on Artificial Intelligence (AI) and Society-Supported Jointly with the Partnership on AI", https：//www. nsf. gov/pubs/2019/nsf19018/nsf19018. jsp.

Walt S. M. , 2023, "America is Too Scared of the Multipolar Word", https：// foreignpolicy. com/2023/03/07/-america-is-too-scared-of-the-multipolar-world/.

B.14
欧美人工智能立法经验借鉴

赵建军*

摘　要： 欧盟出台的全球第一部《人工智能法案》具有五个显著特点：基于风险预防对人工智能系统进行分类规制，对高风险人工智能系统进行重点监管，对有限风险与低风险人工智能系统采用宽松监管，建立行业规范和严厉惩罚措施，重视个人权利和隐私保护。美国人工智能立法更加侧重于促进技术创新和产业发展，倾向于分散立法，并采取更加开放和包容的监管态度。借鉴欧美立法经验，我国人工智能立法应坚持鼓励创新，保障而非限制人工智能发展；应坚持促进发展，积极发挥人工智能的新质生产力作用；应坚持安全发展，重视人工智能技术的风险管控，统筹协调好发展与安全的关系。

关键词： 人工智能　风险监管　发展与安全　立法经验

一　欧美人工智能立法现状

2024年3月13日，欧盟正式通过了《人工智能法案》（*EU AI Act*），其核心目的在于有效管控人工智能的利用风险。尽管美国尚未出台全国范围内的人工智能专项立法，但在2023年，美国已提出了多达170余项与人工智能相关的法案，并在同年9月发布了人工智能立法框架。面对全球范围内人工智能立法形势，我国加快人工智能立法工作的步伐显得尤为关键。为此，

---

* 赵建军，民盟中央法制委员会委员，北京律协数字经济与人工智能领域法律专业委员会委员，主要研究方向为数字经济与人工智能。

深入比较和研究美国与欧盟在人工智能立法方面的概况，对我国构建科学的人工智能法律体系具有重要的借鉴价值。

美国与欧盟在人工智能立法方面均表现出积极的态度，但两者在立法重点、实施方式及对待人工智能技术的态度上却存在明显差异。

首先，从立法重点来看，美国在人工智能立法方面更侧重于技术创新和产业发展，通过提供政策支持和资金投入，鼓励企业和研究机构在人工智能领域进行深入探索和创新。相较之下，欧盟更注重人工智能的伦理和社会影响。通过制订《人工智能伦理准则》等文件，强调人工智能的发展必须建立在尊重人权、保护隐私和维护公平等核心价值之上。

其次，在实施方式上，美国倾向于采取分散式的立法策略，美国联邦政府和各州政府根据各自的地域特色、发展需求以及面临的具体挑战，分别制定适用于本地的人工智能法律法规。而欧盟则倾向于制定综合性立法框架。通过一系列法规和标准，为人工智能的研发、应用和管理提供了全面的法律指导。

最后，在对待人工智能技术的态度上，美国采取更为开放和包容的姿态，它深信人工智能技术蕴含着巨大的潜力和价值，因此倾向于鼓励其创新和应用。面对可能的风险，更依赖技术创新和市场竞争的力量来寻找解决方案。欧盟则秉持审慎而进取的立场。它在积极推动人工智能发展的同时，始终对潜在的风险和挑战保持高度警惕，严格限制高风险人工智能系统的应用，确保技术的安全可控。

综上所述，美国与欧盟虽然在对待人工智能发展上有着不同的侧重点，但随着人工智能技术的日益成熟和广泛应用，加强立法规范、确保技术的健康发展已成为全球共识。

二　欧盟《人工智能法案》的制度特点

人工智能具有模糊性、复杂性、自主性和无法预测性等特征，人工智能技术的发展虽然为社会提供了新型治理工具，但也给社会带来了潜在风险。

欧盟《人工智能法案》是欧洲联盟针对人工智能技术制定的一项重要的法律法规，由欧盟委员会于 2021 年 4 月 21 日提议，并在 2023 年 6 月 14 日通过。该法案旨在为人工智能技术的规范发展提供法律框架和标准，加强对人工智能领域的监管，防范任何人工智能对健康和安全构成威胁，确保在欧洲开发和使用的人工智能完全符合欧盟的权利和价值观，包括人类监督、安全、隐私、透明度、非歧视以及社会和环境福祉。

在公布的法案内容中，按照人工智能应用可能造成伤害的风险程度，将人工智能分为四个不同的级别，从高到低依次是：不可接受的风险、高风险、有限风险、低风险或轻微风险。目前备受关注的 ChatGPT，属于法案中的高风险技术范围。

欧盟《人工智能法案》的出台标志着人工智能产业进入新的历史阶段，如何把握数字战略发展的时代机遇，规范人工智能技术发展，完善法律、伦理与政策体系的结合，确定监管的重心及范围，是现阶段我国面对人工智能的应有思考。

（一）基于风险预防的分类规制

欧盟《人工智能法案》基于风险预防理念，对人工智能系统制定了覆盖从入市前到入市后全过程的风险规制体系，是全球首个针对人工智能风险规制的法案。基于风险识别的方法，针对不同类型的人工智能系统，分别制定相应的监管措施，并施加不同的监管措施以及相应的提供者义务。例如，对不可接受的风险的人工智能系统，核心监管措施是禁止投放市场、投入服务或在欧盟境内使用。

（二）高风险人工智能系统的重点监管

高风险人工智能系统是指对人类的安全及基本权利产生负面影响的人工智能系统。例如自然人的生物识别和分类等领域，特点是会对健康、安全、环境或基本权利构成重大风险。欧盟《人工智能法案》对高风险人工智能系统应用设置了严格的禁止和监管机制，并建议引进 CE（Conformité

Européenne）认证对产品和服务进行评定，对该类系统的提供者和部署者施加了一系列义务来控制风险，核心义务包括：建立充分的风险管理系统；建立质量管理体系；透明度及信息提供义务；等等。

（三）有限风险与低风险系统的宽松监管

欧盟《人工智能法案》对有限风险及低风险的人工智能系统采取了自由度较高的适当规范。对有限风险的人工智能系统，如与人类互动的系统（如聊天机器人）、情感识别系统等。核心监管措施仅是须遵守透明度义务，及时告知用户 AI 系统的能力和局限性，以及受影响的人关于他们的权利。除上述系统之外的人工智能系统均属于低风险或轻微风险，无义务或特殊的监管规则。

（四）行业规范和严厉惩罚措施的建立

欧盟《人工智能法案》要求对人工智能技术的市场进行监管，避免市场的不公正竞争等问题，同时为人工智能技术使用者提供相应的法律和行业标准以供其进行合规化操作，促进市场透明化。以监管产品的思路来监管人工智能是一种有效路径，为保障监管措施的执行，法案设定了严厉的惩罚措施，市场监督机构有权要求系统提供者针对不合规的人工智能系统采取纠正措施，甚至禁止、限制、撤销或召回不符合法案要求的人工智能系统。

（五）个人权利和隐私保护的重视

欧盟《人工智能法案》在对人工智能技术进行规范的同时，强调个人数据隐私和基本人权的保护，规定对人工智能技术的使用要受到一定限制。人工智能技术在带来社会经济效益的同时，也给个人或社会带来了风险，人工智能技术的模糊性、不可预测性都可能将个人引向被技术奴役的深渊。要在数据安全与数据流动使用之间取得平衡，就必须在强调数据利用的同时，保证高水平的隐私、安全和伦理标准。

三　欧美人工智能立法对中国的启示

（一）美国人工智能立法的可借鉴之处

①对技术创新与产业发展的强烈支持。通过提供政策支持和资金投入，鼓励企业和研究机构在人工智能领域进行探索和创新。有助于激发市场活力，释放创新潜能，推动人工智能技术实现跨越式发展。②灵活多样的立法方式。采取分散式的立法策略，允许联邦政府和各州政府根据各自的地域特色、行业需求以及发展水平，制定适用于本地的人工智能法律法规，更好地满足不同地区的实际需求，促进人工智能技术在各行业的广泛应用与深度融合。

（二）欧盟人工智能立法的可借鉴之处

①构建全面且细致的法规框架。不仅精准定义了人工智能，对其进行了科学分类，还深入规定了数据保护、算法透明度、伦理准则等关键要素。②注重伦理与社会影响的考量。强调尊重人权、隐私和公平等核心价值观，有助于引导人工智能技术的健康发展，防范技术滥用和潜在风险。③设立专门的监管机构。确保人工智能技术的合规性，对违法行为进行及时有效的处理，增强法律的执行力度，为人工智能技术的安全、稳定、可持续发展提供有力保障。

（三）欧美人工智能立法对中国的启示

1. 建立与国际接轨的人工智能法律体系

应当打造与国际接轨的人工智能行业规范。欧盟《人工智能法案》标志着欧盟人工智能行业进入统一管理、国际接轨的阶段，我国可在此基础上，与欧盟等国际主要经济体建设互联互通、协同创新的人工智能行业，共同促进人工智能行业的发展。同时，还应当建立标准化技术体系，鼓励制定人工智能技术标准，建立健全人工智能技术体系，促进人工智能产业良性发展，开创行业共识，保障产业健康发展。

2. 在立法中贯彻以人为本的核心价值观

人工智能技术的模糊性、无法预测性增加了个人权利被侵害的风险，如 Amazon 智能音箱 Alexa 就曾引导用户实施自我伤害的行为。针对此类伦理规范风险，一方面，应当在立法中坚持数据隐私和权利保护。欧盟《人工智能法案》规定对人工智能技术的应用要受到一定的限制，保护个人数据隐私和基本人权。我国也应该加强相关法律法规建设，保护个人的合法权益。对于人工智能技术应用于个人隐私数据处理等方面，应当加强数据保障，结合《个人信息保护法》等数据隐私保护法，保障公民隐私和信息安全权益。另一方面，在法律中明确对算法监管的伦理规范性要求，将算法行为决策置于监管范畴，要求系统开发涉及人员明晰算法在人工智能系统中的运用，避免开发者利用 AI 系统实施歧视性行为（如价格歧视、消费歧视等）。

3. 健全促进竞争与监管并重的法律举措

人工智能立法规范应当做到促进市场竞争与完善监管措施并重，避免出现欧洲《人工智能法案》的类似问题：因制定过于严厉的监管措施，而可能对产业发展造成妨碍。

首先，欧盟《人工智能法案》要求对人工智能技术市场进行监管，避免市场的不公平竞争等问题。我国也应该加强相关法律法规的制定和执行，避免市场的垄断，促进市场的公平竞争。可以建立专门的人工智能监管机构，负责人工智能的立法、实施、监管、评估等工作。该机构应由专业人才构成，具有较高的专业素养和监管能力。

其次，在企业自治与政府规制之间进行平衡。欧盟《人工智能法案》对人工智能系统提供者附加的合规评估义务仅涉及内部程序，缺乏外部监管，EDPB（欧洲数据保护委员会）也认为可能会降低治理工具的有效性。我国应当通过对行业标准及技术规范的严格审查，对企业遵守的行为准则进行有效监督。

最后，建立创新有效的监管措施。一方面，可以参考欧盟《人工智能法案》，建立全过程的风险管控监管机制，事前风险评估，事中持续监督，事后风险监测。另一方面，可采取沙盒监管等创新监管手段，结合技术优势完成监管技术的迭代更新，设立人工智能技术安全创新平台，加快安全监管与技术创新的融合发展。

四　我国人工智能立法的现状及必要性

2017年7月国务院印发的《新一代人工智能发展规划》在战略目标中对法律体系建设提出"三步走"要求，其中包含：到2025年，初步建立人工智能法律法规、伦理规范和政策体系，形成人工智能安全评估和管控能力；到2030年，建成更加完善的人工智能法律法规、伦理规范和政策体系。面对人工智能发展的全球化趋势，我国应当加快建立能与国际接轨的人工智能法律体系，这既是对新兴产业带来的法治挑战的现实回应，也是掌握人工智能国际话语权、提高战略地位、努力成为人工智能技术中心的必要之举。

当前我国可用于应对人工智能风险的法律规范呈现分散化、领域化、规范层级较低等特点，多为相关政策性文件，缺乏对人工智能技术的法律规制。建议制定针对人工智能的专门综合性法律，通过统一原则性立法，在总则中提炼规范人工智能技术的共性规则，在分则中适当借鉴欧盟立法做法，按照风险等级划分不同的人工智能技术应用场景，分别制定相应的规则。此外，对于智能产品的质量安全和检测问题等，还应制定与单行法相配套的技术标准规范，建构完整的人工智能技术法律体系。

近年来，人工智能技术迅猛崛起，我国亦逐步增强了对人工智能立法的关注与推进力度。然而，与欧盟、美国等发达国家相比，我国在人工智能立法领域仍存在一定的差距与不足。鉴于人工智能技术的快速发展及其对社会、经济的深远影响，加快立法进程、完善法律框架已刻不容缓。

（一）我国人工智能立法的现状与不足

我国虽然已经出台了一些与人工智能相关的法律法规和政策文件，如

《新一代人工智能发展规划》《生成式人工智能服务管理暂行办法》，并且有《人工智能（示范法）》学者建议稿。然而，这些法律法规并未充分起到激励创新的作用。此外，我国在人工智能立法方面还存在一些明显的不足。首先，法律法规的体系尚不完善，缺乏统一的人工智能立法框架，导致各个领域未能形成合力。其次，对于人工智能技术的风险和挑战，我国尚未建立起有效的评估和防范机制，导致个别风险未能得到及时防范。最后，我国在人工智能立法方面的国际合作与交流还不够充分，缺乏与其他国家在人工智能治理方面的深度合作。

（二）加快我国人工智能立法的必要性

首先，加快人工智能立法有助于促进经济产业的发展。人工智能立法在促进产业创新、保护知识产权、促进数据共享和开放等方面发挥着重要作用。通过立法明确创新成果的权益归属和利益分配机制，可以激发企业的创新活力，推动产业技术创新和模式创新。通过促进数据的共享和开放，为产业界提供更加丰富的数据资源，进一步推动人工智能技术的研发和应用。

其次，加快人工智能立法有助于保障个人合法权益。人工智能技术的应用涉及大量的个人数据和隐私信息，如果缺乏相应的法律法规进行保护，会导致个人隐私泄露、数据滥用等问题的发生，给个人权益带来严重损害。通过立法手段明确个人数据的收集、使用和保护规范，建立相应的监管和处罚机制，是保护个人权益的必要手段。

最后，加快人工智能立法是我国参与全球竞争和合作的必然选择。当前，全球范围内的人工智能技术发展竞争日益激烈，各国都在积极制定和完善相关法律法规，以抢占技术制高点和市场优势。我国作为人工智能领域的重要力量，加快立法进程不仅有助于提升国内技术的规范化和竞争力，也有助于在国际舞台上发挥更大作用。

五 完善我国人工智能立法的建议

首先，完善我国人工智能立法，应坚持鼓励创新的原则，立法要起到保障作用而非限制作用。人工智能技术作为新一轮科技革命和产业变革的重要驱动力量，其创新和应用对提升国家竞争力、促进产业升级具有重要意义。因此，在立法过程中，应当充分考虑人工智能技术的创新性和发展性，为其创造宽松、包容的法律环境，鼓励企业、科研机构和个人在人工智能领域进行大胆的探索和创新。通过立法鼓励人工智能技术创新，可以吸引更多的资本、人才等资源投入这一领域，推动相关产业的快速发展。同时，创新成果的涌现也将为社会带来更多的便利和福祉，提升人民群众的生活品质。但是，也要平衡创新与监管的关系，确保人工智能技术的创新活动在合法合规的轨道上进行。

其次，完善我国人工智能立法，应坚持促进发展的原则，使人工智能技术可以作为新质生产力发挥作用。人工智能立法应当关注人工智能技术在各个行业的应用场景和潜力，推动其与传统产业深度融合，提升产业智能化水平。通过人工智能技术的广泛应用，提高生产效率、优化资源配置、降低运营成本，为经济社会发展注入新的动力。同时，还应当加快科技成果的转化和应用。通过优化政策环境、加强资金支持等措施，为人工智能技术的发展提供充足的资源和保障。

最后，完善我国人工智能立法，应坚持安全原则。无论是美国还是欧盟，在人工智能立法中都极为重视对人工智能技术的风险管控。人工智能技术的应用涉及国家安全、公共安全、个人隐私等多个方面，立法应明确人工智能技术的安全标准和要求，加强对技术应用的监管和管理，确保其在合法、安全的轨道上发展。随着人工智能技术的广泛应用，公众对数据隐私、算法公正等问题的关注度越来越高。立法应充分考虑到公众的利益和诉求，制定严格的数据保护措施和算法监管机制，防止数据滥用和算法歧视等问题的发生，保护个人的合法权益。

完善人工智能立法需要平衡创新、发展与安全之间的关系。安全并不意味着限制和阻碍技术的发展，而是要在保障安全的前提下，为技术的创新和应用提供足够的空间和支持。因此，在立法过程中，应当充分考虑到技术的特点和发展趋势，制定科学合理的法律规范，确保人工智能技术的创新、发展与安全相互促进、相得益彰。

参考文献

丁晓东，2024，《全球比较下的我国人工智能立法》，《比较法研究》第 7 期，第 51~66 页。

林子涵，2023，《欧盟谋求 AI 监管领域主导权》，《人民日报》7 月 29 日。

刘子婧，2024，《欧盟〈人工智能法〉：演进、规则与启示》，《德国研究》第 3 期，第 101~128+151 页。

皮勇，2024，《欧盟〈人工智能法〉中的风险防控机制及对我国的镜鉴》，《比较法研究》第 4 期，第 67~85 页。

史凤林、张志远，2023，《论人工智能的公法规制：美欧模式与中国路径》，《理论越看》第 8 期，第 127~139 页。

Abstract

The intelligent economy is a new stage of development in the digital economy. Starting from the purpose of technological progress and the historical evolution of informatization, this book proposes that intelligence is a new form of informatization after digitalization, and that intelligent economy is a new economic activity supported by physical devices such as semiconductors and sensors, information networks such as the Internet of Things and the Internet, and software such as data and computing algorithms, including new business forms and models driven by intelligent technology applications, intelligent transformation and upgrading driven by intelligent technology enabling traditional industries, and the improvement of overall economic efficiency by intelligent technology applications, which reflects the new trend of digital economy development in the context of the evolution from weak artificial intelligence to strong artificial intelligence and the emergence of intelligent technology clusters. The development of intelligent economy cannot be separated from the disruptive innovation driven by artificial intelligence and the key production factor played by data. The future intelligent economy will be a heterogeneous economy based on economies of scale, with the basic development logic of industrial intelligence driving consumer intelligence. The development of intelligent economy will give rise to a revolution in productivity and production relations.

Artificial intelligence is a key driving force for the development of the intelligent economy. In recent years, artificial intelligence language models have made breakthrough progress, presenting powerful universal intelligence features and becoming an important manifestation of new quality productivity. The development of general artificial intelligence in our country is in a "four phase superposition" stage, which includes the opportunity period of favorable policies, the acceleration period of technological research and innovation, the deep expansion period of application scenarios, and the adjustment period of industrial transformation and upgrading. However, it also faces many problems and challenges, and needs to strengthen top-level design and promote differentiated development between basic and specialized tracks; Strengthen basic research and enhance the original innovation capability of general artificial intelligence; Strengthen education and training, promote the cultivation of professional talents in the field of artificial intelligence; Strengthen the integration of science and technology innovation with industry, and promote the construction of an innovative ecosystem for the general artificial intelligence industry; Strengthen the construction of governance system and promote the healthy and orderly development of general artificial intelligence.

Industrial intelligence is a key focus of the development of intelligent economy. Artificial intelligence technology is rapidly penetrating into various industries and fields such as industry, agriculture, construction, healthcare, and education. By expanding its application scenarios, it plays an important role in reconstructing production methods, promoting industrial upgrading, and injecting new momentum into high-quality economic development. Intelligent manufacturing is a new form of manufacturing that applies intelligent technology to the manufacturing industry, reflecting the deep integration of intelligent economy and manufacturing industry. The emphasis on the development of the real economy determines that intelligent manufacturing must be placed in an important position in the development of the intelligent economy. At present, intelligent technology plays a role in the production, market, and demand sides, forming various new forms of intelligent manufacturing. China's intelligent manufacturing market presents a development trend of steady growth in market size, outstanding innovation achievements, and continuous deepening of intelligence. However, overall, it also presents problems such as low overall level, large regional and industry development differences, and insufficient talent reserves. In the future, we should leverage the advantages of rich industrial scenarios, accelerate the construction and improvement of industrial innovation ecology, and focus on intelligent manufacturing to create a model of deep integration between the real economy and digital economy. The financial industry is a typical example of the intelligent transformation of the service industry. The application of intelligent technology has effectively promoted the personalized, intelligent, and global development of financial services. However, to achieve the healthy development of intelligent finance, it is also necessary to strengthen policy guidance and support, promote the inclusive development of intelligent finance, strengthen supervision and risk prevention, ensure data security, and promote the healthy development of intelligent finance. At the same time, AI technology is also driving traditional Internet enterprises and industries to accelerate intelligent transformation.

The development of intelligent technologies such as artificial intelligence is both an opportunity and a challenge. Developing an intelligent economy requires achieving self-reliance and self-improvement in technologies such as artificial intelligence. In situations where there is a significant technological gap with some developed countries in certain fields, it is necessary to fully utilize AI open source technology, but also avoid the formation of dependence on open source technology and security risks. It is necessary to strengthen basic research and technological innovation, improve open source community construction, and enhance industry university research cooperation. At the same time, on the one hand, it is necessary to learn from the national AI strategy of the United States, build and improve the strategic policy framework of "macro strategy-meso structure-micro measures", and accelerate the development of AI technology innovation and application in China; On the other hand, in situations where artificial intelligence may affect employment, exacerbate unemployment, and impact economic security and national security, it is necessary to promote domestic and international cooperation and research the construction of ethical rules for artificial intelligence technology. At the same time, learn from the relevant legislative experience of the EU and the United States to accelerate the promotion of China's AI legislation.

Uneven development is a prominent issue affecting the development of the smart economy. From a regional perspective, artificial intelligence technology and industry distribution exhibit characteristics of "strong in the east and weak in the west, more in the south and less in the north, highly concentrated, and gradient distribution", with a more severe spatial polarization phenomenon. From an industrial perspective, the gap in the application of artificial intelligence technology in regional manufacturing industries is further widening. Therefore, in the context of building a new development pattern, it is necessary to take comprehensive measures to accelerate the narrowing of the regional "technological gap". Given that the great utility of artificial intelligence lies in its integration with industries to form application advantages, it is necessary to accelerate the cultivation of intelligent manufacturing talents by focusing on both technology and demand, in order to address the prominent shortage of talents in intelligent technology applications.

Keywords: Intelligent Economy; Digital Economy; Artificial Intelligence; Intelligence; Digitization

Contents

I General Report

Abstract: Intelligence can liberate and replace humans, improve production efficiency, and cultivate new business models. Intelligence is a new form of information evolution, and intelligent economy is a technological economy that conforms to human nature and the ultimate goal of technological progress. The new generation of information and communication technologies such as artificial intelligence is the best way to simulate and interpret human intelligence and achieve intelligence. The breakthrough progress of artificial intelligence innovation is giving birth to and driving the development of intelligent economy. As a new form of digital economy development, the future intelligent economy will be driven by disruptive innovation in general artificial intelligence technology, and the key role of data elements will be further reflected. The application of artificial intelligence based on economies of scale will be beneficial for the development of heterogeneous economies, and industrial intelligence driving consumer intelligence is the basic development logic of intelligent economy. Developing an intelligent economy requires actively adapting and adjusting to revolutionary changes in production relations while unleashing revolutionary productive forces.

Keywords: Intelligent Economy; Digital Economy; Artificial Intelligence; Intelligentization; Digitization

II   Technical Reports

B.2   Development Trends, Existing Problems, and Policy Suggestions for General Artificial Intelligence

Zuo Pengfei / 023

Abstract: With the rapid development of technology, artificial intelligence plays an increasingly important role in economic and social development. Its influence, leadership, and penetration are continuously increasing. It is not only a key element in promoting technological innovation and industrial upgrading in our country but also an important engine for developing new quality production forces. General artificial intelligence is an important direction for the development of artificial intelligence, aiming to build an intelligent system that can think, learn, and handle various problems like humans, with broad applicability and universality. Currently, the development of general artificial intelligence in our country has entered a fast lane, but it also faces a series of problems and challenges such as technological bottlenecks and external containment. To promote the innovative development of general artificial intelligence, this report puts forward relevant suggestions from aspects such as top-level design, basic research, education and training, integration of science and industry, governance system Construction, and international cooperation and exchange.

Keywords: General Artificial Intelligence; Innovative Development; Intelligence System

B.3　The Technical Characteristics and Innovative Development Trends of Artificial Intelligence Large Models

Lu Haocheng / 037

Abstract: As a cutting-edge technology in the field of AI, large models are a key force driving a new round of technological revolution and industrial transformation, and are of great significance in accelerating the construction of a new development pattern and promoting high-quality development. This report has shown that different types of large models with structures such as BERT, GPT, and T5 have made breakthrough progress in fields such as natural language processing and computer vision, and have also demonstrated their powerful universal intelligence features. At the application level, big models have played a significant role in key fields such as finance, healthcare, and transportation, promoting innovative applications such as intelligent investment advisory, auxiliary diagnosis, and transportation optimization, and making positive contributions to improving public service levels and enhancing people's well-being. From the perspective of economic impact, as a disruptive innovation in the field of artificial intelligence, big models can empower the upgrading of traditional industries and the development of emerging industries, promote changes in production relations and optimize productivity layout. Big model technology is becoming a key driving force for improving total factor productivity and optimizing resource allocation efficiency, and is changing production methods, promoting industrial upgrading, reshaping employment structure, and injecting new momentum into high-quality economic development.

Keywords: Large Model; Artificial Intelligence; New Quality Productivity

Contents ↖↘

B . 4 The Impact of AI Technology Open Source on Self—Reliance in Science and Technology and Suggestions for Countermeasures

Duan Litao / 055

Abstract: This report discusses the impact of AI technology open source on China's self-reliance and strength in science and technology, as well as suggestions for response. AI technology open source has become an important direction for global scientific and technological development, promoting the dissemination and innovation of technology through openness, freedom, collaboration, and sharing. With the support of open source foundations, open source licensing agreements, and code hosting platforms, the main global open source communities have developed rapidly, and cooperation between governments, universities, enterprises, and open source communities has further advanced this process. Although China has made certain progress in the field of AI large language models, there are still gaps in AI underlying technology, open source communities, development environments, and investment mechanisms. AI technology open source has a positive impact on China's self-reliance and strength in science and technology, including accelerating technology sharing and innovation, enhancing enterprise competitiveness, and promoting the formation of standardized technology systems. However, open source technology also brings challenges such as technological dependence and security risks. To address these challenges, this report proposes suggestions such as strengthening basic research and technological innovation, improving the construction of open source communities, promoting cooperation between governments, enterprises, and universities, and formulating relevant policies and legal protections to promote the independent control and sustainable development of AI technology.

Keywords: AI; Technology Open Source; Science and Technology; Self—Reliance and Strength

285

B.5 The Current Status and Challenges of Ethical Rules for Artificial Intelligence Technology

Bai Yantao / 072

Abstract: With the rapid development of artificial intelligence technology, its widespread application in various fields such as healthcare, transportation, and education has greatly promoted social progress and also triggered extensive ethical discussions. By analyzing the potential of new-generation artificial intelligence technology in improving efficiency and assisting decision-making, this paper points out the ethical dilemmas it brings, such as the attribution of responsibility in autonomous driving technology, data privacy protection, and machine autonomy. To ensure that artificial intelligence technology promotes social development without impacting social ethical order, it is particularly important to construct ethical rules that adapt to the development of new-generation artificial intelligence technology. By analyzing the current status of artificial intelligence ethics norms at home and abroad, this paper proposes multi-dimensional implementation strategies based on principle-based ethical rule construction, technical supervision and legal regulation, industry self-discipline and social supervision, and enhancing ethical awareness and social mobilization. The aim is to ensure that artificial intelligence technology benefits humanity while minimizing potential ethical risks and negative impacts through multidisciplinary cooperation and continuous technological innovation.

Keywords: Artificial Intelligence; Data Privacy Protection; Technical Ethics; Ethical Rules

III Industry Reports

B.6 Status and Trends of Intelligent Manufacturing

Development in China

Peng Pai, Peng Xushu / 089

Abstract：Intelligent manufacturing is the core technology and the main line to realize China's manufacturing industry from big to strong, which is both the main attack direction of the construction of a manufacturing powerhouse and an important task to promote the new type of industrialization. 2023, led by the relevant policies, China's intelligent manufacturing market scale has been growing steadily, the independent innovation achievements of intelligent manufacturing have been emerging, and the level of manufacturing intelligence is constantly improving. Moreover, with the deep integration of new-generation information technology and manufacturing, the four major segments of industrial robotics, industrial software, industrial Internet, and smart factories are also showing growth. But at the same time, it also faces problems and challenges such as insufficient overall level of intelligent manufacturing, large differences in the level of intelligent manufacturing between regions and industries, and shortage of talent reserves. Looking ahead, China's intelligent manufacturing will show a trend of continuous advancement in the degree of development, continuous breakthroughs in key technologies, gradual empowerment of generative AI, and accelerated integration of green manufacturing technologies. In order to effectively deal with the above challenges and accelerate the high-quality development of China's intelligent manufacturing industry, we should adhere to the innovation drive, promote the coordinated development of intelligent manufacturing regions and industries, deepen the openness and cooperation, and strengthen the cultivation of intelligent manufacturing talents.

Keywords：Intelligent Manufacturing; Intelligentization; Digitization; Maturity Model

B . 7 The Development Path and Policy Recommendations for

Artificial Intelligence－Empowered Intelligent Manufacturing

Li Wenxuan / 111

Abstract：Intelligent manufacturing is a new form of manufacturing that applies intelligent technology to the manufacturing industry. It represents the deep integration of the intelligent economy with the manufacturing sector and a new way of organizing production. With advanced manufacturing becoming an important source of national competitiveness, artificial intelligence empowerment of the manufacturing industry is key to China's transition to a manufacturing powerhouse. Currently, the intelligence of the manufacturing industry has evolved from the intelligence of single production or management links to the intelligence of the entire process. The role of artificial intelligence technology at the production end, market end, and demand end has become increasingly significant, forming various new forms of manufacturing. China should accelerate the cultivation of compound talents in "artificial intelligence ＋ manufacturing", break through key technologies in the field of intelligent manufacturing, and build a more innovative industrial ecosystem. By fully leveraging the advantages of a complete range of industries and rich industrial scenarios, China should promote the deep integration of the real economy with the digital economy and shape new drivers and advantages for development.

Keywords：Artificial Intelligence；Manufacturing Industry；Intelligent Manufacturing

B . 8 The Development Path, Current Status, and Policy

Recommendations for Smart Finance

Ye Xiumin , Li Yi / 131

Abstract：With the rapid advancement of intelligent technology, smart finance has become the direction of transformation and upgrading in the financial industry, promoting the personalized, intelligent, and global development of financial services. This report provides an in-depth analysis of the development concept, current status, characteristics, main application scenarios, driving factors, and impact on the financial industry of smart finance. Moreover, the report also emphasizes the challenges faced in the development of smart finance, such as unbalanced development, data security issues, dependence on key technologies, shortage of high-end talent, and regulatory adaptability, which have constrained the healthy development of smart finance. To accelerate the high-quality development of smart finance, this report puts forward the following suggestions: first, strengthen policy guidance and support to promote the inclusive development of smart finance; second, enhance regulation and risk prevention, and continue to improve the data security protection system and institutional construction; third, increase R&D investment and establish industry-academia-research cooperation mechanisms; fourth, innovate regulatory models and monitor cross-department coordination mechanisms; fifth, reform the education system to accelerate personnel training and incentives.

Keywords: Smart Finance; Digital Finance; Financial Regulation

IV Special Topics

B.9 Spatial Distribution Characteristics of Artificial Intelligence
Development in China

Zhu Lan / 147

Abstract: Within the framework of technology-industry, the connotation of artificial intelligence is discussed. The number of artificial intelligence patents and enterprises is used to measure the development of artificial intelligence technology and industry. The current status and characteristics of regional development of artificial intelligence in China under the new development pattern are analyzed.

Cross-regional comparisons within the country reveal that the distribution of artificial intelligence technology and industry is highly unbalanced, characterized by "strong east, weak west, more south, less north, high concentration, and gradient distribution." Moreover, the concentration of technology is higher than that of enterprises, indicating a spatial polarization phenomenon. Specifically, in the manufacturing industry, regional disparities are further widened, with most enterprises still in the initial development or even blank stages. To promote the development of artificial intelligence under the new development pattern, it is necessary to balance the level of regional artificial intelligence development, take multiple measures to narrow the regional "technological gap," and develop new quality production forces according to local conditions.

Keywords: Artificial Intelligence; Technology Divide; Spatial Distribution

B.10   Challenges and Paths in Cultivating Intelligent Manufacturing Talents Driven by Technology and Demand

Shi Tai / 169

Abstract: AI has expanded the technological boundaries of intelligent manufacturing and posed new requirements and challenges for talent development. In response to the current situation and challenges faced by domestic AI talent cultivation, based on the innovative practice of Global Youlu Company in talent cultivation, this study proposes the use of AI technologies such as digital twins to innovate intelligent manufacturing talent cultivation, including providing personalized teaching and learning for students according to their aptitude, using 3D simulation and virtual reality technology to provide students with risk-free practical operation exercises in a "real" environment, and using digital twins to enable teachers and students to monitor and adjust the manufacturing process in real time.

Keywords: AI; Intelligent Manufacture; Intelligent Talents; Talent Training

V Case Studies

B . 11 Ant Group's Innovation and Application in the
Intelligent Economy

Duan Litao / 196

Abstract: As a top-tier technology company in China, Ant Group has achieved significant accomplishments in the field of Artificial Intelligence (AI). Since the global AI boom triggered by ChatGPT, Ant Group has adopted AI First as its core strategy, driving significant breakthroughs in generative AI. Leveraging two decades of digital technology accumulation, Ant Group has developed leading products in cutting-edge technology areas such as blockchain, privacy computing, security technology, and distributed databases, providing technical support for the large-scale application of AI. Ant Group's AI technology has been widely applied in payment, finance, healthcare, and other livelihood fields. Through intelligent agents like lifestyle managers, financial managers, and medical assistants, the service intelligence level has been enhanced, realizing the accessibility of AI technology for everyone. At the same time, Ant Group focuses on the security and reliability of AI technology, launching security solutions including Ant Vision, Ant Shield, and ZOLOZ, ensuring the safety of AI applications and data privacy. The construction of Ant Group's intelligent ecosystem demonstrates its comprehensive layout in the AI field and its profound insights into the future intelligent society.

Keywords: Artificial Intelligence; Security Solutions; Intelligent Ecosystem; Ant Group; Generative AI

B.12 "Artificial Intelligence+" Typical Industry Scenarios Analysis

Shao Heling, Ban Yuanhao / 217

Abstract: Artificial intelligence large models, trained with vast amounts of data, can generate high-quality and diverse knowledge content, bringing unprecedented opportunities for innovation in product value, reshaping of business processes, enhancement of operational efficiency, and upgrading of customer experiences across various industries. The application of large models in industry scenarios is a crucial path for the development of industrial intelligence, which not only helps to improve production efficiency but also gives rise to new business models, leading a new round of industrial transformation. The greatest utility of large models lies in their combination with specific industrial application scenarios. The pace of actual application of large models varies across different industries. Based on extensive research, this report focuses on introducing the typical application progress of several large models in traditional industries in China, analyzes the underlying reasons, and aims to help all sectors better understand the need to focus on specific scenario requirements, identify core contradictions in combination with business problems, and find the best points of application for large models.

Keywords: "Artificial Intelligence+"; Large Models+Scenario Application; Artificial Intelligence Large Model

VI Experience and Lessons

B.13 The Evolution of U. S. Smart Economy Policy,
Practical Pathways, and Lessons Learned

Li Ziru, Li Wenjun / 244

Abstract: Artificial intelligence is the new focus of competition among major powers. The United States is a leader in the field of artificial intelligence and is one of the first countries to strategically layout artificial intelligence on a global scale. An in-depth analysis of its policy system and practical measures provides insights and reference for the high-quality development of artificial intelligence in China. Based on the research paradigm of comparative public policy, this report proposes a strategic policy research framework of "macro strategy-meso structure-micro measures," and combines text analysis to deeply explore the U. S. National Artificial Intelligence Strategy. The research results show that, macroscopically, the U. S. National Artificial Intelligence Strategy has four key content points: competition-driven background, leading goal setting, involvement in key areas, and reshaping national security. It has stable continuity and dynamic changeability that extends to the creation of an international environment over time. Mesoscopically, it has established a scientific and technological innovation system that includes scientific and technological decision-making consultation, policy element synergy, and the implementation of national security innovation bases. Microscopically, it promotes the development of artificial intelligence by increasing R&D investment, removing innovation barriers, cultivating future talents, and deepening the governance of technology ethics.

Keywords: Artificial Intelligence; Intelligent Economy; United States

B.14 Lessons and Experience from European and American Artificial Intelligence Legislation

Zhao Jianjun / 268

Abstract: The world's first Artificial Intelligence Act passed by the European Union has five distinctive features: categorizing and regulating AI systems based on risk prevention, focusing on high-risk AI systems, adopting loose regulation for limited-risk and low-risk AI systems, establishing industry norms and strict penalties, and paying attention to the protection of individual rights and privacy. The U. S. AI legislation focuses more on promoting technological innovation and industrial development, tends to decentralize legislation, and adopts a more open and inclusive regulatory attitude. Drawing on the legislative experience of Europe and the United States, China's AI legislation should insist on encouraging innovation and safeguarding rather than restricting the development of AI; it should insist on promoting development and actively playing the role of the new quality productivity of AI; and it should insist on safe development, pay attention to the risk management and control of AI technology, and coordinate the relationship between development and safety.

Keywords: Artificial Intelligence; Risk Regulation; Development and Safety; Legislative Experience

社会科学文献出版社

皮书

智库成果出版与传播平台

❖ 皮书定义 ❖

皮书是对中国与世界发展状况和热点问题进行年度监测，以专业的角度、专家的视野和实证研究方法，针对某一领域或区域现状与发展态势展开分析和预测，具备前沿性、原创性、实证性、连续性、时效性等特点的公开出版物，由一系列权威研究报告组成。

❖ 皮书作者 ❖

皮书系列报告作者以国内外一流研究机构、知名高校等重点智库的研究人员为主，多为相关领域一流专家学者，他们的观点代表了当下学界对中国与世界的现实和未来最高水平的解读与分析。

❖ 皮书荣誉 ❖

皮书作为中国社会科学院基础理论研究与应用对策研究融合发展的代表性成果，不仅是哲学社会科学工作者服务中国特色社会主义现代化建设的重要成果，更是助力中国特色新型智库建设、构建中国特色哲学社会科学"三大体系"的重要平台。皮书系列先后被列入"十二五""十三五""十四五"时期国家重点出版物出版专项规划项目；自2013年起，重点皮书被列入中国社会科学院国家哲学社会科学创新工程项目。

S 基本子库
UB DATABASE

中国社会发展数据库（下设 12 个专题子库）

紧扣人口、政治、外交、法律、教育、医疗卫生、资源环境等 12 个社会发展领域的前沿和热点，全面整合专业著作、智库报告、学术资讯、调研数据等类型资源，帮助用户追踪中国社会发展动态、研究社会发展战略与政策、了解社会热点问题、分析社会发展趋势。

中国经济发展数据库（下设 12 专题子库）

内容涵盖宏观经济、产业经济、工业经济、农业经济、财政金融、房地产经济、城市经济、商业贸易等 12 个重点经济领域，为把握经济运行态势、洞察经济发展规律、研判经济发展趋势、进行经济调控决策提供参考和依据。

中国行业发展数据库（下设 17 个专题子库）

以中国国民经济行业分类为依据，覆盖金融业、旅游业、交通运输业、能源矿产业、制造业等 100 多个行业，跟踪分析国民经济相关行业市场运行状况和政策导向，汇集行业发展前沿资讯，为投资、从业及各种经济决策提供理论支撑和实践指导。

中国区域发展数据库（下设 4 个专题子库）

对中国特定区域内的经济、社会、文化等领域现状与发展情况进行深度分析和预测，涉及省级行政区、城市群、城市、农村等不同维度，研究层级至县及县以下行政区，为学者研究地方经济社会宏观态势、经验模式、发展案例提供支撑，为地方政府决策提供参考。

中国文化传媒数据库（下设 18 个专题子库）

内容覆盖文化产业、新闻传播、电影娱乐、文学艺术、群众文化、图书情报等 18 个重点研究领域，聚焦文化传媒领域发展前沿、热点话题、行业实践，服务用户的教学科研、文化投资、企业规划等需要。

世界经济与国际关系数据库（下设 6 个专题子库）

整合世界经济、国际政治、世界文化与科技、全球性问题、国际组织与国际法、区域研究 6 大领域研究成果，对世界经济形势、国际形势进行连续性深度分析，对年度热点问题进行专题解读，为研判全球发展趋势提供事实和数据支持。

法律声明

　　"皮书系列"（含蓝皮书、绿皮书、黄皮书）之品牌由社会科学文献出版社最早使用并持续至今，现已被中国图书行业所熟知。"皮书系列"的相关商标已在国家商标管理部门商标局注册，包括但不限于LOGO（▧）、皮书、Pishu、经济蓝皮书、社会蓝皮书等。"皮书系列"图书的注册商标专用权及封面设计、版式设计的著作权均为社会科学文献出版社所有。未经社会科学文献出版社书面授权许可，任何使用与"皮书系列"图书注册商标、封面设计、版式设计相同或者近似的文字、图形或其组合的行为均系侵权行为。

　　经作者授权，本书的专有出版权及信息网络传播权等为社会科学文献出版社享有。未经社会科学文献出版社书面授权许可，任何就本书内容的复制、发行或以数字形式进行网络传播的行为均系侵权行为。

　　社会科学文献出版社将通过法律途径追究上述侵权行为的法律责任，维护自身合法权益。

　　欢迎社会各界人士对侵犯社会科学文献出版社上述权利的侵权行为进行举报。电话：010-59367121，电子邮箱：fawubu@ssap.cn。

社会科学文献出版社